3323 7495

ATLAS
HISTÓRICO
— DE —

MESOAMÉRICA

ATLAS
HISTÓRICO
— DE —

MESOAMÉRICA

Norman Bancroft Hunt

EDIMAT Libros

ATLAS HISTÓRICO DE MESOAMÉRICA

Publicado por primera vez en Gran Bretaña bajo el título
HISTORICAL ATLAS OF ANCIENT AMERICA

Texto y diseño ©THALAMUS PUBLISHING 2003

Copyright de la versión en castellano
© EDIMAT LIBROS, S. A.
C/ Primavera, 35
Polígono Industrial El Malvar
28500 Arganda del Rey
MADRID-ESPAÑA
www.edimat.es

Traducido por: Traducciones Maremagnum

ISBN: 84-9764-642-8
Depósito legal: M. 39.536-2004

De Thalamus Publishing:
Editor del proyecto: Warren Lapworth
Mapas y diseño: Roger Kean
Ilustraciones: Oliver Frey
Reprografía: Michael Parkinson y Thalamus Studios
Diseño de cubierta: Roger Kean

IMPRESO EN ESPAÑA – PRINTED IN SPAIN

CRÉDITOS DE LAS OBRAS PICTÓRICAS

AKG London: 183, 189; Ann Ronan: 188; The British Museum: 81, 156, 160, 172, 177, 186; Corbis: 150; Corbis/Paul Almasy: 124, 125, 128–129, 129, 139; Corbis/Archivo Iconográfico S.A.: 146 izquierda, 171, 182, 184, 185, 187 abajo; Corbis/Yann Arthus-Bertrand: 136–137, 145; Corbis/Bettmann: 151, 154, 178; Corbis/Bowers Museum of Cultural Art: 34, 35, 120; Corbis/Burstein Collection: 121; Corbis/Richard A. Cooke: 16, 18–19, 82, 83 arriba, 108–109, 135, 149, 161 arriba; Corbis/Sergio Dorantes: 88, 89 derecha, 157 abajo; Corbis/Macduff Everton: 59 arriba, 87, 133 abajo, 134, 148; Corbis/Dave G. Houser: 63, 67; Corbis/Kimbell Art Museum: 44, 55 arriba, 166; Corbis/Danny Lehman: 7 arriba, 17, 20, 21 arriba, 21 abajo, 38–39, 50–51, 51, 71 arriba, 86, 94, 95, 140, 162, 165, 176; Corbis/Charles & Josette Lenars: 22 izquierda, 24, 26, 27, 45, 56, 65, 74–75, 75, 89 izquierda, 92, 97, 98, 101, 114, 116, 119 abajo, 131, 141 derecha, 187 arriba; Corbis/Craig Lovell: 64, 77, 83 abajo; Corbis/Francis G. Mayer: 22 derecha; Corbis/Buddy Mays: 78–79; Corbis/John Noble: 62–63; Corbis/Gianni Dagli Orti: 8, 11, 13, 23, 25, 31 arriba, 31 abajo, 42, 43, 52, 53 izquierda, 53 derecha, 55 abajo, 57 arriba, 58 abajo, 69, 74, 78, 84, 85, 93, 96, 99, 108, 110, 113 arriba, 113 abajo, 118, 119 arriba, 120–121, 126, 127, 141 izquierda, 144, 146 derecha, 147 arriba, 147 abajo, 150–151, 152, 153, 155, 157 arriba, 158, 159, 161 abajo, 164, 167 derecha, 170, 175, 180, 181; Corbis/The Purcell Team: 9, 168–169; Corbis/Fulvio Roiter: 57 abajo; Corbis/Bill Ross: 7 abajo, 58 arriba, 76–77; Corbis/Hans Georg Roth: 130; Corbis/Kevin Schafer: 73, 117; Corbis/Seattle Art Museum: 163; Corbis/Michael T. Sedam: 112; Corbis/Roman Soumar: 46–47, 86–87; Corbis/Vanni Archive: 90, 91, 133 arriba; Corbis/Nik Wheeler: 54, 138; Corbis/Michael S. Yamashita: 174; David Hixon: 32 arriba, 32 abajo, 33 arriba, 33 abajo; Naturalight Productions Ltd, Belize: 48, 49 arriba, 49 abajo; Thalamus Publishing: 1, 59 abajo, 104, 105 arriba, 105 abajo, 137; Thalamus Studios: 2–3, 5; Thalamus Studios/Oliver Frey: 30, 71 abajo, 122, 123, 173; Werner Forman Archive: 70, 115; Werner Forman Archive/Museo Antropológico, Veracruz: 10; Werner Forman Archive/Biblioteca Universitaria, Italy: 103; Werner Forman Archive/British Museum, London: 15; Werner Forman Archive/Dallas Museum of Art: 14; Werner Forman Archive/Hamburg Museum: 167 izquierda; Werner Forman Archive/Liverpool Museum: 102, 179; Werner Forman Archive/Museo Nacional de Antropología, Ciudad de México: 100; www.anthroarcheart.org/Philip Baird: 28, 29, 36–37, 111.

Página 1
Los peldaños apenas excavados de la gran pirámide de Cobá, la más alta de la península de Yucatán, se elevan entre la selva.

Páginas 2–3
Montaje de Yucatán: cielo sobre Mérida, silueta de la línea de árboles en Cobá, pirámide desde la ciudad de Chichén Itzá.

Enfrente: *Jeroglíficos de sacerdotes del templo vestidos con plumas de quetzal y togas de jaguar, extraídos de un manuscrito mixteca.*

CONTENIDO

INTRODUCCIÓN

Los antiguos americanos tenían una relación muy cercana con sus divinidades. Entre las más importantes estaba el dios de la lluvia, Tlaloc (derecha), que controlaba no sólo la lluvia, sino también las cuatro estaciones del año agrícola. Se establecieron nuevos vínculos entre el mundo celestial de las divinidades y el hogar terrenal de las gentes mediante la construcción de pirámides monumentales, como ésta de Kukulcán en Chichén Itzá (abajo derecha), en cuyas cimas se realizaban sacrificios en homenaje a los dioses.

El término Mesoamérica fue acuñado por el antropólogo Paul Kirchhoff para hacer referencia a las altas culturas que se desarrollaron en parte de lo que actualmente es México y América central antes de la conquista española. En esta zona, se incluye el centro y el sur de México, toda Guatemala, El Salvador, Belice y la zona oeste de Honduras. Los pueblos que habitaban esas zonas dependían de la agricultura y normalmente vivían en comunidades urbanas con un gran desarrollo de las artes y la arquitectura. Estos pueblos también compartían una serie de rasgos culturales comunes, como las pirámides y los templos, los sacrificios humanos, dos calendarios basados en ciclos de 260 y 365 días, la escritura jeroglífica y un complejo panteón de dioses.

Aunque todas estas similitudes hacen pensar que al menos existe una interacción entre los distintos grupos mesoamericanos, lo cierto es que hay grandes diferencias en los detalles, así como en el tiempo. La primera civilización mesoamericana, la olmeca, surgió 3.000 años antes que la azteca, cuya capital de Tenochitlán fue conquistada por Hernán Cortés y sus hombres en abril de 1521.

Toda la zona mesoamericana está comprendida entre los trópicos y se puede dividir, en líneas generales, en tierras altas y bajas. Algunas zonas de las tierras altas son desérticas, especialmente en el norte, pero también hay grandes valles situados entre volcanes activos e inactivos que ofrecen tierras fértiles que proporcionan sustento a grandes poblaciones. Para los aztecas, esos picos volcánicos eran el hogar de Tlaloc, el dios de la lluvia, cuya influencia sobre los ríos y lagos y las pronunciadas estaciones secas y húmedas de la región era fundamental para el éxito de sus cosechas.

Los periodos mesoamericanos

En cambio, las culturas mayas del periodo postclásico, contemporáneas de los aztecas, de las tierras bajas se desarrollaron en el entorno selvático del Yucatán donde, a excepción del río Usumacinta, no había agua en la superficie. Pero el agua podía obtenerse de profundos agujeros circulares denominados cenotes que en ocasiones servían como destino final para las víctimas sacrificadas con el fin de satisfacer a los dioses de la lluvia.

Aunque las culturas mesoamericanas son complejas y diversas, es posible dividirlas en fases aproximadas que nos permiten elaborar una cronología de la historia de la zona. El primer periodo es el arcaico, con la cultura olmeca de la llanura de la costa del golfo, que se inicia en el 1500 a.C. Sus principales centros eran La Venta, Tres Zapotes y San Lorenzo, con enormes complejos de pirámides, montículos y templos, con estelas esculpidas y colosales cabezas de piedra que probablemente eran retratos de dignatarios locales.

Área abarcada por las civilizaciones mesoamericanas entre 1500 a.C y 1500 d.C.

TEXAS

FLORIDA

GOLFO DE MÉXICO

CUBA

MÉXICO

Valle de México

Veracruz

BAHÍA DE CAMPECHE

Península de Yucatán

MAR CARIBE

Guerro

Tabasco

Petén

BELICE

Oaxaca

Chiapas

GUATEMALA

HONDURAS

OCÉANO PACÍFICO

EL SALVADOR

NICARAGUA

35000 a.C.	8000 a.C.	7000 a.C.	5000 a.C.	2000 a.C.	1500 a.C.	1200 a.C.	753 a.C.
Grupos de cazadores-recolectores cruzan el estrecho de Bering desde Asia.	Diversos grupos establecen asentamientos semi-permanentes.	Inicio del periodo arcaico; los cazadores-recolectores domestican plantas.	Con la domesticación del maíz, se forman poblados permanentes.	Fin del periodo arcaico; se establecen poblados permanentes más grandes.	Periodo preclásico; nacimiento de la cultura olmeca.	Se construye el primer centro ceremonial olmeca en San Lorenzo.	En Italia se funda Roma.

año 900 hasta la conquista española a principios del 1500. El desarrollo más importante de este periodo fue el auge de los toltecas que, desde su capital, Tula, extendieron su influencia hasta las zonas mayas. El centro ceremonial maya de Chichén Itzá, en Yucatán, es, por ejemplo, una compleja mezcla de la arquitectura maya y tolteca.

El episodio final pertenece a los aztecas, que subieron al poder en el siglo XIII e iniciaron una estrategia de expansión militar de gran alcance. Al igual que sus antecesores, los aztecas también miraban al pasado y se proclamaban descendientes de los legendarios soberanos de Teotihuacán y Tula.

Aunque la cultura olmeca inició su declive en el año 400 a.C., influyó en todas las civilizaciones mesoamericanas posteriores. Por ejemplo, el periodo maya clásico, que comprende desde el año 300 hasta el 900, fue testigo del mayor desarrollo en la construcción de templos y pirámides, así como de esculturas de jade, heredadas de sus antepasados los olmecas. Durante este mismo periodo, otra gran civilización, la de Teotihuacán, en el valle de México, también adquirió cierto renombre y ejerció su influencia sobre la zona maya.

La tercera fase es la postclásica, que dura desde el

400 a.C.
Decadencia de la cultura olmeca.

300 a.C.
Inicio de la fase maya clásica.

400
Bajo la influencia de Teotihuacán se construye un nuevo complejo ceremonial en Kaminaljuyú.

500
En la actual Oaxaca, los mixtecas desplazan del poder a la cultura zapoteca.

850
Los toltecas, liderados por Mixcoatl, invaden el valle de México.

900
Fin del periodo maya clásico, inicio de la fase postclásica.

1434
Triple Alianza formada entre Tenochtitlán, Texcoco y Tlacopan.

1521
El periodo postclásico termina con la conquista española.

LOS ORÍGENES DE LA CULTURA MESOAMERICANA

Los cazadores-recolectores asiáticos llegan a América

Los orígenes de las culturas mesoamericanas, como los de todos los pueblos amerindios, se encuentran en Asia. Las Américas estaban deshabitadas antes de la llegada grupos de cazadores y recolectores nómadas a través de una gran tundra que unía el continente asiático con el americano en la región del actual estrecho de Bering.

El momento exacto en el que se produjeron estas migraciones es una cuestión que podría dar lugar a considerables debates académicos, aunque poco a poco se está llegando al consenso de que tuvo lugar hace unos 35.000 o 40.000 años. Lo cierto es que pequeños grupos de cazadores llegaron a la zona mesoamericana mucho tiempo antes de la extinción de los mamíferos en la Edad de Hielo, hace aproximadamente 10.000 años, y las dataciones radiocarbónicas sugieren que permanecieron allí unos 23.000 años. Junto a los restos fosilizados de animales como el mamut, el mastodonte, el lobo o el tigre de dientes de sable, aparecen puntas de lanza esculpidas en piedra.

Es difícil saber cómo era la vida de estos hombres. Apenas hay información para afirmar que hayan formado poblados permanentes, aunque algunos de ellos al menos regresaban periódicamente a campamentos semi-permanentes. Estos campamentos se encontraban a menudo cerca de manantiales o pantanos, que atraían a los anima-

les de caza de mayor tamaño. Estos enclaves podrían haber proporcionado a los primeros habitantes de Mesoamérica gran cantidad de alimentos vegetales y variedad de pescado y otros recursos acuáticos, que habrían constituido una parte fundamental de sus dietas.

El germen de la agricultura

A pesar de su inestable forma de vida, ahora empezamos a conocer que estas sociedades eran bastante más complejas y avanzadas de lo que se pensaba hasta hoy. En lugar de ser los equivalentes en el Nuevo Mundo de las tribus neolíticas europeas, como los expertos siempre pensaron, disponían de tecnologías sumamente desarrolladas basadas en el trabajo de la piedra y en el uso de *atlatl* (lanzas), poseían varias lenguas y una rica y variada cosmología.

El final del periodo pleistocénico en la zona mesoamericana tiene un profundo efecto en el modo de vida de los cazadores primitivos, que comenzaron a depender de especies más pequeñas, como los ciervos y las liebres. Además, a

medida que los campos helados retrocedían en las latitudes nórdicas, la temperatura media en el territorio que actualmente constituye el sur y el centro de México aumentó sustancialmente. Parece ser que la desaparición de los animales más grandes, junto con los cambios de temperatura, obligaron a los pueblos a regresar con mayor regularidad a los campamentos y a aumentar así su dependencia de las semillas, de las raíces, de las bayas y de las frutas que conseguían reunir.

Hace aproximadamente 8.000 años, los grupos errantes de cazadores habían empezado a unirse en grupos mayores formando asentamientos semipermanentes en los que la plantación simultánea de semillas era cada vez más importante. Esta técnica consistía simplemente en seleccionar las mejores semillas de la cosecha de cada estación y dejarlas crecer naturalmente.

Aunque no practicaban la agricultura de forma intensiva, está claro que estas comunidades de cazadores-recolectores estaban fijando las bases para las grandes civilizaciones agrícolas de los olmecas, mayas y aztecas que les sucedieron.

Izquierda: *Con la extinción de los grandes mamíferos de la Edad de Hielo, los hombres empezaron a depender más de las semillas, de las raíces y de las bayas y crearon asentamientos semipermanentes. Aunque no dominaban las técnicas del cultivo y no utilizaban la arquitectura en piedra. Las evidencias arqueológicas sugieren que sus casas eran cabañas de paja,* **arriba,** *parecidas a estas casas de los mayas yucatecas actuales.*

LA APARICIÓN DE LA AGRICULTURA
Las comunidades urbanas se desarrollan por toda la región

Arriba: *La cooperación entre las distintas divinidades era fundamental para la supervivencia de las gentes. En este bajorrelieve, el dios de la lluvia, Tlaloc, rinde tributo a Cinteotl, la diosa del maíz. Estos pueblos creían que las generosas lluvias de la primavera enviadas por Tlaloc fertilizaban las semillas de maíz de las que Cinteotl era responsable, de forma que sus «hijos de maíz» podían crecer y madurar.*

El periodo comprendido entre el año 7000 a.C. y la formación de grandes poblados permanentes después del 2000 a.C. se conoce como periodo arcaico y marca los principales cambios que estaban teniendo lugar en todo el territorio mesoamericano. Los primeros cazadores-recolectores ya habían empezado a realizar visitas estacionales regulares a sus asentamientos favoritos, donde realizaban la plantación selectiva de semillas salvajes. El periodo arcaico fue testigo del desarrollo de esta técnica y de la domesticación de plantas comestibles que iban a convertirse en la dieta básica de las futuras civilizaciones.

Es difícil determinar el momento exacto en el que comenzó la domesticación de las plantas, aunque el pionero trabajo de Richard S. MacNeish marca las secuencias claramente. Sus excavaciones en refugios de roca seca y en cuevas en el valle de Tehuacán, en Puebla (México) han sacado a la luz restos bien conservados de varias plantas, incluyendo aguacates, chiles, calabazas

y algodón, que podrían fecharse entre los años 7000 y 5000 a.C.

El maíz domesticado, o maíz indio, que se convertiría en la planta domesticada más importante en América, apareció por primera vez el año 5000 a.C. MacNeish descubrió diminutas mazorcas de maíz primitivo en la cueva de San Marcos, en el valle de Tehuacán. Este importante hallazgo ha suscitado una gran polémica, ya que nunca se ha encontrado ningún progenitor salvaje del maíz. Los arqueólogos y los botánicos afirmaban inicialmente que el maíz era un híbrido del teocinte, una hierba salvaje parecida que crece como maleza en los campos de maíz mexicanos, aunque las teorías actuales afirman que el teocinte es un derivado del maíz, más que su antecesor.

Domesticación de los cultivos de maíz
Sea cual sea el resultado de estos debates, debemos reconocer que hubo un largo periodo de experimentación y cultivo antes de 5000 a.C.

durante el cual la intervención de los agricultores mesoamericanos favoreció la aparición de la forma domesticada de maíz. Si esto sucedió en el valle de Tehuacán o en cualquier otro lugar no está del todo claro, ya que podría ser que las condiciones existentes en Tehuacán permitiesen la conservación de los restos mientras que en otros lugares éstos se hayan perdido. Paralelamente a la domesticación del maíz surgió una creciente tendencia a establecer asentamientos cada vez más permanentes, ya que el cultivo de las cosechas requiere la presencia in situ. La dependencia de la caza decreció debido a que la formación de comunidades locales tiende a dispersar los animales de las proximidades y, por primera vez, hay pruebas de metlapiles y metates (rodillos y morteros) de piedra usados para moler el maíz y otros granos.

También hay pruebas de la existencia de otras plantas comestibles, las judías, los calabacines y las calabazas eran algunas de las plantas más cultivadas. En la costa del Pacífico había una mayor

Ubicaciones de las colonizaciones mesoamericanas en el periodo arcaico.

GOLFO DE MÉXICO

BAHÍA DE CAMPECHE

Lago Texcoco

Valle de México

Valle de Tehuacán

OCÉANO PACÍFICO

dependencia de otros recursos, como el pescado y el marisco.

La cada vez mayor productividad de sus cosechas supuso un gran aumento de la población de la Mesoamérica arcaica. Los campos de maíz podían alimentar a un número de personas mucho mayor que cuando la subsistencia se basaba en la caza y en la recolección ocasional.

Junto con el aumento de las poblaciones sedentarias, las artes materiales también experimentaron un gran auge, y los rituales y las prácticas religiosas se volvieron más complejos. La alfarería, la cestería y las pequeñas figuras de arcilla aparecieron en este periodo, así como los entierros reverenciales de los miembros importantes de la comunidad. Este último punto sugiere que los procesos de estratificación social, que serían tan importantes años más tarde, también tienen sus orígenes en el periodo arcaico.

Abajo: *Los orígenes del maíz son inciertos, pero se cree que procede de una planta salvaje conocida como teocinte. Este diorama muestra a los agricultores primitivos cultivando maíz en el valle de Tehuacán alrededor del año 3400 a.C.*

CAPÍTULO UNO

LOS OLMECAS

La evolución desde las comunidades agrícolas

En el mismo momento, en torno al año 1500 a.C., las comunidades agrícolas empezaron a evolucionar para convertirse en grandes complejos cívicos y ceremoniales. Las primeras muestras de este fenómeno proceden de las selvas de la costa del golfo de México, llegando hasta la sureña Veracruz y el vecino Tabasco. Éste es el corazón de la cultura olmeca, ya que los principales restos arqueológicos de esta cultura están situados dentro de esta región.

Los centros olmecas eran centros ceremoniales más que ciudades en el sentido moderno del término. Casi todas las pruebas apuntan que los únicos residentes permanentes eran grupos de gobernantes, sacerdotes y burócratas mantenidos por una población circundante de agricultores que practicaban la agricultura de roza y quema. Las estructuras y monumentos erigidos en los asentamientos dan fe de que la elite gobernante podía atraer a una gran cantidad de mano de obra cuando hacía falta.

Los olmecas construyeron las primeras pirámides mesoamericanas y, aunque no tenían arquitectura en piedra, el trabajo necesario para mover las toneladas de tierra necesarias para levantar los grandes túmulos coronados con estructuras perecederas de madera, debía de ser considerable.

Sin embargo, utilizaban la piedra con otros fines, como las conocidas cabezas gigantes de basalto, algunas de las cuales alcanzaban un peso de 20 toneladas y que hoy pueden verse en los yacimientos de La Venta o San Lorenzo. La piedra utilizada para estos y otros monumentos tenía que importarse en balsa desde las montañas Tuxtla, situadas a casi 80 kilómetros de distancia.

Además de sus obras monumentales, los olmecas son famosos por muchas otras esculturas rituales de menor tamaño realizadas en jade y serpentina. Estos materiales también se importaban desde el exterior de la región y, con esta finalidad, los olmecas establecieron rutas comerciales a través de los ríos, de los valles y de los pasos de montaña en su búsqueda de minerales que pudiesen utilizarse con fines ceremoniales. Por lo tanto, podemos considerar que, además de la nobleza y de los campesinos agricultores, había otra clase de mercaderes y comerciantes especializados.

La influencia olmeca sobre otras culturas

La cultura olmeca ha sido denominada la «cultura madre» de Mesoamérica ya que, aunque sus asentamientos se encuentran en una zona relativamente restringida, existen claros indicios de la gran influencia que ejerció en la historia posterior. Estas influencias se extendieron hasta llegar a la zona norte de Tlatilco (en el valle de México) o a Centroamérica (Las Victorias, en El Salvador, y Los Naranjos, en Honduras).

Probablemente, esta influencia se mantuvo a través de sus redes comerciales e incluyó la exportación, no sólo de convenciones estilísticas, como el hombre-jaguar característico de las esculturas

Chupicuaro

VALLE DE MÉXICO

Tlatilco

Lago Texcoco

Xochicalco

Chalcatzingo

OCÉANO PACÍFICO

Arriba: Los primeros sistemas de datación mesoamericanos se encontraron en la zona olmeca y esparcidos por la región. Las fechas del calendario eran representadas por figuras en relieve, tal y como se muestra en el ejemplo de Xochicalco (véase detalle adicional en la página 31).

1500 a.C.
Los asentamientos de agricultores empiezan a evolucionar en grandes complejos.

1400 a.C.
Surge la cultura olmeca.

1400-1100 a.C.
En el Mediterráneo, la civilización micénica domina el comercio por mar.

1200 a.C.
Se construye el primer centro ceremonial olmeca en San Lorenzo.

1200-900 a.C.
Estatuillas humanas y animales hechas en San Lorenzo.

1070 a.C.
En Egipto, el Nuevo Reino llega a su fin.

900 a.C.
Las esculturas y estatuillas de San Lorenzo se destruyen ritualmente.

800 a.C.
Los zapotecas utilizan jeroglíficos.

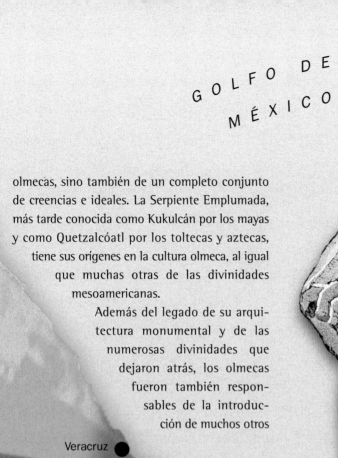

olmecas, sino también de un completo conjunto de creencias e ideales. La Serpiente Emplumada, más tarde conocida como Kukulcán por los mayas y como Quetzalcóatl por los toltecas y aztecas, tiene sus orígenes en la cultura olmeca, al igual que muchas otras de las divinidades mesoamericanas.

Además del legado de su arquitectura monumental y de las numerosas divinidades que dejaron atrás, los olmecas fueron también responsables de la introducción de muchos otros

Veracruz ●

Tres Zapotes ◆

REGIÓN OLMECA

Laguna de los Cerros ◆   ◆ La Venta

◆ San Lorenzo

San José Mogote ●

ZAPOTECAS
Monte Albán ●

SIERRA MADRE DEL SUR

● Izapa

Este bajorrelieve olmeca, que data aproximadamente del siglo VIII a.C., muestra a un sacerdote haciendo una ofrenda. La figura de la serpiente que se muestra detrás de él representa al guardián del agua y de la fertilidad, lo que sugiere que la ofrenda podría realizarse para garantizar que hubiese suficientes lluvias para que las cosechas pudiesen madurar.

aspectos de la vida que actualmente consideramos característicos de las culturas mesoamericanas. Entre estos aspectos se encuentra su sistema teocrático de gobierno y el desarrollo de las primeras formas de escritura y de calendario, que más tarde perfeccionarían los mayas.

Entre los años 400 y 100 a.C., la cultura olmeca experimentó su declive. Los motivos de su colapso continúan siendo uno de los grandes misterios de la región. Se han barajado varias teorías, incluida la de que habían emigrado al sudeste dando lugar a la cultura maya. Pero lo cierto es que en el año 100 a.C., la cultura olmeca había desaparecido.

753 a.C.	600 a.C.	500 a.C.	400 a.C.	334 a.C.	300 a.C.	100 a.C.	31 a.C.
En Italia se funda Roma.	Se construyen las primeras edificaciones de Monte Albán.	Se establece Chupicuaro en el valle de México.	Se destruye y abandona La Venta (Tabasco).	Invasión de Alejandro Magno en Asia Menor.	En América del Norte, auge de la cultura india hopewell.	Fin de la cultura olmeca.	Fecha de la estela C en Tres Zapotes, indicando los primeros sistemas de calendario.

EL HOMBRE-JAGUAR
Vínculos con el inframundo

Derecha: *Las representaciones de la divinidad del hombre-jaguar son omnipresentes en la cultura olmeca y fácilmente reconocibles por sus facciones felinas y su boca curvada hacia abajo. La grieta que presenta en la frente era un símbolo de su asociación con el poder político, así como con el mundo nocturno y subterráneo; también aparece en esculturas que representan a gobernantes olmecas y, por lo tanto, se le vincula con los miembros de la nobleza.*

Enfrente: *Esta escultura de jade (hacha ceremonial) representando al hombre-jaguar tenía una función meramente ritual. Este tipo de hacha solía estar presente en las tumbas de los personajes reales o se utilizaba durante los ritos de sacrificio dedicados a satisfacer a los dioses.*

En Mesoamérica no hay constancia de ninguna manifestación artística anterior a los olmecas; los primeros productos de las comunidades de cazadores-recolectores consistían casi exclusivamente en objetos utilitarios. El arte olmeca apareció en escena repentinamente, tan repentinamente que los primeros expertos lo describieron inicialmente más como un estilo artístico que como una cultura.

Esta cultura está repleta de simbolismos plenamente desarrollados que unen el mundo súpernatural con el natural. El énfasis en los animales de los bosques tropicales y de la costa, como el águila arpía, la serpiente de cascabel, el tiburón y el mono refleja indudablemente una herencia de los pesca-

dores y cazadores primitivos que dependían de la flora y fauna local para su supervivencia. Sin embargo, el arte olmeca aportó una nueva dimensión increíble que combinaba lo real con lo irreal.

El hombre-jaguar, que combina los rasgos de un jaguar rugiendo con los de un niño llorando, es un tema muy recurrente en la escultura olmeca. De hecho, esta imagen es tan persistente que durante muchos años se creyó que era el único dios olmeca. Algunas excavaciones más recientes han sacado a la luz una gran cantidad de representaciones de otras divinidades, aunque el jaguar aparece en varias formas híbridas: el hombre-jaguar, el jaguar-pájaro, el pájaro-jaguar-caimán, y así sucesivamente.

Los dientes y las garras de jaguar también aparecen en combinación con otros elementos que identifican a varios dioses diferentes y, en una memorable escultura de piedra, una figura parece representar a un chamán arrodillado transformándose en jaguar.

Influencia del jaguar

Las numerosas referencias que se hacen en la cultura olmeca a la figura del jaguar sugieren que debió de tratarse de una divinidad prototípica que servía como vínculo entre el mundo de las personas y el de lo súper-natural. En concreto, servía de unión entre el mundo medio ocupado por lo humanos y el inframundo de los espíritus y de los muertos.

El verdadero significado del jaguar para los olmecas está abierto a la especulación, pero algunas culturas posteriores con influencia olmeca nos aportan pistas al respecto. Así, sabemos que el jaguar se concebía como una divinidad encargada de custodiar la entrada al inframundo, así como un símbolo de nobleza. También tenía estrechos vínculos con gobernantes, altos sacerdotes y chamanes.

Es probable que el jaguar también constituyese un símbolo para los linajes de las familias gobernantes que recibían así una sanción supernatural para su dominio. Las tumbas más elaboradas, claramente pertenecientes a personajes reales, contienen numerosos *celts* (hachas ceremoniales) de jade y serpentina con la figura del hombre-jaguar. Asimismo, muchos de los personajes reales enterrados en estos emplazamientos todavía llevan pendientes de jade brillante esculpidos en forma de dientes de jaguar.

Otro dato importante es que los mayas, que heredaron muchas de las costumbres de los olmecas, utilizaban frecuentemente la palabra «jaguar» como nombre real: por ejemplo, Une' B'alam, de Tikal, se traduce por «Pequeño jaguar» y el jeroglífico de su nombre representa a un cachorro de felino con claros antecedentes olmecas.

Por desgracia, el verdadero significado que tenía el hombre-jaguar para los olmecas seguirá siendo un misterio, ya que los olmecas primitivos no dejaron ningún escrito que pudiese revelar los orígenes de las misteriosas figuras de culto que dominaron su arte.

LOS ALTARES DE LOS DIOSES
¿Representaciones del sacrificio o puertas para la elite de los chamanes?

Abajo: *Aunque normalmente se describen como «altares», las esculturas de este estilo probablemente se utilizaban como tronos durante las ceremonias olmecas, cuando el chamán o sacerdote encargado de presidirla se sentaba con las piernas cruzadas en la repisa sobre la escultura de una figura emergiendo desde el inframundo. En este caso, esta figura sujeta una cuerda que rodea todo el altar y ata a un prisionero esculpido en el otro lado.*

Encontramos diversas plataformas rectangulares, normalmente de unos 1,5 metros de alto, 3 pies de largo y casi 2 pies de ancho esparcidas en los distintos enclaves olmecas. Suelen incluir la representación de una figura sentada en uno de los lados, enmarcada por la mandíbula abierta de un hombre-jaguar que forma una gruta en forma de cueva. La finalidad de estas estructuras asombró a los expertos durante muchos años, pero finalmente se alcanzó el consenso general de que probablemente se trataba de altares. Se ha interpretado que la iconografía representa la entrada al inframundo custodiada por el dios jaguar, de donde está emergiendo el gobernante/divinidad.

El altar 4, en La Venta, es la mejor conservada de estas estructuras. En él observamos una figura humana de tamaño natural sentada con las piernas cruzadas en un nicho que se encuentra rodeado de un dibujo esculpido en forma de cuerda. Está sentado en el centro, entre cuatro símbolos que representan el maíz, y una cuerda rodea toda la estructura hasta un prisionero atado esculpido en el otro lado.

Durante muchos años, se ha considerado que este altar representa a un gobernante olmeca reteniendo a una víctima del sacrificio, quizá, al gobernante de un estado vecino, a punto de ser inmolado, para ofrecer a las divinidades del inframundo su corazón y su sangre, asegurando de este modo la fertilidad y el crecimiento del maíz.

Aunque esta interpretación ha sido aceptada durante muchos años, una lectura más detallada de las esculturas sugiere que podría haber un significado alternativo. Un rasgo característico de estos altares es una repisa sobresaliente esculpida con tiras de cielo y tierra que actúa como un modelo del cosmos. Esto se asocia con las esculturas que representan la entrada en el otro mundo, reflejando el nicho abierto tras las bandas en las que se sitúan las figuras. Los personajes aparecen frecuentemente llevando máscaras de pájaro y es casi seguro que representan al águila arpía.

Transportados por jaguares y águilas

Por lo tanto, es posible que los altares actuasen, no sólo como portales de acceso al inframundo, sino también con nexo de unión entre la tierra y el cielo y como conexión entre la noche y el día: el águila representa el poder dominante en el cielo, mientras que el jaguar es un merodeador nocturno

y solitario. También resulta especialmente significativo que el águila y el jaguar actúen como guardianes del otro mundo y se puedan mover libremente entre los dos reinos. Además, pueden transportar a aquellas personas que cuentan con protección sobrenatural (los chamanes o los sacerdotes-gobernantes).

Si estas conjeturas son ciertas, los altares empiezan a tener un significado mucho más profundo, ya que simbolizan aquellos lugares, o portales, situados dentro de los complejos ceremoniales en los que la interacción directa entre el mundo de las divinidades y el de la gente común se convertía en una posibilidad. Teniendo en cuenta que las únicas personas que podían viajar con impunidad entre estos mundos eran aquellos con autorización ritual para hacerlo —es decir, los sacerdotes-gobernantes y los chamanes— esto significa

que los altares funcionaban como el centro del poder chamánico. Esta teoría está corroborada por el hecho de que muchos de los denominados altares tienen esculturas que los vinculan con el sagrado árbol del mundo o *axis mundi*; un símbolo casi universal de los chamanes.

Probablemente sería más preciso pensar en los altares como en «asientos de poder» —quizá, literalmente, como tronos— y en las figuras que aparecen representadas como en sacerdotes-gobernantes a punto de emprender viajes chamánicos con la ayuda del águila y del jaguar. Así se convierten en el escenario en el cual se realiza este viaje cósmico y las superficies planas de estas estructuras simbolizan el gozne entre dos mundos: un espacio entre el cielo y el inframundo o entre la noche y el día. Este anómalo lugar intermedio no tiene ninguna referencia espacial específica más allá del mundo de los chamanes.

Arriba: *En este detalle extraído de un altar situado en La Venta, la figura emergente se representa sosteniendo a un niño. El niño apenas aparece cincelado y puede representar al bebé hombre-jaguar transportado desde su hogar en el Inframundo hasta el hogar del pueblo.*

SAN LORENZO
¿El primer asentamiento olmeca?

El primer asentamiento olmeca investigado en profundidad es el de San Lorenzo, sometido a una intensa investigación por parte de la expedición Yale entre 1966 y 1969. San Lorenzo se encuentra cerca de un afluente del río Coatzacoalcos, en Veracruz, donde cubre la superficie de una meseta de 50 metros de altura, elevada artificialmente, y que se extiende algo más de un kilómetro de norte a sur.

Las excavaciones realizadas por la expedición Yale revelaron que el asentamiento había estado ocupado antes del año 1500 a.C. por gentes pertenecientes a la cultura ojochi. Aunque la población en esa época era muy reducida —probablemente apenas cien personas— las diferencias de clase social ya estaban bien definidas. En el 1200 a.C. la población había aumentado a más de mil personas y se erigieron ocho colosales cabezas de piedra, presumiblemente en honor a la elite gobernante. También se encontraron esculturas y «altares» de piedra que identifican a los regidores de San Lorenzo con una serie de seres sobrenaturales que combinan rasgos humanos y animales.

San Lorenzo era casi con total certeza un complejo ceremonial y no residencial que arrastraba penitentes de una extensa zona rural circundante. En las proximidades del río se cultivaba el maíz con intensidad para mantener a estos partidarios y existía una gran dependencia del pescado y de las tortugas. Los perros se domesticaban y servían de comida y los huesos humanos encontrados en los muladares de las cocinas sugieren que se practicaba alguna forma de canibalismo.

Borrando la tierra sagrada

Eran expertos alfareros/as, las representaciones de divinidades olmecas talladas en jarras sin cuello eran muy apreciadas en las zonas que se encontraban bajo la influencia comercial de los olmecas. Mientras que estas jarras tenían fines aparentemente utilitarios en San Lorenzo, donde se utilizaban en la preparación del maíz, otras piezas de cerámica se empleaban con otros fines de culto. Entre estas piezas se encontraban unas pequeñas y grotescas figuras de animales con rasgos humanos que se fabricaban en considerables cantidades entre los años 1200 y 900 a.C.

Derecha: *En La Venta y en San Lorenzo se encontraron colosales cabezas de piedra que representaban a los regidores olmecas. Esta cabeza, hallada en San Lorenzo, data aproximadamente del año 900 a.C. y se conserva en el Museo Antropológico de Xalapa, donde se fotografió cuando el museo estaba en construcción en 1986.*

Los edificios construidos en el asentamiento también tienen un significado claramente ceremonial. Destacan las pistas donde se practicaba un juego ritual de pelota en el que se oponían simbólicamente los hijos del soberano a los representantes del inframundo. Estas pistas estaban rodeadas de 200 plataformas de tierra elevadas, que en su época sostenían templos o cabañas construidas con paja y maleza. Sistemas de canalización de piedra suministraban agua a charcas

artificiales en las que se realizaban baños rituales. Estos sistemas de sumideros son una hazaña asombrosa del ingenio humano, ya que la piedra se traía en balsas desde una distancia de 80 kilómetros y cada bloque se alisaba y modelaba cuidadosamente utilizando únicamente herramientas hechas con huesos y piedras.

En el año 900 a.C. un repentino colapso conmocionó San Lorenzo. En un frenético estallido de actividad, todos los monumentos y esculturas se mutilaron y desfiguraron deliberadamente machacándolos, picándolos y perforándolos. Los restos de estas otrora orgullosas esculturas fueron transportados a la cima de la montaña circundante, donde se alinearon en filas y luego se enterraron cuidadosamente antes de abandonar el asentamiento. Mientras que la destrucción ritual de los monumentos sugiere una desacralización del lugar, los motivos de esta destrucción y abandono de San Lorenzo continúan siendo un misterio.

LA VENTA

Impresionantes obras de arte en un asentamiento isleño

Enfrente, arriba: *Una tumba en La Venta construida con columnas de basalto.*

Enfrente, abajo: *Esta escultura hallada en La Venta se describe simplemente como «mujer en un nicho».*

Abajo: *Una cabeza de tamaño colosal, también en La Venta.*

La Venta, yacimiento situado en una isla rodeada de pantanos en las proximidades del río Tonalá, en Tabasco, tiene la distinción de ser el asentamiento que cuenta con la mayor pirámide olmeca. La Gran Pirámide tiene casi 30 metros de alto y contiene más de 10.500.000 metros cúbicos de tierra. Es tan grande que algunos expertos aseguran que es la pirámide verdadera más antigua de México. Este descomunal monumento sirvió como centro político y ceremonial de los olmecas tras el abandono de San Lorenzo en el año 900 a.C. hasta que La Venta fue a su vez destruida y abandonada en 400 a.C.

Al igual que San Lorenzo, La Venta se construyó sobre las bases de una explotación agrícola intensiva que mantenía a una gran población rural y a devotos y peregrinos itinerantes. Las figuras de crías de jaguares llorando representando a miembros de la nobleza y a las divinidades del inframundo siguen estando muy presentes, aunque está claro que La Venta ha ampliado las redes comerciales establecidas inicialmente por San Lorenzo. Además del basalto y la obsidiana, que fueron los materiales más utilizados por los artesanos de San Lorenzo, los comerciantes de La Venta localizaron varias fuentes de serpentina y jade.

El jade se convertiría en un símbolo de riqueza para los mesoamericanos posteriores, y parece que tuvo esa misma función en La Venta, ya que existen elaboradas tumbas y monumentos funerarios de nobles en los que predomina este material. Pero los patios recubiertos de mosaicos de jade y serpentina sólo pueden encontrarse en La Venta. Estos mosaicos se enterraban inmediatamente después de su finalización y se señalizaba su situación con postes de piedra erigidos encima.

Redireccionamiento de las labores agrícolas

Los patios enterrados no tenían ninguna finalidad práctica y sólo podían tener una función ritual, como es el caso de otras construcciones del asentamiento. Estudios recientes sugieren cada vez más insistentemente que los edificios, plazas y patios estaban alineados de acuerdo con las observaciones astronómicas, lo que los vinculaba directamente con la cosmología olmeca y un panteón de divinidades sobrenaturales.

Los trabajos de investigación arqueológica suelen arrojar algo de luz acerca de la función del asentamiento. Teniendo en cuenta las prácticas agrícolas de la época, la isla sólo podía mantener a una población aproximada de 45 familias. Está claro que nunca habrían sido capaces de erigir por sí solos los gigantescos edificios ni de importar todos los materiales necesarios para su construcción.

Sin embargo, la población rural de la zona era de aproximadamente 18.000 habitantes. Teniendo en cuenta que la agricultura era una actividad estacional, es posible que los nobles y sacerdotes residentes en La Venta los captasen como mano de obra. Su trabajo probablemente se consideraría parte de sus obligaciones para con las divinidades, cuya presencia estaba simbólicamente representada dentro del complejo ceremonial.

Al igual que San Lorenzo, La Venta padeció un paroxismo de destrucción en el año 400 a.C., cuando 24 esculturas monumentales, incluyendo algunas cabezas colosales, fueron desfiguradas de una forma casi idéntica. Una vez más, existen numerosas teorías que tratan de explicar el motivo. En el caso de La Venta, parece probable que la población hubiese aumentado hasta tal punto que la producción agrícola de la época ya no fuera suficiente para mantener a un número de habitantes cada vez mayor.

CREACIONES EN JADE

El significado de la piedra preciosa más utilizada en Mesoamérica

Abajo: *Todas las culturas mesoamericanas veneraban el jade como uno de los materiales más preciosos que existían y lo asociaban al agua y a la fertilidad. Trabajaban y pulían los bloques de jade empleando una combinación de diferentes técnicas para crear esculturas complicadas y sumamente sofisticadas, como la máscara y la pequeña talla que aquí aparecen. Muchos de estos objetos eran ofrendas funerarias y se enterraban al poco tiempo de terminarlas.*

Los olmecas, aunque son más conocidos por sus grandes y elaboradas esculturas en piedra, trabajaban a la perfección muchos otros materiales y sentaron un precedente para el futuro arte de los períodos clásico y postclásico mayas. Además de su escultura monumental, los olmecas utilizaron metales y piedras preciosas, muchos de los cuales obtenían comerciando lejos de Veracruz y Tabasco, su centro neurálgico.

El jade era el material precioso más buscado y su significado en la cultura olmeca y en las posteriores culturas mesoamericanas queda perfectamente ilustrado por el hecho de que la divinidad Chalchiuhtlicue, o «Falda de jade», se veneraba en la zona como la mujer o la hermana de Tlaloc, el dios de la lluvia.

Los olmecas fabricaron diminutos abalorios y discos, *celts* (hachas ceremoniales), figuritas, pendientes y otros ornamentos de jade utilizando una combinación de escultura, perforación, incisión y esmaltado. Muchos de estos objetos se esculpían con complicados rasgos del característico hombre-jaguar, divinidad recurrente del panteón olmeca, y se utilizaban como ofrendas funerarias. Algunos de los ornamentos, usados como pendientes o adornos para las orejas, se esculpían en forma de dientes y garras de jaguar y sólo podían ser usados por oficiales y sacerdotes de alto rango.

Por desgracia, los olmecas no dejaron ningún rastro de escritura jeroglífica. Así que sólo podemos saber lo que el jade significaba para ellos gracias a los restos arqueológicos y a las referencias de otras culturas mesoamericanas posteriores. Su relación con la muerte está bastante clara, ya que se solía colocar una cuenta de jade en la boca del muerto al ser enterrado, pero esto podía ser un símbolo de vida, pues los olmecas pensaban que los muertos resucitarían en este mundo o en el siguiente y el jade hacía referencia a la continuación cíclica de la vida.

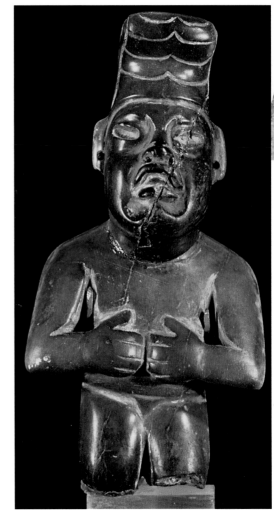

Agua, crecimiento y fertilidad

La relación existente entre Chalchiuhtlicue y Tlatoc también sugiere la interpretación del jade como símbolo de vida. Tlaloc, como encargado de traer la lluvia, se asociaba al crecimiento de las plantas y de la vegetación, mientras que su hermana o mujer representaba el agua y la fertilidad. Los olmecas, por lo que podemos interpretar de su arquitectura, creían en un cosmos en el cual la vida y la muerte, el mundo celestial de los dioses, el mundo terrenal y el inframundo se encontraban indisolublemente vinculados. El hecho de que el jade estuviese frecuentemente unido al hombre-jaguar, que actuaba como guardián del inframundo y se relacionaba con las divinidades acuáticas, resulta sumamente significativo, así como que la mayor parte de los mosaicos y de las tallas de jade recuperados de los asentamientos olmecas hayan sido deliberadamente enterrados poco tiempo después de su creación.

Probablemente, el más famoso de todos estos objetos sea un grupo de 16 esculturas y seis *celts* halladas en el centro ceremonial de La Venta. Inmediatamente después de terminarlas, se dispusieron en un hoyo en el centro del complejo piramidal como si se tratase de un grupo formal realizando una ceremonia y a continuación fueron enterradas. No se sabe con exactitud la función que desempeñaba esta tumba, aunque se trata claramente de un vínculo ritual entre el mundo terrenal y el inframundo, la región de los muertos. Además, teniendo en cuenta que el lugar donde se enterraron había sido marcado, parece ser que tuvieron lugar sucesivos rituales en los que se desenterraban y enterraban de nuevo ofrendas realizadas en jade como éstas.

Arriba: *Este grupo de figuras de jade es, probablemente, el ejemplo más famoso del trabajo realizado en La Venta con este material. Las figuras parecen tomar parte en una ceremonia. Poco tiempo después de su fabricación se dispusieron tal y como se muestra en la fotografía y se enterraron en el centro del complejo ceremonial.*

EL IDEAL DEL NACIMIENTO NOBLE
¿Colosales retratos de piedra?

Derecha: *Las esculturas olmecas representan casi invariablemente a sacerdotes y altos dignatarios. El hombre que aparece en esta imagen con un niño se identifica como tal gracias a su elaborado tocado y al «disco de espejo» que lleva en su pecho.*

Enfrente: *Esta colosal cabeza procedente de San Lorenzo muestra a un gobernante llevando un casco. Aunque el significado de estos cascos ha sido muy debatido, la convicción general es que representa el tocado que portaban los jugadores de pelota. Los concursantes eran, probablemente, los hijos de los reyes gobernantes y sus cascos llevaban los símbolos característicos del clan que identificaba el linaje al que pertenecían.*

En 1862 se descubrió en el municipio de San Andrés Tuxtla, en Veracruz, una colosal cabeza de piedra esculpida en basalto. Estudiosos y escritores de la época mostraron su perplejidad ante el hallazgo, pero fue 63 años antes cuando unos descubrimientos realizados en la laguna de Catemaco propiciaron intensas especulaciones acerca de su origen y de su significado.

En un principio algunos se negaban a creer que las gigantescas cabezas —que pesaban hasta 20 toneladas— y los hallazgos de joyas realizadas en jade pudiesen atribuirse a una cultura que otros proclamaban que era más antigua que la maya. Sugirieron que un pueblo no americano había esculpido las cabezas o que estaban relacionadas con las culturas de la isla de Pascua, y se negaban a aceptar que tuviesen un origen mesoamericano.

Otros apuntaban a los labios gruesos, a la nariz ancha y a los rasgos morenos de los rostros y afirmaban que eran obra de descendientes de africanos y de una fecha más reciente. Echándole todavía un poco más de imaginación y ante la evidencia de que las figuras llevaban «cascos», se propuso que las esculturas pertenecían a la antigüedad pero habían sido esculpidas por una raza extranjera.

El hecho de que el basalto fuese originario de una zona situada a 80 kilómetros de distancia también iba en contra de aquéllos que defendían que sus creadores eran indígenas antecesores de los mayas. No conocían la rueda ni disponían de animales de carga y era necesario cruzar ríos y pantanos para llegar a los centros urbanos. Se aseguraba, además, que los primeros mesoamericanos no disponían de las técnicas necesarias para realizar las esculturas.

Control de los elementos

Ahora sabemos que son obra de los olmecas y que datan del año 1200 a.C., aunque sigue existiendo cierta controversia acerca de su significado y de su finalidad. Aunque hay algunos sectores que opinan que las esculturas representan a los dioses, cada vez cobra más fuerza la teoría de que se trata de retratos de dignatarios olmecas. De hecho, los rasgos faciales se representan con tanto detalle que se pueden reconocer las características únicas de los individuos. El simbolismo del jaguar en

forma de señales talladas nos da una idea de los linajes de estos individuos.

Otros elementos presentes en las esculturas refuerzan la teoría de que de trata de retratos de nobles. Actualmente existe un cierto consenso en que los «cascos» son el tocado que utilizaban los jugadores en el juego ritual de pelota, que enfrentaba los poderes de las familias gobernantes contra las fuerzas de lo sobrenatural. Cada casco está marcado por un rasgo distintivo que resalta el linaje de la persona retratada.

Pero incluso si aceptamos la teoría de que se trata de gobernantes olmecas, una pregunta queda en el aire: ¿Por qué sentían los olmecas la necesidad de emprender la extremadamente difícil tarea de traer en balsas enormes bloques de basalto desde las montañas de los Tuxtlas hasta sus capitales para poder hacer sus esculturas?

La respuesta se encuentra en el origen de los propios bloques de basalto. Se hallan en las faldas de los volcanes en erupción, hasta donde han sido arrojados por la fuerza del fuego que sale desde el interior de la tierra. Por tanto, la suposición es que transformando este material en representaciones de sus gobernantes, los olmecas estaban haciendo una declaración acerca de su relación con las fuentes del poder sobrenatural y al mismo tiempo demostraban el control que podían ejercer sus regidores sobre dichas fuerzas y proporcionaban un vínculo espiritual con la creación, el cosmos y el ciclo de la vida.

LA RELACIÓN ENTRE LAS DIVINIDADES Y LA ELITE

Motivando a la mano de obra campesina a construir

Abajo: *Relieve de un rey olmeca. Su cetro simboliza su posición regia.*

El descubrimiento de cabezas de piedra de tamaño colosal en las regiones olmecas provocó una serie de problemas de trascendencia arqueológica. Tradicionalmente, la arqueología se centra casi exclusivamente en los restos materiales

en lo que respecta al establecimiento de fechas, a las secuencias cronológicas, al desarrollo de los estilos artísticos, y así sucesivamente. Por desgracia, aunque dichas aproximaciones suelen dejarnos una

gran cantidad de datos, nos dicen muy poco acerca de la gente que vivía y trabajaba en estas regiones.

Sin embargo, es imposible estudiar la estratificación olmeca sin tener en cuenta las ideas sociales, políticas y rituales que se estaban desarrollando durante ese período. Está claro que existía una gran estratificación social. Se cooptaba a gran cantidad de campesinos, cabe suponer que de forma voluntaria, como mano de obra durante los períodos en los que las tareas agrícolas tenían poca actividad. Teniendo en cuenta que los olmecas no tenían ejércitos permanentes u otro tipo de cooperación forzada, según la información de la que disponemos, ¿por qué los campesinos dedicaban su tiempo voluntariamente a esforzarse por elevar el estatus de una parte muy pequeña de la población?

Durante el paso de las comunidades de cazadores-recolectores a las agrícolas y a una población semi-urbana se produjeron grandes cambios sociales y políticos. La arqueología puede interpretarse de forma que sepamos en qué pudieron consistir dichos cambios. En concreto, las primeras actividades de caza-recolección eran oportunistas y dependían en gran medida de las habilidades personales. La arqueología sugiere que aunque puede ser que existiesen asentamientos privilegiados, estos no suministraban recursos garantizados, de modo que las poblaciones seguían siendo pequeñas e igualitarias.

A medida que los grupos se unían en comunidades agrícolas y luego semi-urbanas, los recursos se volvieron más seguros y las poblaciones aumentaron. Pero entonces se hizo necesario un mayor esfuerzo cooperativo y un crecimiento consecuente de líderes capaces y respetados. Los descendientes de estos líderes formaron la base de la elite olmeca. Sin embargo, la construcción de una arquitectura monumental y el abastecimiento de mano de obra para realizarla era muy diferente a las actividades de subsistencia anteriores y era necesario que también trabajasen otras fuerzas para fomentar la cooperación.

Ayudando a los dioses

No cabe duda de que muchas de estas fuerzas eran rituales y la participación era tan esencial para la supervivencia como la obtención de comida: en cierto modo, tanto el yo físico como el espiritual necesitan sustento. Anteriormente, eran los chamanes y sacerdotes locales los encargados de suministrar este sustento espiritual e incluso las comunidades semi-urbanas no eran tan grandes como para que las actividades de los agricultores organizados y de los sacerdotes locales fuesen insuficientes para estas necesidades. En términos de tamaño de población y demografía no existe ninguna razón sociopolítica para explicar la construcción de los masivos centros ceremoniales olmecas.

En las culturas mesoamericanas posteriores, las divinidades tienen una estructura jerárquica similar a la olmeca. Existen los dioses principales, sus ayudantes y una serie de poderes y espíritus secundarios.

El prestigio de cada divinidad está marcado por la cantidad de poder que él o ella ostenta. Los dioses menores se adaptaban fácilmente al poder mayor de una divinidad superior. Por lo tanto, podemos suponer que los centros ceremoniales no tenían únicamente una función ritual, sino que también servían como símbolos de poder.

Teniendo en cuenta que la arqueología nos dice que estos centros contenían tanto edificios rituales como residencias para los miembros de la elite social, parece como si dicha elite estuviese buscando algo más que un estatus político. Vivían dentro del mismo recinto que los dioses y, por lo tanto, el sector rural de la población los veía como divinos o, al menos, como semi-divinos. Si esta hipótesis es correcta, crea un precedente

para las posteriores culturas mesoamericanas, como la azteca, y nos ayuda a entender las estructuras de estas complejas sociedades jerárquicas.

Esto también explica por qué los campesinos dedicaban gustosos parte de su tiempo a las laboriosas tareas de transportar y preparar los pesados materiales de construcción, así como de construir las residencias de la elite social. Estas residencias

Abajo: *La capa, el tocado, los ornamentos del cuello y el cinturón ancho que esta figura conocida como «El gobernador» lleva puestos, funcionan como símbolos de autoridad.*

podrían ser no sólo «palacios», sino también los hogares de los dioses y símbolos del poder divino y su labor era, por lo tanto, parte de su devoción y de su actividad ritual.

TESOROS ENTERRADOS
Conectando el mundo medio con el inframundo

Abajo: *Pavimento de mosaico de La Venta representando al dios Jaguar. Este pavimento se colocó sobre un suelo cuidadosamente alisado, cubierto con arena blanca y luego se quemó y bendijo en un ritual; pero inmediatamente después de su construcción se enterró bajo más arena y grava fina. Es probable que su finalidad fuese reforzar los vínculos rituales con el inframundo del cual el dios Jaguar era el guardián.*

Uno de los aspectos más enigmáticos de la cultura olmeca es la presencia en varios asentamientos, especialmente en La Venta, de artefactos enterrados. El motivo por el que los olmecas decidieron colocar objetos en lugares donde no podían verse ha sido un misterio durante mucho tiempo y ante la inexistencia de documentos escritos cualquier interpretación debe ser, en el mejor de los casos, una conjetura con cierto fundamento. Solamente gracias al estudio de las culturas mesoamericanas posteriores podemos tratar de entender quiénes eran los olmecas y cómo eran sus vidas.

Sin embargo, los tesoros enterrados no tienen ningún paralelismo directo en las culturas posteriores, así que su análisis seguirá siendo una mera especulación. Pero si los centros ceremoniales y las residencias de la elite se consideraban los hogares de los dioses *(véase páginas 26-27)*, el significado de los objetos enterrados parece estar un poco más claro. Si seguimos esta hipótesis tenemos que considerar el panteón de las divinidades mesoamericanas y su relación con el mundo humano.

Debemos tener en cuenta que los dioses pertenecen al reino superior o inferior. En este caso, las pirámides y demás monumentos erigidos sobre el suelo se dirigen hacia los dioses del cielo. Quizá resulte significativo que las pirámides olmecas sean conos invertidos, la cumbre en la que probablemente se encendían fuegos de sacrificio que guardaban cierto parecido con las cumbres de los volcanes y el «fuego celestial» que emana de ellas.

Esta interpretación podría aproximarse a las interpretaciones de los mesoamericanos posteriores, para los cuales los volcanes eran símbolos sagrados y para los que el fuego estaba relacionado con las montañas. A través de las pirámides, el poder de los dioses celestiales podía descender por los peldaños hasta el mundo medio: el de las personas.

¿Sistema de desagüe decorativo?
Los tesoros enterrados invierten esta relación hacia los dioses del inframundo. Estas divinidades sue-

len estar relacionadas con el agua, que discurre por cuevas subterráneas o arroyos. La entrada al inframundo está custodiada por el dios Jaguar y, por supuesto, los hombres-jaguares representados agachados a la entrada de aperturas similares a cavernas es un motivo olmeca muy utilizado. Sólo es posible alcanzar el propio inframundo cruzando un río de aguas turbulentas.

Al considerar los objetos enterrados, su relación con este grupo de dioses del inframundo parece estar más clara. Existe una conexión obvia con lo que se ha descrito como tubos de desagüe. La explicación habitual para esto es que se utilizaban para drenar agua de los lagos artificiales sagrados situados en las plazas de los centros rituales. Sin embargo, no hay ningún motivo para suponer que el drenaje superficial fuese menos eficaz. Además, la artesanía de estos conductos es excelente. Si su función era meramente utilitaria (aunque quizá con alguna asociación ritual), sería poco probable que los mejores artesanos estuviesen involucrados en su fabricación. Así que probablemente deberíamos buscar un significado más profundo.

Este significado podría venir de la mano de otro grupo de objetos finamente trabajados entre los que se encuentran unos pavimentos de mosaico de obsidiana. La obsidiana no es original de la zona central olmeca y en otras culturas se asocia con el cuchillo de sacrificio que envía a sus víctimas al Mictlan, el inframundo o «lugar de los muertos». Puede resultar significativo que las aguas del cenote sagrado de Chichén Itzá *(véase páginas 136-137)*, en el período postclásico maya, contenían varios cuchillos de sacrificio. Pero más significativo es el hecho de que los pavimentos de mosaico representasen al dios Jaguar, el guardián del inframundo. Otro grupo importante es un conjunto de tallas de jade dispuestas en posturas rituales *(véase página 23)*.

Los objetos enterrados están marcados y normalmente se cree que es para permitir su recuperación posterior. Sin embargo, podría darse el caso de que dicha marca indicase un camino de vuelta al mundo terrenal. De ser así, las marcas podrían tener una función similar a las escaleras ceremoniales de las pirámides que conectaban el mundo terrenal con el superior, solamente invirtiendo el orden para conectar con el inframundo.

Arriba: *De las dos pirámides erigidas en La Venta sólo una conserva gran parte de su forma original. Se cree que esta Gran Pirámide (la primera verdadera pirámide de Mesoamérica) se construyó para imitar la forma de un volcán. El nombre del asentamiento, «La Venta», también es una alusión a los volcanes.*

TRES ZAPOTES
Asentamiento de una cultura olmeca paralela pero más duradera

Derecha: *La estela C de Tres Zapotes, destacable porque contiene las primeras anotaciones de fechas conocidas de las zonas mesoamericanas. Aunque todavía no se han encontrado ejemplos anteriores, las fechas expresadas con puntos y barras en esta estela forman parte de una tradición establecida probablemente originada en un período anterior. Podrá encontrar información más detallada acerca del sistema de numeración de puntos y barras mesoamericano, con los cuales los mayas desarrollarían más tarde conceptos matemáticos, en las páginas 72-73.*

El asentamiento de Tres Zapotes, situado en las laderas de las montañas Tuxtla, en Veracruz, estuvo habitado por los olmecas durante el mismo período que otros de los principales centros, como el de La Venta, abandonado en 400 a.C. Durante este tiempo, la cultura de Tres Zapotes discurrió de un modo paralelo al de los demás asentamientos y formó parte de lo que podríamos denominar como la cultura olmeca clásica.

Los hallazgos realizados en Tres Zapotes son de objetos con los que ya estamos familiarizados. Entre ellos se incluyen algunas esculturas monumentales con el conocido motivo del jaguar o con diseños abstractos, altares de piedra y grandes estelas grabadas. Las garras y los dientes de jaguar son motivos muy recurrentes. Por lo tanto, Tres Zapotes parece haber adoptado las tradiciones olmecas practicadas en otros asentamientos. El estilo de escultura ha sido descrito como uno de los principales logros artísticos de la América prehispánica.

Nuestros conocimientos acerca de estos asentamientos y de la cultura olmeca en general se basan en los datos que los arqueólogos pueden proporcionarnos y en las diferentes formas en las que interpretemos estos hechos. Que la cultura olmeca se encontraba sumamente estratificada queda patente en las elaboradas tumbas de sólo unos pocos individuos, que probablemente formaban una elite de sacerdotes o gobernantes. Las culturas mesoamericanas posteriores nos ofrecen algunos ejemplos comparativos y podemos suponer que los motivos esculpidos similares presentes en culturas posteriores donde su significado está más claro, también tienen relevancia para el período olmeca.

Numerosas disciplinas y varias técnicas contribuyen a este tipo de análisis. La arqueología, la historia del arte, la etnología y la botánica aportan sus propias especialidades y nos ofrecen una visión más completa de quiénes eran los olmecas. Es como un rompecabezas al que le faltan muchas piezas. Aunque tenemos bastante información acerca de los olmecas, y este conocimiento está aumentando ininterrumpidamente, la parte que todavía ignoramos es mucho mayor.

una fecha, en concreto, el año 31 a.C. según el calendario gregoriano.

Éste es un descubrimiento sumamente importante para los estudiosos de Mesoamérica, ya que sugiere que los últimos olmecas ya tenían la base para los sofisticados sistemas matemáticos y de calendario utilizados por los posteriores mayas y aztecas. También tuvo un gran impacto emocional, pues es la primera «voz» que nos habla desde las Américas.

El hecho de que esta sencilla escultura exista en la forma que conocemos todavía tiene más relevancia. Las líneas y los puntos están dispuestos de forma que se puedan leer utilizando el posterior sistema maya y no se trata de marcas hechas al azar. Esto significa que forman parte de un sistema establecido aunque sencillo que debió de desarrollarse algún tiempo antes.

Quizá los olmecas grabasen las fechas en materiales perecederos que no han sobrevivido o quizá

Aunque el sistema de barras y puntos se siguió utilizando en culturas posteriores, hubo otros desarrollos. Este calendario huasteca (izquierda) emplea el «círculo de calendario» que representa los sucesos cíclicos del año agrícola. Los nahuas y los zapotecos vincularon las fechas del calendario con figuras en relieve que representaban a las divinidades que regían los distintos períodos del año. El ejemplo que mostramos abajo procede de Xochicalco. (Cuernavaca, Morelos).

Rompiendo el silencio

Los olmecas siguen estando atormentadoramente mudos. En la época en la que los grandes centros de la civilización olmeca desaparecieron, no habían desarrollado un sistema de escritura. Las imágenes que esculpían y los monumentos que erigían son, en ocasiones, sorprendentemente hermosos, pero permanecen en silencio.

Sin embargo, Tres Zapotes sobrevivió a la caída de los otros centros y continuó hasta justo antes del inicio de la era cristiana. Durante este tiempo, experimentó muchos cambios, algunos de ellos de tales dimensiones que algunos arqueólogos denominan a este último período como proto-maya. La ocupación olmeca continuó en Tres Zapotes y las tradiciones escultóricas olmecas siguieron practicándose en esas zonas, aunque a un nivel muy inferior.

Una de las esculturas olmecas de este último período parece, en un principio, relativamente insignificante. Se trata de un poste de piedra que conocemos simplemente con el nombre de estela C y que representa la conocida máscara de jaguar en un lado aunque en el reverso aparece un patrón de líneas y puntos aparentemente simple y abstracto. Aunque este dibujo ha pasado inadvertido durante muchos años, los estudiosos de la cultura maya lo han reconsiderado y descubrieron que se trataba de una figura en relieve que representaba

haya otras esculturas de piedra abandonadas o enterradas en algún lugar de Veracruz. Si se encontrasen ejemplos anteriores, sería posible trazar los orígenes de la escritura en América.

CHALCATZINGO
Dominio femenino sobre un paisaje espectacular

Chalcatzingo se encuentra situado en unos de los entornos más espectaculares de toda la zona mesoamericana. Se asienta en la base de uno de los tres picos montañosos que dominan un valle plano en la parte este del estado mexicano de Morelos, a unos 120 kilómetros al sudeste de Ciudad de México.

Una arqueóloga mexicana descubrió este asentamiento en 1934, cuando encontró grandes cantos rodados esculpidos en un estilo que inmediatamente identificó como olmeca. Las investigaciones posteriores confirmaron que Chalcatzingo es con-

Abajo: *Esta tumba cubierta de piedra situada en Chalcatzingo también servía como altar para la realización de ofrendas.*

temporáneo al gran centro ceremonial olmeca de La Venta. Estas grandes esculturas en bajorrelieve se encuentran entre los ejemplos más impresionantes de arte público anterior al año 900 a.C.

Posteriores investigaciones realizadas en Chalcatzingo proporcionaron una gran cantidad de datos acerca de la vida diaria de los olmecas que no queda inmediatamente de manifiesto en yacimientos más grandes como La Venta o San Lorenzo. Se encontraron amplios muladares de cocina y el análisis de su contenido demostró que los ocupantes olmecas de Chalcatzingo practicaban una intensa agricultura. Su dieta básica consistía en maíz, habas y calabaza, que comple-

Abajo: *Chalcatzingo está situado en una zona espectacular al pie de las montañas del valle de Morelos.*

mentaban con la carne de los perros domesticados, ciervos salvajes, conejos, pájaros e iguanas. También hacían tortillas y recurrían a la lima en su preparación.

También dentro del contexto familiar y, una vez más, en las zonas de cocina, se encontró una gran cantidad de figuritas humanas y de animales realizadas en arcilla. Los cuerpos de las figuras humanas están toscamente torneados, pero los rasgos faciales están cuidadosamente definidos y pintados, lo que nos sugiere que pudiese tratarse de retratos de los miembros de la familia. La mayor parte de las figuras de animales representan a patos y a perros, aunque también hay algunas tallas de tortugas, pavos, ciervos, pécaris, ardillas o zorros. Sorprendentemente, también hay figurillas representando a monos, cuando los monos no son originarios del altiplano central mexicano. La mayoría de las figuras de animales son ocarinas o silbatos de dos tonalidades.

Llamativas esculturas en bajorrelieve
Muchas de las esculturas acompañaban a las tumbas realizadas bajo los suelos de las casas, aunque está claro que estas tumbas pertenecían a plebeyos, más que a nobles. La clase gobernante se enterraba en tumbas recubiertas de piedra situadas sobre plataformas elevadas y sus esqueletos se rodeaban de valiosos objetos.

Lo más llamativo del asentamiento son, sin lugar a dudas, las grandes esculturas en bajorrelieve, las cuales merecen más atención. Algunas representan la relación entre la natura-

Izquierda: *Las esculturas en bajorrelieve realizadas en piedra encontradas en Chlacatzingo ayudaron a identificar este asentamiento como contemporáneo a los de La Venta y San Lorenzo. En este detalle de una mujer gobernante que mostramos* **abajo,** *ésta aparece sentada en un trono y lleva un elaborado tocado como símbolo de su rango. Se trata de la escultura más antigua de una reina coronada como divinidad hallada en Mesoamérica.*

leza y el hombre. En una de ellas, un sacerdote-gobernante o un hombre-dios se sienta en una caverna sosteniendo una caja y rodeado de nubes, agua, jade y vegetación y portando una piedra que representa la tierra. Esto simboliza todas las fuerzas del cielo, el agua y la tierra, tripartición básica de la cosmología olmeca. Otra representa a un prisionero itifálico atado amenazado por dos guerreros olmecas armados. En otra, dos divinidades hombre-jaguar atacan a hombres desnudos.

Pero la escultura más importante muestra una peculiaridad de los linajes de Chalcatzingo: representa a una mujer como regente, en vez de como consorte de un rey varón. Lleva puesto un tocado enorme e imponente como símbolo de su rango y está sentada en lo que parece la entrada a una cueva formada por la mandíbula de un hombre-jaguar. Sobre ella se representan varias nubes de las que caen gotas de lluvia fálicas hacia ella.

Aunque esta escultura no está acompañada de ningún texto en relieve, el simbolismo parece claro. La mujer lleva las insignias de una regente divinizada. La apertura de la caverna es el útero de la tierra, protegida por el hombre-jaguar como guardián del inframundo, mientras que las gotas de agua simbolizan el poder fertilizador de la lluvia que impregna la tierra. La mujer se convierte en reina y en la diosa madre, pero lo que no está claro es si representa a una saga de regidoras femeninas en Chalcatzingo o si heredó su cargo porque no había ningún heredero varón.

TLATILCO Y CHUPICUARO
Origen de alegres y expresivas tallas olmecas

La influencia olmeca se extendió más allá de su área central y llegó hasta el valle de México, aunque no está muy claro si se trató únicamente de una difusión de la cultura olmeca o de una ocupación real por parte de grupos migratorios olmecas. Existen dos asentamientos en particular, Tlatilco y Chupicuaro, que resultan de gran interés, ya que las tumbas halladas en ambos contenían centenares de figuritas de arcilla que tienen un gran valor informativo.

Tlatilco es, con mucho, el más importante de los dos asentamientos y probablemente era un centro cultural de pleno derecho. No existen estructuras piramidales, pero hay claros signos de estratificación social, ya que las casas de la nobleza estaban construidas sobre plataformas de arcilla elevadas.

Presenta dos características, ambas curiosidades arqueológicas que supusieron importantes hallazgos. Una de ellas es la presencia de profundos hoyos de almacenamiento situados bajo la tierra y con forma de campana, posteriormente utilizados para la destrucción de basura. La otra es el uso de ladrillares, dando lugar a numerosos hallazgos de figuras de arcilla con características olmecas.

Entre estas tallas destacan los «bebés» de color blanco y huecos, con boca de jaguar y numerosas cabezas y figuras con formas sumamente trabajadas. Los cuencos y las vasijas talladas son muy parecidos a los realizados en el centro olmeca de San Lorenzo, lo que ha hecho pensar que Tlatilco era un centro comercial aislado desde el que se podían distribuir las mercancías de San Lorenzo. Las dataciones radiocarbónicas indican que Tlatilco fue contemporáneo a San Lorenzo.

Sin embargo, es probable que estos objetos fuesen producciones locales, ya que Tlatilco es una importante fuente de arcilla, y que hubiese una comunidad olmeca procedente de San Lorenzo viviendo allí. Así lo sugieren las numerosas tumbas subterráneas, la presencia de una máscara de jaguar y las esculturas olmecas en bajorrelieve. Estos objetos se fabricaban localmente y no representan mercancías procedentes del exterior.

Cambio en la representación femenina

Aunque no se encuentra mucha piedra ni jade esculpidos, normalmente asociados con los olmecas, hay un cuadro de figuras de jade dispuestas de forma similar al conjunto más conocido de La Venta. Ambos grupos se encontraron en enterramientos subterráneos. Aunque es complicado distinguir los detalles de la vestimenta en las figuras de La Venta, las de Tlatilco se pueden ver claramente. En el centro hay un hombre con un suntuoso atuendo, mientras que a su alrededor, de pie o arrodilladas, vemos un grupo de 15 figuras que llevan una vestimenta menos elaborada.

Pero los objetos funerarios que han recibido más atención son los centenares de figurillas de arcilla huecas. En su gran mayoría representan a mujeres y están delicadamente modeladas. A diferencia de las solemnes esculturas de jade, muchas de ellas son figuras alegres y expresivas que representan a muchachas bailando y a acróbatas que permiten hacerse una idea de los aspectos más simples de la vida olmeca.

Están pintadas con diseños en rojo y amarillo ocre y destacan por la gran cantidad de tocados y peinados que llevan. Además de las decoraciones de la cabeza, pueden estar desnudas o llevar ropas mínimas y se caracterizan por sus hombros estrechos, pechos pequeños, caderas diminutas y gruesos muslos.

En Chupicuaro también se encontraron cientos de figuras de arcilla femeninas, aunque parece ser que éste era más un cementerio que un asentamiento. De nuevo encontramos un énfasis en los peinados sumamente elaborados, así como gestos expresivos y el uso de decoraciones en colores claros. Una vez más, la mayor parte de las tallas aparecen desnudas, aunque algunas llevan trajes elaborados. La visión que se tiene en Chupicuaro de la mujer es, sin embargo, opuesta a la de Tlatilco: en Chupicuaro las figuras tienen caderas y piernas delgadas, pechos grandes y redondos y hombros anchos.

Las pruebas de la influencia olmeca en el cementerio de Chupicuaro son menos directas, quizá debido a su cronología tardía, ya que es contemporáneo a los últimos años del asentamiento olmeca de La Venta. Entre las ofrendas funerarias se encuentran numerosos cuencos y utensilios de arcilla que incorporan diseños no olmecas contemporáneos a otros desarrollos que tuvieron lugar en el valle de México en el período que transcurre entre los años 500 y 100 a.C. Por lo tanto, Chupicuaro podría representar algo así como un «crisol» de influencias culturales, en lugar de una cultura en sí misma.

Izapa
La transición de la cultura olmeca al período formativo maya

Las construcciones de Izapa, situada en la llanura del Pacífico en el estado mexicano de Chiapas, cerca de Guatemala, abarcan el período comprendido entre los olmecas y los mayas. Algunos expertos afirman que Izapa es el asentamiento clave para el desarrollo de la primitiva cultura maya, basándose en la presencia de claras influencias olmecas combinadas con representaciones de divinidades características del futuro período clásico maya. Otros consideran que el desarrollo de las primitivas culturas mesoamericanas es demasiado complejo como para definirlo con un único acontecimiento o como para localizarlo en un lugar específico y afirman que este asentamiento representa una serie de influencias diversas que tuvieron lugar a lo largo de un período de tiempo prolongado.

La mayor parte de los túmulos de Izapa están hechos de tierra y cubiertos de guijarros. Hay un gran número de esas construcciones y se encontraron 89 estelas. Menos de la mitad de las estelas están esculpidas, el resto de las piedras no decoradas y las talladas están normalmente emparejadas con piedras de altar lisas. Algunas de las piedras no esculpidas tienen marcas pintadas.

Las esculturas forman un estilo característico que aparentemente representa temas míticos e históricos. Todavía no ha sido posible realizar interpretaciones de muchas de las figuras. A menudo se trata de formas complejas que, a primera vista, transmiten una idea de desorden, lo que ha provocado que se acuñe la frase «el barroco de Izapa», aunque sin embargo, otras están sobriamente construidas. En este caso existe una banda o marco superior que representa el cielo o que está marcado con símbolos cosmológicos, y una banda inferior que representa la tierra o contiene símbolos del inframundo. Las acciones recogidas en las esculturas, ya sean las aventuras de los «héroes gemelos» o las hazañas de un señor de Izapa, se desarrollan dentro de estos límites y normalmente se esculpen en bajorrelieve.

Ni glifos ni contacto

Aunque el estilo de Izapa es muy característico, hay claras muestras de la herencia olmeca en muchas de sus tallas. Así, encontramos representaciones del dios jaguar sonriendo o del hombre-jaguar, tan característico del período olmeca, así como las formas en U (hendidura en forma de U de la cabeza) utilizada por los olmecas como símbolo de linaje real.

El predominio de la iconografía olmeca ha provocado que a menudo la cultura de Izapa se describa como neo-olmeca. Sin embargo, hay una serie de dioses en Izapa que carecen de precursores olmecas. Entre ellos se encuentra un dios barbado con tridentes en lugar de ojos que aparece más adelante ligeramente modificado en el asentamiento maya de Tikal, así como figuras que recuerdan a posteriores dioses mayas.

No se han encontrado jeroglíficos ni glifos con fechas relacionadas con las esculturas de Izapa, aunque se cree que al menos algunas de éstas representan a gobernantes, sacerdotes y a otros personajes históricos. Si se pudiesen descifrar, casi con total certeza nos proporcionarían un buen número de dinastías de Izapa, así como las relaciones que mantenía este asentamiento con los grupos vecinos, facilitándonos una clara indicación acerca de qué divinidades de Izapa se consideraban importantes.

Hay teorías que afirman que la falta de glifos con fechas indica que Izapa se encontraba aislada. Otros asentamientos coetáneos sí contaban con estos glifos, así que sería de esperar que se hubieran incorporado a las esculturas de Izapa en el caso de que se mantuviesen contactos regulares. Aunque la lectura de estas otras esculturas puede arrojar algo de luz sobre la historia de Izapa, desgraciadamente continúan siendo indescifrables.

Izquierda: *La relación entre Izapa y las ciudades vecinas es un tema que atrae la atención de los estudiosos y también provoca discusiones entre ellos. Mientras que algunos afirman que Izapa fue la cuna de los sistemas calendáricos mesoamericanos y, por lo tanto, es neo-olmeca y proto-maya; otros creen que su situación relativamente aislada evitó que se convirtiese en un punto fundamental en la prehistoria de la región. Pero está claro que Izapa compartió una serie de rasgos con otros grupos contemporáneos, incluyendo las esculturas que combinaban los rasgos de los gobernantes con las insignias de dioses animales, como en esta escultura hallada en las cercanías de Kaminaljuyú.*

Las primeras influencias llegaron de la región olmeca, aunque la espesa selva Lacandona, la Sierra Madre del Sur, el altiplano de Guatemala y las junglas del Petén podrían haber aislado a Izapa de los asentamientos mayas del norte.

EL ABANDONO DE LOS ENCLAVES OLMECAS

El misterio de las ciudades destruidas y abandonadas

Arriba: *Cuando se abandonaron los asentamientos olmecas, sus monumentos se desfiguraron deliberadamente. Este detalle de una cabeza de tamaño colosal hallada en San Lorenzo muestra perforaciones a la izquierda del ojo y en el puente de la nariz. Desfigurando sus monumentos, los olmecas trataban probablemente de eliminar su significado religioso y ritual, minimizando su importancia como representaciones de los dioses y de las familias gobernantes.*

Uno de los puntos que a lo largo de los años ha sido causa de confusión y discusión entre los expertos en cultura mesoamericana es el hecho de que la mayoría de las principales ciudades se abandonaron de repente (a menudo tras un claro intento de destruirlas). Las grandes ciudades olmecas de San Lorenzo y La Venta fueron destruidas y abandonadas, al igual que otras ciudades posteriores, como Teotihuacán y Tula. Aunque con menos signos de destrucción, el abandono también parece evidente en algunos centros mayas.

Una de las características de estos abandonos es que no parecen haber sido el fruto de un declive gradual, sino que fueron repentinos y catastróficos. Ocurrieron durante períodos en los que las pruebas arqueológicas sugieren que se trataba de centros comerciales y rituales prósperos.

Se han planteado numerosas hipótesis para tratar de explicar este fenómeno. Una de las teorías más aceptadas actualmente afirma que los asentamientos se volvieron insostenibles debido a las presiones externas. Según este argumento, las intrigas políticas entre las ciudades rivales acabaron en guerras que provocaron que los reyes gobernantes perdiesen su autoridad, hecho seguido del éxodo general de la población.

Otra teoría sugiere que la disensión interna provocó la sublevación de las comunidades rurales contra las elites gobernantes, lo que acabó provocando una guerra civil. Un tercer argumento afirma que las poblaciones simplemente crecieron demasiado y eran demasiado grandes para poder subsistir con los recursos locales, de modo que se dispersaron y reorganizaron en comunidades más pequeñas que precisaban una base de subsistencia menos amplia.

Cada una de estas teorías tiene sus partidarios, pero los restos arqueológicos encontrados no pueden probar ninguna de ellas, de modo que el debate sigue abierto. Sin embargo, la tercera opción parece poco probable para los olmecas, ya que las poblaciones nunca fueron tan extensas como para agotar los recursos locales. El derrocamiento violento también es cuestionable por diferentes razones, así que es posible que interviniesen otros factores.

Destrucción ordenada

Ni San Lorenzo ni La Venta parecen haber sido destruidas por insurrección. En el caso de que hubiesen tenido lugar luchas suficientemente encarnizadas para acabar por completo con una elite gobernante, los restos arqueológicos deberían estar, como mínimo, desorganizados. Eso es lo que encontramos en el asentamiento posterior de Tula, donde los aztecas invadieron y quemaron la ciudad. Allí, los monumentos se tiraron al suelo con tal fuerza que quedaron destrozados. Pero en San Lorenzo y en La Venta la destrucción tiene el aspecto de un desmantelamiento sistemático de los asentamientos, más que de un derrocamiento violento.

En ambos enclaves los monumentos situados sobre la tierra se desfiguraron rasgándolos, picándolos, punzándolos, etcétera. Entonces se sacaban de los centros ceremoniales y se transportaban a las cumbres de las colinas cercanas donde se alineaban y se enterraban cuidadosamente. Que una fuerza invasora o una revuelta interna dejasen los restos mutilados colocados de un modo tan ordenado resulta bastante poco probable: los ejércitos invasores o los insurrectos de una guerra civil no suelen tratar los restos de sus enemigos con tanto respeto.

Una opción que continúa abierta es que los asentamientos se destruyesen ritualmente. En las culturas mesoamericanas posteriores, los ciclos de 52 años eran un período en el que la renovación ritual era fundamental pero incierta. Es posible que los olmecas tuviesen creencias semejantes y, en ese caso, el desmantelamiento de las ciudades podría haber tenido lugar debido a que el ciclo ritual no se hubiese renovado satisfactoriamente.

En este caso, la mutilación de los monumentos y su cuidadoso traslado podría significar un cambio ritual de poder desde los centros. Su enterramiento posterior también podría ser significativo. Los monumentos enterrados no se tocaban *(véase páginas 28-29)* y podrían estar relacionados con el inframundo. Por lo tanto, el enterramiento de monumentos podría ser una forma de condenarlos a la región de los muertos y de quitarles ritualmente su poder.

CAPÍTULO DOS

EL INTERREGNO OLMECA

Compartiendo sistemas y decadencia con la cultura «madre»

Las causas de la caída de los grandes centros olmecas sólo se entienden parcialmente, aunque existen suficientes pruebas para que los arqueólogos y los estudiosos del tema expongan sus teorías. Inmediatamente después de su caída, toda la región de Mesoamérica cayó en un profundo caos, en muchos lugares hubo un declive aparentemente rápido de la actividad artística y de los logros culturales.

Los pocos centros que conservaron la cultura olmeca lo hicieron de una forma alterada y, en algunos aspectos, diluida. Otras ciudades, como Tlatilco, estaban alejadas del centro olmeca y, aunque presentaban algunos rasgos de esta cultura, también estaban influenciadas por otras expresiones culturales.

Pero había una serie de características que siguieron siendo comunes para toda la zona mesoamericana y sobre las cuales los olmecas crearon precedentes. Algunas de estas características, incluidas las sociedades jerárquicas, podían ser desarrollos independientes, pero hay muchos factores que indican que se originaron con los olmecas. El hecho de que las jerarquías gobernantes aunasen las funciones de líderes religiosos y seglares y se asentasen en centros de poder con fines rituales y seculares puede ser una coincidencia. Que el símbolo de este poder sea casi invariablemente el jaguar desbarata las teorías del desarrollo independiente y de las similitudes casuales.

La presencia de muchos rasgos comunes ha llevado a los arqueólogos a catalogar la cultura olmeca como «cultura madre» de todos los grupos mesoamericanos posteriores. En los pueblos posteriores encontramos marcadas influencias, especialmente entre las culturas de las tierras bajas y del altiplano central, pero las similitudes en

muchos aspectos de la organización social y de las prácticas rituales son tan fuertes, que es casi seguro que comparten una herencia común.

La vida en las tierras bajas y la vida en el altiplano central

De todos modos, es necesario sopesar también las diferencias. La mayor parte de los arqueólogos están de acuerdo en que las culturas mayas de las tierras bajas se encontraban definitivamente influenciadas por los olmecas. Las discrepancias surgen únicamente en torno al alcance de esta influencia. Algunos sostienen que los mayas son los descendientes directos de los olmecas; otros, que los mayas descienden de las poblaciones rurales que anteriormente habían estado bajo el dominio olmeca pero que no eran olmecas. Ninguna hipótesis se puede aceptar con certeza, aunque está claro que el sistema olmeca de muchos pequeños centros ceremoniales que servían a poblaciones rurales dispersas, fue adoptado por los mayas.

O C É A N O P A C Í F I C O

O Colima

Leyenda

 Civilización pre-clásica de México oriental
300 a.C.–300 d. C.

 Teotihuacán
1–700 d.C.

 Zapoteca
1–700 d. C.

 Civilización clásica de la costa del Golfo
1–700 d.C.

 Maya
300–800 d.C.

Influencias culturales

 Teotihuacán

 Zapoteca

Veracruz

2000 a.C.
Fecha de aparición de la lengua proto-maya.

600 a.C.
Construcción de los primeros edificios en Monte Albán.

550 a.C.
En Persia, Ciro el Grande funda el imperio persa.

500 a.C.
Los zapotecas ocupan San José Mogote hasta esta fecha.

400 a.C.
Declive de la cultura olmeca.

250 a.C.
Monte Albán domina el valle de Oaxaca.

50 a.C.
Comienza el desarrollo urbano de Cerros.

100 a.C.
Fin de la cultura olmeca.

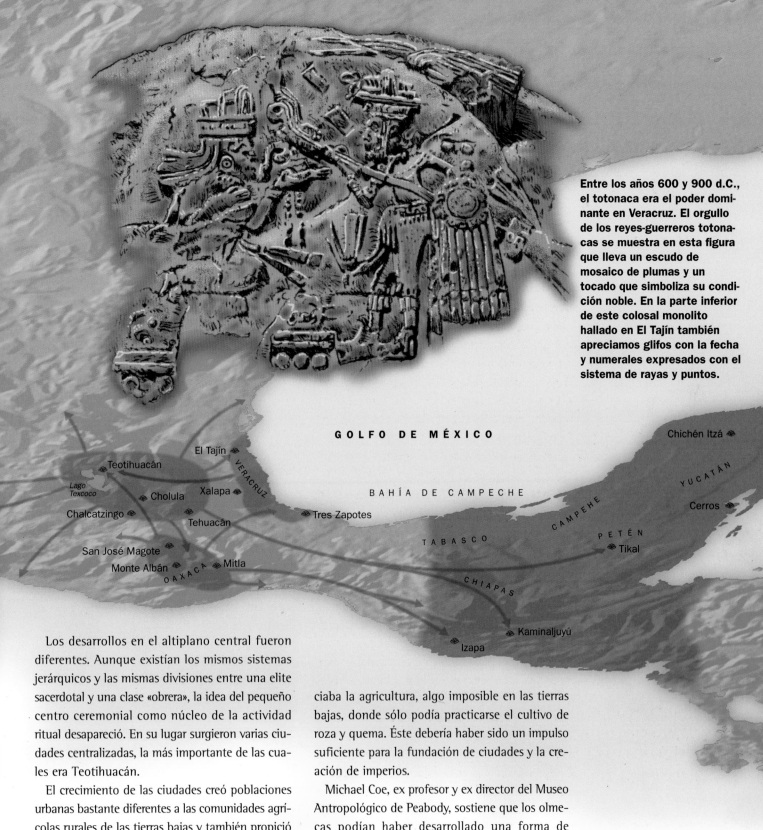

Entre los años 600 y 900 d.C., el totonaca era el poder dominante en Veracruz. El orgullo de los reyes-guerreros totonacas se muestra en esta figura que lleva un escudo de mosaico de plumas y un tocado que simboliza su condición noble. En la parte inferior de este colosal monolito hallado en El Tajín también apreciamos glifos con la fecha y numerales expresados con el sistema de rayas y puntos.

GOLFO DE MÉXICO

Chichén Itzá

El Tajín

Teotihuacán

Lago Texcoco

Cholula   Xalapa

VERACRUZ

BAHÍA DE CAMPECHE

YUCATÁN

Chalcatzingo

Tehuacán

Tres Zapotes

Cerros

CAMPEHE

San José Magote

Monte Albán   Mitla

OAXACA

TABASCO

PETÉN

Tikal

CHIAPAS

Kaminaljuyú

Izapa

Los desarrollos en el altiplano central fueron diferentes. Aunque existían los mismos sistemas jerárquicos y las mismas divisiones entre una elite sacerdotal y una clase «obrera», la idea del pequeño centro ceremonial como núcleo de la actividad ritual desapareció. En su lugar surgieron varias ciudades centralizadas, la más importante de las cuales era Teotihuacán.

El crecimiento de las ciudades creó poblaciones urbanas bastante diferentes a las comunidades agrícolas rurales de las tierras bajas y también propició el crecimiento de los imperios. Tanto Teotihuacán como los posteriores aztecas mantuvieron sus jerarquías a través de la subyugación de otras ciudades.

El motivo exacto por el que estos desarrollos diferentes deberían haber tenido lugar y qué papel desempeñó la cultura olmeca, es una cuestión abierta a debate. Sin embargo, el altiplano propi-

ciaba la agricultura, algo imposible en las tierras bajas, donde sólo podía practicarse el cultivo de roza y quema. Éste debería haber sido un impulso suficiente para la fundación de ciudades y la creación de imperios.

Michael Coe, ex profesor y ex director del Museo Antropológico de Peabody, sostiene que los olmecas podían haber desarrollado una forma de expansión comercial que introdujese sus propias manifestaciones culturales entre muchos grupos de orígenes diferentes. La fertilidad del altiplano podría haber fomentado la centralización, mientras que en las tierras bajas hubo una continuación de agricultura a menor escala más parecida a los métodos de subsistencia olmecas.

100 a.C.
El Tajín es la capital de la civilización de la costa del Golfo.

500
Los mixtecas empiezan a sustituir en el poder a los zapotecas.

600-900
Apogeo del poder de El Tajín y máximo desarrollo urbanístico de su centro ceremonial.

700
Abandono de Monte Albán; Mitla se convierte en el centro de poder en la zona.

750
Los mixtecas empiezan a expandir su territorio hacia el valle de Oaxaca.

800
Cholula es conquistada por los invasores.

900
Los zapotecas se ven obligados a abandonar Monte Albán tras la intromisión de los mixtecas.

1100
El fuego destruye El Tajín.

EL LENGUAJE HUASTECA
Diferencias de lenguaje como marcadores cronológicos

El largo vacío existente entre el final de la era olmeca y el inicio del período maya ha causado grandes problemas a los arqueólogos que pretendían establecer una cronología para la antigua Mesoamérica. Los asentamientos neo-olmecas, como Izapa, ocupado durante el período histórico, combinaban algunos aspectos del simbolismo olmeca y maya, pero ofrecen posibilidades fascinantes más que pruebas concluyentes. Mientras que Izapa puede haber sido un vínculo, también puede haberse tratado de un instante aislado de mezcla cultural, más que de una evidencia sólida.

Los arqueólogos han recurrido a otras disciplinas en un intento por descubrir qué sucedió en los aproximadamente 500 años que discurrieron entre la decadencia de la cultura olmeca y las primeras muestras claramente reconocibles de una expresión maya al inicio de la era cristiana. Una de las más importantes ha sido la lingüística.

El maya moderno se compone de tres familias diferentes: la yucateca, la huasteca y la del sur, constituida esta última por los grupos quiché, choj y tzeltal. Aunque estas lenguas están muy relacionadas, puede haber diferencias tan grandes entre ellas como entre el inglés y el holandés. La teoría lingüística sugiere que cuanto mayor sea la divergencia, mayor será el período de separación. Por lo tanto, debería ser posible rastrear estos cambios y descubrir un lenguaje prototípico o lengua madre y esto permitiría identificar las secuencias históricas y la región geográfica de la que proceden.

Utilizando estas directrices históricas, el huasteco fue el primer lenguaje que difiere del proto-maya, ya que sólo comparte algo de vocabulario con las otras lenguas mayas. Esto nos sugiere que podríamos encontrar los orígenes mayas al oeste de las montañas guatemaltecas seguidos por las migraciones huastecas al norte de Veracruz y a Tamaulipas, en México. Le sigue una separación al yucateco, la lengua maya más hablada en nuestros días.

La cultura del maíz

Una técnica lingüística desarrollada recientemente conocida con el nombre de glotocronología, que considera palabras básicas relativamente inmune a los préstamos, sitúa una distancia temporal en la divergencia del huasteco desde el proto-maya de 4.000 años. Esto nos sugiere que el proto-maya se hablaba en el año 2000 a.C., mucho antes de la caída de las culturas olmecas y de surgimiento de una identidad maya diferente.

El análisis lingüístico sugiere que los primeros mayas, o proto-mayas, no eran descendientes de los olmecas, tal y como sostienen otras teorías sino un grupo independiente que probablemente hablase una lengua diferente. No obstante, ambos grupos están muy cercanos desde el punto de vista geográfico, así que sería lógico pensar que existieron préstamos primitivos de ideas y formas culturales y, probablemente, también de estilos artísticos y simbolismos. Aunque muchos de estos préstamos fueron, indudablemente, de los olmecas a los mayas, es probable que existiese un flujo de ideas en sentido contrario.

Gracias a las pruebas de las lenguas existentes ha sido posible reconstruir un proto-lenguaje sumamente importante para determinar las secuencias históricas y culturales. Al recorrer el camino en sentido contrario a través del huasteco encontramos una serie de palabras sorprendentemente complejas relacionadas con el cultivo de maíz y esto ha dado pie a especulaciones que afirmaban que los orígenes del maíz se encontraban en las regiones huastecas de las montañas guatemaltecas.

Aunque las pruebas existentes no son ni mucho menos concluyentes, nos sugieren con creciente intensidad que deberíamos centrarnos en los olmecas para hallar los orígenes de muchos rasgos culturales y en los huastecas para descubrir el desarrollo de la base económica a través de la

Izquierda: *El dios Quetzalcóatl no está muy representado en los asentamientos olmecas, pero era muy importante para los huastecas y para las posteriores civilizaciones mesoamericanas. Esto nos sugiere que el culto a Quetzalcóatl, que sería tan importante para los pueblos nalmas (entre ellos los aztecas), ya que se estableció en el primitivo período proto-maya.*

cual podían asegurarse las sociedades estables. Sin una economía fuerte basada en la agricultura del maíz, las «altas civilizaciones» de Mesoamérica no habrían sido capaces de sostener los grandes centros ceremoniales a través de los cuales se alcanzó el arte y la arquitectura a una escala monumental.

Todavía hay muchos aspectos que quedan sin resolver. La reconstrucción de las proto-lenguas se basa en los idiomas con secuencias conocidas, como el indoeuropeo, y puede ser que éstas no se adecuen por completo a los estudios mesoamericanos. Los factores geográficos, que en Mesoamérica incluyen la altitud en la que se situaban los asentamientos, podrían tener una gran influencia, al igual que el aislamiento de grupos y regiones montañosas donde las formas arcaicas del lenguaje pueden conservarse incluso hasta el presente.

Enfrente: *La vida y la muerte estaban estrechamente vinculadas en las últimas culturas mesoamericanas. Los orígenes de estas creencias se remontan a un período anterior, tal y como se indica en esta escultura huasteca de un hombre que representa la dualidad de la vida y la muerte.*

LOS ZAPOTECAS

Tumbas masivas de una cultura con mentalidad militar

Abajo: *El dios de la lluvia zapoteca, Cocijo, aparece en una urna funeraria hallada en Monte Albán y fechada entre los años 400 y 500 d.C.*

No se sabe cuándo entraron los zapotecas en el valle de Oaxaca. Hasta el año 500 a.C. ocuparon San José Mogote, el asentamiento donde se encontraron los jeroglíficos zapotecas más antiguos, y éste continuó siendo su centro de mayor población hasta que establecieron una base en Monte Albán. Pero hasta el período comprendido entre los años 100 y 300 d.C. no alcanzaron toda la extensión de su poder territorial.

La característica más llamativa de las ciudades zapotecas es su aspecto militar. Al contrario que Teotihuacán o que los centros mayas, que tenían básicamente funciones ceremoniales, las ciudades zapotecas se construían teniendo la defensa siempre en mente. A medida que se fueron expandiendo y que conquistaron ciudades vecinas, reconstruyeron y fortificaron los muros del perímetro y colocaron puestos militares para guardar las fronteras de su territorio. Ayoquesco era un asentamiento defensivo situado en lo alto de una colina en el extremo sur del valle de Oaxaca, mientras que la frontera norte estaba protegida por una guarnición situada en Cerro de la Campana.

Durante su expansión, los zapotecas adoptaron a muchos de los conocidos dioses mesoamericanos. Parece ser que su divinidad principal era Cocijo, equivalente a Tlaloc, el dios de la lluvia de Teotihuacán. Pitao Cozobi, el dios maíz, también era importante. En este sentido, los zapotecas se adaptaron rápidamente al esquema familiar de cambio y asimilación gradual que otorga a las culturas mesoamericanas su aspecto relativamente homogéneo.

Pero los zapotecas eran únicos en el énfasis que ponían en el culto a los muertos y en la divinización de sus ancestros. Aunque otros grupos mesoamericanos también honraban a sus muertos y deificaban a los

gobernantes importantes, no construyeron semejante cantidad de tumbas ni de forma tan elaborada como los que se han encontrado en los centros zapotecas. Existen literalmente cientos de tumbas y la forma más característica de arte zapoteca es la urna, ejemplos de las cuales se han recuperado de las tumbas.

Preocupaciones ancestrales

Los zapotecas pensaban en sus antepasados como en divinidades, como en intermediarios entre el mundo de los vivos y el de los muertos. En consecuencia, no hallamos representaciones de antecesores-divinidades pero, en cambio, las urnas funerarias están esculpidas en forma de rostros humanos vivos. Un estudio realizado acerca de estas esculturas deja claro que se trataba de retratos de individuos que probablemente pertenecían a las elites gobernantes que constituían aproximadamente un cuatro por ciento de la población de las ciudades zapotecas. Las tumbas se consideraban propiedad de la familia y se utilizaban para sucesivos enterramientos a lo largo de prolongados períodos, así que es probable que todos los enterramientos de una única tumba correspondiesen a miembros de un solo linaje. El vínculo que tenían estos antecesores con la ceremonia también queda bastante claro por el hecho de que muchas de las tallas están cubiertas de máscaras rituales o acompañadas de las mismas.

Los objetos recuperados de estas tumbas sugieren que los primeros zapotecas estaban interesados casi por completo en los retratos figurativos, pero a medida que su poder iba en aumento, entraron en juego otras consideraciones. Las esculturas posteriores, aunque seguían representando a individuos, ponían mayor énfasis en el estatus e indicaban la necesidad que tenían los zapotecas de marcar los orígenes nobles y dejar claros los vínculos políticos establecidos entre las principales familias de la nobleza.

En el punto álgido de su poder, los zapotecas controlaban las principales rutas comerciales del

valle de Oaxaca desde su centro, situado en Monte Albán. Tan importante actividad comercial hizo necesaria la creación de centros provinciales. A medida que estos centros crecían en poder e influencia, el dominio que Monte Albán ejercía sobre ellos se debilitó y después del año 500 d.C. su poder empezó a sustituirse por el de los vecinos mixtecas.

Aun así, la presencia zapoteca se mantuvo en todo el valle, aunque más por sus derechos ancestrales que por su supremacía militar. En la época de la conquista española, el sumo sacerdote ocupaba una posición mucho más destacada entre los zapotecas de la que había ostentado entre otros grupos mesoamericanos. Actualmente hay aproximadamente 300.000 descendientes de zapotecas viviendo en Oaxaca o en sus proximidades.

Arriba: *Esta urna zapoteca data del período comprendido entre los años 200 y 350 d.C. y se recuperó de una tumba en Monte Albán. No sabemos a quién representa, aunque se trata claramente de un retrato de una persona importante dentro de la familia regente en la ciudad. Su tocado elaborado, los ornamentos del cuello y de las orejas son todos símbolos de nacimiento noble.*

MONTE ALBÁN
Jeroglíficos en una ciudad zapoteca

La ciudad de Monte Albán, situada en el valle de Oaxaca, fue el principal asentamiento zapoteca. Sus primeras edificaciones se construyeron entre los años 600 y 100 a.C., aunque muchas de ellas se encuentran actualmente enterradas bajo plataformas posteriores. Aproximadamente en el año 250 a.C., la población de Monte Albán había crecido hasta alcanzar los 15.000-20.000 habitantes, lo que la convirtió en la principal cultura regional de la zona.

El asentamiento se niveló artificialmente para acomodar los templos, los juegos de pelota y los palacios, así como las zonas residenciales, rodeando una gran plaza central. Muchas zonas residenciales se construían en terraplenes escarbados en la roca, aunque también había una gran población rural de agricultores. Lo cierto es que Monte Albán fue una de las primeras ciudades de Mesoamérica.

Entre los edificios más importantes se encuentra el túmulo de los Danzantes, una pirámide cuyas paredes incorporan bloques de piedra esculpidos con bajorrelieves de hombres desnudos en poses grotescas. Aunque anteriormente se creía que estas figuras representaban a bailarines, ahora sabemos que son víctimas de sacrificio.

Algunos de estos bajorrelieves contienen fechas jeroglíficas, las más antiguas de Mesoamérica. Se trata de la forma de escritura más antigua de Mesoamérica y ya se pueden apreciar los números hechos con barras y puntos utilizados por los posteriores mayas, aunque los textos zapotecas todavía no se han descifrado por completo.

Desenterrando artículos funerarios

La cultura zapoteca era expansionista y los gobernantes de Monte Albán dominaron otras siete ciudades durante los inicios del período clásico, hasta que abandonaron el asentamiento en 900 d.C. La mayoría de las fechas del asentamiento parecen estar asociadas a los nombres de las ciudades conquistadas por la elite gobernante de Monte Albán.

Un rasgo poco frecuente del asentamiento es la gran cantidad de tumbas reales. Durante unas excavaciones realizadas en la década de 1930, Alfonso Caso descubrió 170 tumbas subterráneas, algunas de ellas sumamente elaboradas y pintadas con grandes mosaicos. En una sola tumba se hallaron más de 500 objetos de oro, plata, turquesa, perlas, ónice, mármol y jade.

Derecha: *Monte Albán fue el centro de la cultura zapoteca y mantenía a una gran población residente, aunque también servía como centro ceremonial de una gran zona rural. El dibujo superior muestra la zona central de la ciudad.*

También se encontraron numerosas tumbas de terracota representando a diferentes divinidades. Entre estos dioses se encuentran el jaguar, el dios-guardián del inframundo, lo que refleja la influencia olmeca sobre este asentamiento. Otras divinidades son el dios de la lluvia (véanse las páginas anteriores) y el dios del maíz, muy importantes para los posteriores mayas. Incluso después del abandono de los zapotecas, Monte Albán siguió utilizándose durante todo el período post clásico como un centro para los enterramientos reales de los reyes mixtecas, aunque no existe ningún asentamiento mixteca en el lugar.

Las tumbas reales son un rasgo característico de la última etapa de Monte Albán, pero este tipo de enterramiento se inició anteriormente y está relacionado con la introducción del culto a los antepasados vinculados a los linajes reales. Aunque muchos de los nombres son difíciles de descifrar, la familia del señor 1 Tigre parece haber sido especialmente importante.

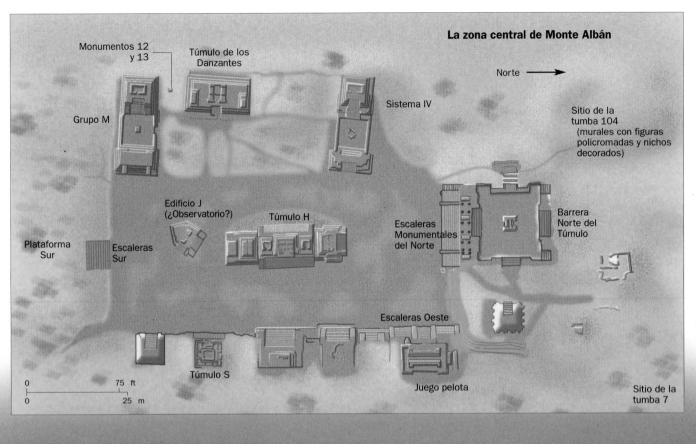

La zona central de Monte Albán

Norte →

Monumentos 12 y 13

Túmulo de los Danzantes

Grupo M

Sistema IV

Sitio de la tumba 104 (murales con figuras policromadas y nichos decorados)

Edificio J (¿Observatorio?)

Túmulo H

Escaleras Monumentales del Norte

Barrera Norte del Túmulo

Plataforma Sur

Escaleras Sur

Escaleras Oeste

Túmulo S

Juego pelota

Sitio de la tumba 7

0 — 75 ft
0 — 25 m

CERROS
Un microcosmos de desarrollo de ciudad mesoamericana

Derecha: *La localización de Cerros sobre la bahía de Chetumal supone un grave problema de erosión. Por ello, muchas de las tallas han sido revocadas con yeso como forma de protección.*

La ciudad preclásica de Cerros está situada en la desembocadura del río Nuevo, al este de Yucatán, sobre la bahía de Chetumal. Los habitantes de este lugar eran básicamente marineros y comerciantes que habían establecido contactos con gentes que vivían en pueblos y ciudades lejanas. Aunque inicialmente era una población pequeña formada por cabañas agrupadas, Cerros tienen una gran importancia arqueológica debido a que es posible trazar su transformación de pueblo a ciudad, una transformación que en Cerros tuvo lugar en aproximadamente cien años.

Este programa de «renovación urbana» comenzó aproximadamente en el año 50 a.C. Hay indicios de que se produjeron numerosos sacrificios de animales en la antigua población durante esa época. Las vasijas en las que se había servido un gran banquete se estrellaban contra las rocas y los fragmentos, junto con trozos de joyas realizadas en jade, se esparcían sobre las bases de las construcciones. El pueblo se abandonó y sus casas se reconstruyeron en un gran semicírculo que rodeaba la antigua localización.

La antigua villa se convirtió en un centro de intensa actividad ritual. El suelo estaba cubierto de capas de fina tierra blanca y sembrado de fragmentos de piezas de cerámica, de jade y flores de árboles frutales. Toda la superficie se cubrió con losas de piedra que formaba la base de un templo. La mayor parte de los materiales de construcción se

obtenían en la propia localidad: en Cerros hay profundas minas de las que se extraía piedra caliza.

Maestros artesanos y albañiles llegados de otros distritos supervisaban la construcción del templo y de la pirámide donde iba a asentarse. Otros albañiles esculpían cuatro grandes máscaras de piedra para flanquear la escalera de la pirámide. Cuando todo estuvo preparado, toda la pirámide estaba cubierta de yeso blanco hecho con piedra caliza y pintada de un color rojo brillante. Los detalles de las máscaras y de otras esculturas que adornaban la pirámide y el templo estaban resaltados en rojo, negro y amarillo. Las esculturas y los símbolos de los glifos hacían referencia al dios jaguar.

Convirtiéndose en dioses

El pueblo de Cerros pasó de ser un pequeño puerto comercial pequeño al hogar simbólico del «Señor Sol» o Ahau-Kin. Fue necesaria la cooperación de toda la comunidad para llevar a cabo este proceso, durante el cual el regente de Cerros adoptó la categoría de semi-dios. Por lo tanto hay un reconocimiento de su nuevo estatus, realizado como un acto de adoración de la comunidad.

Centro arqueológico de Cerros Pre-clásico

Bahía de Corozal

Bahía de Chetumal

Norte

0   50   100 m

Aunque el centro ceremonial de Cerros sólo se ocupó entre los años 50 a.C. y 250 d.C., nos proporciona una información inestimable acerca del desarrollo de las monarquías locales durante el período preclásico maya. Las esculturas que flanquean las escaleras del templo 5 **(izquierda)** *representan al dios del sol maya, Kinich Ahau. El templo 4* **(abajo)** *es más grande, pero se encuentra muy mal conservado y apenas se pudieron realizar labores de investigación en él.*

En Cerros se construyeron otros edificios y plazas en los 50 años siguientes. Entre ellos se incluye un gran complejo palaciego, probablemente residencia de los regidores del lugar, y una segunda pirámide mucho más grande que la primera. Por desgracia, esta pirámide está muy dañada y apenas se han podido realizar estudios arqueológicos en ella. Las inspecciones sugieren que fue construida por el sucesor del primer rey y, a gran profundidad, entre su estructura, encontramos una serie de ornamentos de jade. Se trata de las cintas para la cabeza y de los pectorales utilizados como símbolo de monarquía y divinidad. Se cree que el nuevo rey incorporó estos símbolos de su antecesor en la nueva pirámide para establecerse en el linaje real.

El programa de construcción continuó en Cerros con el tercer monarca, que amplió el centro para incluir un complejo de edificios y plataformas para templos que rodeaban un juego de pelota. La mayor parte del simbolismo hace referencia en este caso a los «Héroes Gemelos» que, según la leyenda maya, vencieron los terrores del inframundo para autoproclamarse como el Sol y la Luna. En la acrópolis se construyó una cámara cuya finalidad era servir como lugar de reposo final para el tercer regidor, pero nunca llegó a ocuparse.

No se sabe qué le sucedió al tercer monarca; lo cierto es que su heredero debió tener una personalidad mucho más débil. Aunque encargó la construcción de algunos edificios nuevos, estos se ejecutaron bastante pobremente. No se realizó ninguna ofrenda en su honor y poco tiempo después de su construcción el fuego cubrió las máscaras y los ornamentos y los símbolos de los antepasados se desfiguraron y destruyeron. Cerros quedó abandonado y, aparentemente, sus gentes volvieron a sus vidas anteriores como pescadores y comerciantes.

MITLA
Capital ocasional de los zapotecas

Los restos más antiguos hallados en la ciudad de Mitla datan, aproximadamente, del año 500 a.C., época en la que en el lugar se asentaba una pequeña comunidad agrícola. En los inicios de la era cristiana ya había crecido considerablemente (casi más de un kilómetro a lo largo de las dos orillas del río que divide el asentamiento en dos) y contaba con un centro ceremonial que ocupaba aproximadamente 1,5 km². Actualmente está incorporada en la moderna ciudad, de nombre homónimo y habla mayoritariamente zapoteca, situada en el valle de Oaxaca, al sur de México. A finales del período postclásico, era la segunda ciudad más importante de la región.

La historia de Mitla está estrechamente vinculada a la de su vecino más poderoso, Monte Albán. De hecho, cuando Monte Albán se impuso como la capital regional zapoteca, las zonas ocupadas de Mitla parecieron reducirse para reflejar su condición de secundaria. Pero, a diferencia de Monte Albán, los habitantes de Mitla nunca la abandonaron y tras el abandono de Monte Albán, las culturas mixtecas y zapotecas mezcladas devolvieron a Mitla su condición de capital y ésta se convirtió en centro ceremonial.

Desde el punto de vista arquitectónico, Mitla está construida en estilo Mixteca-Puebla, y se caracteriza por los diseños de calados geométricos y por las tumbas cruciformes bajo tierra. Pero a pesar de la identificación Mixteca-Puebla, la construcción de edificios es única de Mitla y de las vecinas ciudades zapotecas de Yagul y Zaachila. Estas construcciones consistían en edificios bajos que flanqueaban patios abiertos y tenían tejados colocados sobre travesaños sujetos con columnas de piedra.

Los diseños de calados que encontramos en las fachadas están hechos con mosaico de piedra. El ejemplo más impresionante que hallamos de estos diseños se encuentra en la sala de las Columnas, donde hay 150 paneles con diseños geométricos tanto en las paredes interiores como en las exteriores. Estas decoraciones consisten en ocho formas básicas dispuestas en bandas horizontales, lo que concede a la arquitectura de Mitla un patrón regular pocas veces visto en otros asentamientos.

¿Zapoteca o mixteca?

Aunque es probable que Mitla hubiese estado siempre ocupada por grupos de habla zapoteca, las características arquitectónicas proceden de las vasijas policromadas mixtecas halladas en las tumbas. Algunos frescos encontrados muy dañados en el recinto de la iglesia están realizados en un estilo muy realista y narrativo similar al de los «libros pintados» o códices mixtecas.

Las influencias y ocupaciones de Mitla resultan ligeramente confusas y no está muy claro si deberíamos clasificarla como zapoteca o como mixteca, o incluso si su población era una mezcla de zapotecas y mixtecas. Esto último es, sin lugar a dudas, una posibilidad ya que, aunque los mixtecas y los zapotecas eran rivales en la mayor parte del valle de Oaxaca, pudieron haber formado alianzas. Poco antes de la conquista española de México, se unieron contra los aztecas y éste debió

Abajo: *Los mosaicos de piedra con diseños de calados geométricos son característicos de las decoraciones halladas en los edificios de Mitla. El ejemplo que mostramos aquí pertenece a una pared de la sala de las Columnas.*

GOLFO DE MÉXICO

El Tajín

Bahía de Campeche

Cholula

PENÍNSULA DE YUCATÁN

Monte Albán

Mitla

OCÉANO PACÍFICO

de ser también el caso de Mitla durante una época anterior. También es probable que el dominio mixteca sobre los zapotecas se consiguiese en parte gracias a alianzas matrimoniales que fortalecieron los lazos políticos y, en el caso de que esto sucediese en Mitla, los señores mixtecas se habrían casado con mujeres de las principales familias zapotecas que siguieron residiendo allí.

La leyenda sólo sirve para complicar el problema. Los zapotecas afirmaban que Mitla era el lugar donde se escondía una cámara secreta subterránea en la cual los regentes y los nobles zapotecas más importantes estaban enterrados (parece poco probable que eligiesen un lugar dominado por sus enemigos para este fin). Esta cámara secreta no se encontró durante los reconocimientos y excavaciones arqueológicas realizadas y las tumbas estudiadas a menudo contienen objetos de origen mixteca. Sin embargo, estos indicios negativos no se pueden considerar pruebas concluyentes de que dicha cámara no exista.

Arriba: *Vista interior de la sala de las Columnas. Los grandes patios abiertos con tejados sostenidos por filas de columnas de piedra sólo se pueden encontrar en Mitla y en las ciudades vecinas de Yagul y Zaachila.*

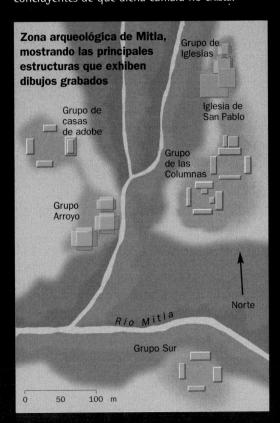

Zona arqueológica de Mitla, mostrando las principales estructuras que exhiben dibujos grabados

Grupo de Iglesias

Grupo de casas de adobe

Iglesia de San Pablo

Grupo de las Columnas

Grupo Arroyo

Norte

Río Mitla

Grupo Sur

0   50   100   m

LOS MIXTECAS
Las gentes del país de las nubes

Entre los principales logros de los mixtecas está su habilidad para trabajar el oro para crear elaboradas joyas. Tales joyas las llevaban tanto hombres como mujeres, y la calidad del acabado reflejaba la posición social y económica del individuo. Ejemplos de pendientes de oro mixtecas (arriba) y un pectoral o adorno para el pecho también de oro (abajo).

La región mixteca es una zona montañosa situada en el suroeste de México, en el estado de Oaxaca. Es una tierra abrupta e inhóspita, pero de gran belleza y el carácter de las gentes que viven allí suele reflejar la naturaleza del entorno que les rodea.

Sus principales asentamientos se construyeron en las cimas de crestas defensivas y los jeroglíficos de sus topónimos suelen incluir el glifo «montaña». Se hacían llamar mixtecas, las gentes del país de las nubes. Además de por sus respuestas combativas y agresivas a los pueblos vecinos, también son conocidos por la creación de algunas de las piezas de joyería en oro más exquisitas de Mesoamérica.

La historia más reciente de los mixtecas es muy conocida gracias a los registros pictográficos en códices hechos sobre piel de venado que recogen información genealógica e histórica sobre las dinastías que controlaron las regiones mixtecas, pero su historia más antigua no está nada clara. No se han realizado grandes descubrimientos arqueológicos, aunque se sabe que ocuparon la zona desde tiempos muy remotos.

En el año 750 d.C. los mixtecas habían empezado a expandirse hacia el valle de Oaxaca y estaban en conflicto con los zapotecas, a los que finalmente conquistaron en el siglo XIV. Los zapotecas abandonaron su principal ciudad de Monte Albán aproximadamente en el año 900 d.C. debido a las agresiones mixtecas. Los progresos bélicos y las conquistas mixtecas se reflejan a la perfección en la carrera del más famoso de sus jefes-guerreros, 8-Venado-Ocelote, de quien se dice que fue responsable de la caída de unos 75 reinos en Oaxaca, incluyendo Monte Albán y Mitla. También era el guardián espiritual del Señor de los Nueve Movimientos, una personificación del sol. Se escogió a un niño para representar a esta divinidad en esta vida terrenal que, en su 52 cumpleaños, fue sacrificado voluntariamente durante la inauguración de un *temazcalli* (una especie de sauna en la que se empleaban plantas medicinales. Vistieron su cuerpo como un Jefe Ocelote y luego lo incineraron.

Pintando la historia

Cuando llevaron las cenizas ante 8 Venado, las adornó con un tocado de plumas y una máscara de turquesa y se sacrificó una codorniz (el símbolo de la salida del sol). El propio 8 Venado fue capturado y sacrificado por sus enemigos a la edad de 52 años (que este número forma un katún, en el calendario prehispánico similar a nuestro siglo), devoto de concepción mítico-ritual del sacrificio de 8 Venado, dada la idea cíclica del tiempo vigente en Mesoamérica.

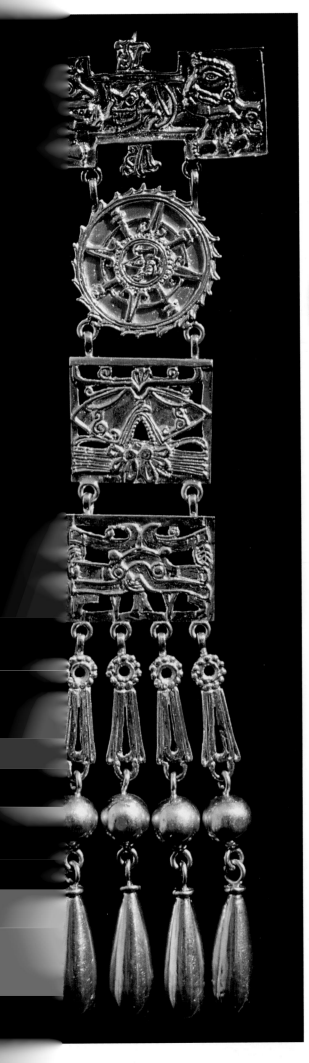

Cuando los zapotecas abandonaron Monte Albán, los mixtecas utilizaron el centro como cementerio real. En el lugar se encontraron tumbas de nobles mixtecas que contenían innumerables objetos de gran valor. Más tarde se trasladaron al estado mexicano de Pueblo, donde construyeron Cholula y crearon un nuevo estilo artístico conocido como Mixteca-Puebla. Sin embargo, más tarde se aliaron con sus antiguos enemigos zapotecas para resistir al dominio azteca.

Entre los logros artísticos más destacables de los mixtecas destacan los elaborados mosaicos de turquesa y las joyas trabajadas en oro, aunque algunos expertos afirman que deberíamos juzgar estas piezas por su depurada técnica más que por valor estético. Sin embargo, sería un error emitir juicios de valor basados en los conceptos estéticos occidentales, ya que éstos están muy alejados de lo que los pueblos mesoamericanos consideraban importante en sus obras de arte.

También desarrollaron su propio estilo de escritura pictográfica y juegos de glifos con topónimos. Éstos son bastante diferentes de los jeroglíficos mayas y se basaban más en la pintura que en la escultura. Los aztecas adoptaron y adaptaron años más tarde el sistema mixteca en los registros que guardaban en sus calendarios rituales y códices pintados.

CHOLULA
Escasa investigación de una ciudad sagrada

GOLFO DE MÉXICO
• El Tajín
• Cholula
Monte Albán
• Mitla
OCÉANO PACÍFICO

YUCATÁN

Abajo: *Al parecer, Cholula fue siempre un lugar de peregrinaje, pero cuando llegaron los españoles destrozaron muchos de los antiguos templos y construyeron iglesias. La iglesia de Nuestra Señora de los Remedios que aparece en la imagen se asienta sobre la Gran Pirámide donde en su día se levantaba el templo de Quetzalcóatl. Al fondo aparece el volcán Popocatepetl, que en la antigüedad se creía que era el hogar de Tlaloc y de otras divinidades.*

Tras la caída de muchos de los centros clásicos, grupos de tribus guerreras descendieron al valle de Oaxaca. Una de estas tribus era la de los mixtecas, que anteriormente se habían arrendado como guerreros mercenarios a los regidores de Monte Albán. Consideraban la capital un centro sagrado y más tarde la utilizaron como necrópolis para sus familias regentes.

Aunque muchos de los recién llegados formaron sus propias ciudades, en ocasiones ocuparon asentamientos ya existentes. Uno de los lugares derrocados y ocupados por las tribus invasoras fue Chololan, actualmente conocido como Cholula. Las investigaciones arqueológicas realizadas en Cholula confirman la llegada de conquistadores forasteros sobre el siglo IX d.C., cuando formaron un compacto pero fuerte Estado militar que dominaba a muchos de sus vecinos más débiles.

La importancia de Cholula radica en que fue durante mucho tiempo un lugar de peregrinación sagrada. Su Gran Pirámide, la más grande de México (aunque no la mayor de Mesoamérica), se construyó capa a capa a lo largo de muchos períodos y por muchas culturas hasta que alcanzó una altura cercana a los 60 metros y ocupó un área de más de 10 hectáreas.

Puede ser debido al hecho de que Cholula actuaba como cruce entre culturas, por lo que atrajo a los mixtecas y a otros grupos migratorios, así como a

toltecas y a aztecas. Según algunos estudios, Cholula fue incluso una colonia de Teotihuacán durante una parte de su variada historia. Las tradiciones mixtecas nos dicen que Cholula contenía más de 400 recintos templarios que atraían a devotos procedentes de toda Mesoamérica, un hecho que se suele confirmar en las crónicas escritas en la época de la conquista española. La Gran Pirámide se convirtió en un centro para las devociones mixtecas.

Construyendo algo nuevo sobre algo viejo

Paradójicamente, es precisamente la fama de Cholula como lugar de peregrinación lo que la convierte en uno de los asentamientos mesoamericanos menos conocidos por la arqueología. Este enclave estuvo constantemente ocupado desde los tiempos de Teotihuacán (posiblemente antes) hasta nuestros días, lo que ha entorpecido gravemente la extensión de excavación posible. A diferencia de otros asentamientos abandonados enterrados en las profundidades de la selva, donde el problema arqueológico es el acceso y no los límites sobre las excavaciones que pueden realizarse, en Cholula es prácticamente imposible investigar las ruinas antiguas sin alterar las zonas residenciales modernas.

Los arqueólogos también deben enfrentarse a un problema derivado directamente de la condición que ostentaba Cholula como lugar de

peregrinación. A medida que iban llegando gentes nuevas, solían utilizar materiales de edificios ya existentes para levantar otros nuevos. Así, los edificios abarcan una mezcla de estilos y culturas raramente contemporáneos unos con otros. Las capas de estilos arquitectónicos de diferentes fechas descubiertas durante las investigaciones realizadas en la Gran Pirámide se repiten en los restos de sus numerosas construcciones rituales.

Cuando llegaron los españoles, también intentaron asegurar la continuidad de Cholula como lugar sagrado, aunque cambiando su orientación para que reflejase la fe católica. Hernán Cortés entregó Cholula a su teniente Pedro de Alvarado, que dio órdenes de destruir la mayor parte de los templos que encontraron los españoles y de construir iglesias sobre sus cimientos.

Actualmente existen más de 300 iglesias católicas en Cholula, que sustituyen a los antiguos templos y reflejan el legado de su pasado español. En este sentido, la herencia arquitectónica de Cholula, que incluso en nuestros días sigue siendo un centro de peregrinación, es única en México. Incluso la Gran Pirámide, ahora reducida a poco más que una enorme pero informe montaña de tierra y escombros, tiene una iglesia en su cima.

Arriba: *Esta vasija de cerámica policromada data de, aproximadamente, el año 1200 d.C. y representa la figura arrodillada del dios de la lluvia mixteca.*

Izquierda: *Entre los documentos más importantes que recogen el período prehispánico en Mesoamérica se encuentran los códices mixtecas. Esta ilustración procede del Códice de Viena y representa a un templo mixteca y a sus sacerdotes.*

EL TAJÍN
Un centro ceremonial y gubernamental con artesanos únicos

Enfrente arriba:
Figura de cerámica totonaca de un niño con los brazos levantados. Data aproximadamente del año 700 d.C.

Abajo: *Esta estatua de El Tajín representa al dios Ouragon.*

El Tajín fue el núcleo de la cultura totoneca, en la costa del Golfo, desde el año 100 d.C. hasta que quedó destruida por el fuego alrededor del 1100. Las principales construcciones rituales y juegos de pelota de este gran asentamiento ocupaban una zona de 60 hectáreas, pero hay numerosos túmulos secundarios que se extienden al menos casi 2,5 km². Teniendo en cuenta que una gran parte del asentamiento no se ha excavado, es probable que futuras investigaciones revelen que su extensión era aún mayor.

El predominio de edificios ceremoniales y de juegos de pelota sugiere que El Tajín servía principalmente como sede para el gobierno y como centro ceremonial, más que como una ciudad propiamente dicha. Se encuentra en la región norte-central de Veracruz, donde hay claros indicios de agricultura de roza y quema, lo que sugiere la existencia de una gran cantidad de población campesina que buscaba la protección física y el sustento espiritual de los nobles y de las elites guerreras.

El Tajín alcanzó el apogeo de su poder entre los años 600 y 900 d.C., época en la que se construyeron la mayor parte de sus monumentos y está claro que era la fuerza política dominante en el este de México durante este período. Los estilos artísticos de sus ocupantes totonacas influyó en muchos otros asentamientos de la misma época y está claro que El Tajín disfrutaba de un estatus mucho mayor que los centros secundarios.

Los aspectos más característicos (y más influyentes) del arte de El Tajín son los rasgos estructurales. El uso de nichos, que en su día probablemente contenían imágenes de dioses, los arcos falsos y las columnas que sostenían tejados de hormigón son elementos típicos de este asentamiento, al igual que las volutas entrelazadas, los calados y los diseños de claves.

Zona arqueológica de El Tajín

Norte

Túmulo del Edificio de las Columnas

Tajín Chico

Juego de pelota norte

Pirámide de los Nichos

Juego de pelota sur

GOLFO DE MÉXICO

El Tajín

Monte Albán

Mitla

OCÉANO PACÍFICO

YUCATÁN

0   100   200 m

Dioses en nichos

El edificio más impresionante de El Tajín es la pirámide de los Nichos, una construcción escalonada con cuatro capas y una escalera orientada hacia el este. Probablemente se trata de la construcción importante más antigua de El Tajín y en cada lado tiene nichos de 60 centímetros de profundidad. Su número se corresponde con el número de dioses diurnos que existían en el año totonaca, y por lo tanto es probable que los nichos tuviesen en su interior representaciones de estas divinidades, aunque actualmente no queda ninguna. Esto es lo que afirman las leyendas que han llegado hasta nuestros días.

Otros edificios importantes de El Tajín circundan la plaza de El Tajín Chico, un complejo de 18 edificios sólo parcialmente despejados. Entre las estructuras más importantes de este complejo se encuentra el túmulo del Edificio de las Columnas, sujetado por seis columnas formadas por discos de piedra, una característica arquitectónica típica de El Tajín. Estas columnas están esculpidas con imágenes en relieve que representan a sacerdotes, bailarines alados, signos diurnos y números expresados con el sistema de barras y puntos.

Los ocupantes totonacas de El Tajín se atribuían la construcción de Teotihuacán, y los posteriores aztecas les atribuían ese honor. Sin embargo, sería más exacto decir que los artesanos expatriados de El Tajín se establecieron en Teotihuacán, desde donde ejercieron su oficio. Hay un templo en Teotihuacán, cerca de la Avenida de los Muertos, donde predominan los murales policromados con motivos de volutas de Veracruz, característicos de El Tajín. Pero El Tajín no parece haber caído bajo la influencia teotihuacana. Si esto fue debido a que los asentamientos se encontraban muy alejados o si la fuerza política de El Tajín fue capaz de resistir el dominio general de Teotihuacán o si no existe ninguna prueba simplemente debido a que quedan muchas zonas de El Tajín sin explorar, sigue abierto a la especulación.

Abajo: *La pirámide de los Nichos es probablemente el edificio más impresionante de El Tajín.*

EL JUEGO DE PELOTA
El ritual más importante de la Mesoamérica prehispánica

Arriba: *Panel en relieve en el que se muestra una escena del ritual en el juego de pelota sur de El Tajín.*

Derecha: *En esta escultura de cerámica realizada en la isla de Jaina (véase página 100) aparece un jugador de pelota en una de las posturas clásicas del juego (se han encontrado otras tallas con poses similares). Se arrodilla sobre una pierna para atrapar la pelota en la cadera, forrada de relleno para protegerla de posibles lesiones causadas por la pelota, que pesaba varios kilos.*

Aunque el juego de pelota ritual está presente en toda Mesoamérica y aparece desde el período olmeca hasta los últimos aztecas (Teotihuacán es el único asentamiento donde no se encontraron juegos de pelota), el centro ceremonial totonaca de El Tajín destaca por sus pistas. Dentro de su zona central, que abarca unas 60 hectáreas, hay al menos 11 juegos de pelota de tamaño completo.

El motivo por el que se ponía tanto énfasis en el juego de la pelota en El Tajín es una incógnita, pero una serie de paneles cuidadosamente esculpidos nos aportan mucha información acerca de este juego y de cómo se jugaba. Muchos de estos paneles se encuentran en el juego sur, donde dos jugadores llevando los trajes rituales aparecen arrancando el corazón a una víctima de sacrificio bajo la atenta mirada de un cadavérico dios de la muerte.

La mitología dice que este juego es una representación de la batalla épica entre los señores del inframundo y los Héroes Gemelos, de modo que no se trataba de una mera demostración de habilidades atléticas, sino que era un ritual que reactualizaba un mito cosmogónico. Las alineaciones de los juegos de pelota sugieren que se trata de diagramas cosmológicos. También funcionaban como entradas simbólicas al inframundo, mientras que la pelota de goma utilizada en el juego se dice que representaba al sol.

Las canchas de pelota suelen ser estructuras en forma de I. Son muy comunes los terraplenes en pendiente con muros de perímetro alto dispuestos a lo largo de los lados más largos de las pistas, y estos muros tenían con frecuencia una anilla de piedra en su punto central. Uno de los objetivos del juego era introducir la pelota a través de la anilla. El que lo conseguía ganaba el partido y, según las más recientes tradiciones, también las ropas y las joyas de los espectadores.

Las reglas exactas de este juego rápido, furioso y peligroso no se entienden muy bien. Pero sabemos que los jugadores llevaban pesados trajes protectores para protegerse del impacto de las sólidas pelotas de goma. Estos trajes incluían un cinturón ancho hecho de cuero y madera, almohadillas para las rodillas y las caderas, guantes y, a veces, un casco. Los jugadores no podían sujetar la pelota con las manos (los tiros más aclamados procedían de la cadera).

Compitiendo por la libertad

Sus vínculos con los mitos del inframundo y las heroicas batallas de los Gemelos relacionan el juego con el sacrificio humano, tal y como muestran los paneles de El Tajín. Hubo muchos debates académicos acerca de quién era la víctima sacrificada. Algunos expertos afirman que mataban al capitán del equipo ganador en honor de su gran éxito al emular la victoria de los Héroes Gemelos, aunque actualmente se cree que era el capitán derrotado el que perdía el partido y su vida.

La importancia del juego de pelota queda patente en las esculturas que a menudo representan a los jugadores con los glifos de los nombres de los nobles o señores. Éstos eran, probablemente, los hijos de la elite gobernante y también podían haber sido capitanes de guerra en el sentido más literal de la palabra. Así, existe la posibilidad de que los capitanes de guerra capturasen al equipo contrario y también que ganasen su libertad gracias a su victoria en el juego de pelota y evitasen así los cuchillos de obsidiana utilizados por los sacerdotes para el sacrificio.

Es cierto que el nombramiento de los jugadores como nobles era un reconocimiento de la gran importancia ritual que el juego de pelota tenía en las vidas de los mesoamericanos, y también nos indica que las elites gobernantes (que probablemente se autoproclamaban descendientes de dioses o semi-dioses) tenían la responsabilidad de mantener tanto la vida secular como la ritual de su comunidad.

Arriba: *Este juego de pelota reconstruido situado en Yaqun es típico de muchos lugares de la zona mesoamericana tanto en su escala como en su estructura.*

Abajo: *Durante sus últimas etapas, el juego de la pelota era uno de los espectáculos más importantes de Mesoamérica y las canchas de pelota se ampliaban para acoger a un gran número de visitantes. El ejemplo que mostramos abajo corresponde a Chichén Itzá.*

CAPÍTULO TRES

EL ESPLENDOR MAYA

Orígenes confusos de una cultura mesoamericana clave

El lugar de origen de los mayas y cómo se desarrolló su civilización son, probablemente, los aspectos de la historia mesoamericana que han originado más controversia, discusiones y opiniones divididas. El único hecho aceptado casi universalmente es que el imperio de Teotihuacán surgió en el norte paralelamente al desarrollo de la cultura maya en las regiones del sur.

Durante muchos años, la cultura maya, como la de Teotihuacán, se presentó como una confederación unificada de ciudades-estado. En este escenario, los comerciantes y mercaderes mayas llevaba ideas y estilos artísticos de una ciudad a otra, de modo que esos ideales y creencias compartidas pasaron a formar parte de una «conciencia maya». Algunas lecturas más modernas y precisas de los jeroglíficos mayas han demostrado que esta idea era, al menos, una exageración de la supuestamente pacífica naturaleza de las interacciones mayas.

Muchas de las esculturas demuestran que los mayas eran unos vecinos más competitivos que cooperativos, cuyo principal objetivo era, a menudo, capturar y sacrificar a miembros de las elites gobernantes de los alrededores. Por lo tanto, los ideales compartidos podrían haber sido el resultado de la apropiación de los privilegios rituales de las familias nobles y de sus propiedades en ciudades enfrentadas entre sí.

También se está descubriendo que la civilización maya tenía al menos dos formas claras de expresión marcadamente diferentes entre sí. Una de ellas era la de las tierras bajas de la península de Yucatán y el Petén y la otra la de las tierras altas de Chiapas y Guatemala. La cultura de las tierras bajas se caracteriza por una arquitectura pública monumental y por el alto desarrollo de la escritura, mientras que la arquitectura en piedra y el registro de la historia tenían relativamente poca importancia en las regiones montañosas.

La inspiración olmeca y de Teotihuacán

Los mayas no se desarrollaron aislados de otros grupos mesoamericanos, pero la falta de indicios claros acerca de conexiones primitivas entre ellos ha dado lugar a muchas especulaciones. Algunos expertos afirman que empezaron siendo pequeñas comunidades agrícolas poco evolucionadas que, casualmente, adoptaron algunos rasgos de otros pueblos mesoamericanos. Otros afirman que, con la caída de los olmecas, pequeños grupos de refugiados olmecas encontraron un lugar

en las zonas mayas e introdujeron nuevas características. Sin embargo, otro sector considera que los mayas son los descendientes directos de los olmecas y hacen referencia a asentamientos «neo-olmecas» como Izapa como muestra de la transición de una cultura a otra.

Mientras que la influencia olmeca es patente en los inicios de la cultura maya, el gran lapso temporal existente entre el declive de los olmecas en el año 400 a.C. y el apogeo de los maya en los inicios de la era cristiana, hace que sea imposible trazar una relación directa.

El repentino auge de la cultura maya entre sus etapas incipientes y las masivas ciudades-estado que empezaron a construir aproximadamente en 200 d.C. es incluso más espectacular. Parte de esto podría aplicarse a asentamientos como Kaminaljuyú y El Mirador, así como a ideas que llegaban desde Teotihuacán y afectaban, no sólo a las tierras altas del sur, sino también a las

ciudades mayas del Petén, como Tikal y Uaxactún. Aunque muchas de las construcciones con influencia de Teotihuacán quedaron más tarde enterradas bajo las edificaciones mayas, el legado de las ideas y creencias de teotihuacanas tuvo una gran influencia sobre la cosmología y el pensamiento maya.

Aunque actualmente es imposible descubrir todas las complejidades de los inicios de la historia maya y facilitar una cronología exacta de su desarrollo, es posible extraer algunas conclusiones de los registros arqueológicos que todavía quedan disponibles. Una de las conclusiones más importantes es que los mayas hallaron su inspiración en fuentes muy diversas, entre las que se incluyen la cultura olmeca y la de Teotihuacán.

600 a.C.	36 d.C.	200	219	300-600	378	400	500
Tikal se establece como pueblo agrícola.	Se realizan las primeras inscripciones mayas calendáricas.	Los mayas empiezan a construir ciudades-estado.	Se inicia el reinado de Yax Moch Xoc en Tikal; la dinastía sólo termina con la caída de la ciudad.	Teotihuacán ejerce su influencia en las áreas mayas.	Gran Garra de Jaguar, de Tikal, reclama la corona del vecino centro rival de Uaxactún.	Yax Kuk Mo (Rey Quetzal Guacamayo) funda Copán.	En Norteamérica, los anasazi construyen viviendas en los acantilados.

También se puede decir que nunca hubo un estado maya unificado, hay demasiadas variaciones regionales y esto se niega expresamente en las esculturas y en registros posteriores de la mitología maya.

◆ **Izapa**   Importante asentamiento del preclásico

● **TIKAL**   Centro regional dominante

◆ **Nakum**   Importante asentamiento del clásico

● Xullún   Asentamiento del clásico

◆ **Naco**   Importante asentamiento del postclásico

● Lamanai   Asentamiento del postclásico

Isla Mujeres

Xlacah

Culuba

◆ **Dzibilchaltún**

● Tihi (*Mérida*)   ◆ **Izamal**

Yucatán

◆ **Chichén Itzá**   **San Gervasio**

Oxkintok   ◆ **Mayapán**   **Cobá**

● Mani   *Isla*
Cozumel

◆ **Uxmal**   ● Chacchob   Tancah

Jaina   ◆ **Kabah**   Tulum

Xcalumkin   **Sayil** ◆ **Labná**   Muyil

Xchocha   Kiuic   Chacmultún

Xkichmook

Quintana Roo

Chacmool

◆ **Xtampak**

Dzibilnocac   ● Huntichmool

◆ **Edzná**

Hochob

P E N Í N S U L A

D E   Y U C A T Á N

Pechal

BAHÍA DE CAMPECHE   **Campeche**

Ichpaatun

Silvituk   ● **Becán** ◆   **Xpuhil**

MAR CARIBE

Hormiguero   Pasión de Cristo

Candelaria   Uaacbal   ◆ **RÍO BEC**   Kohunlich   Cerros

Oxpemul   ● La Muñeca   Nohmul

Atazta Xicalango   *Laguna de*
Términos   El Tigre   **CALAKMUL** ●   El Palmar   Cuello

Bellote   (¿Itzamkanac?)   Altamira   Colha

Comalcalco   *Grijalva*   Jonuta   Balacán   Ucal   Balakbal   Lamanai   Altun Ha
Naachtún

Tabasco   *Usumacinta*   Moral

Tortuguero   Pomoná   **Petén**   Xullun   ● **La Honradez**

PALENQUE ●   Chinikha   *San Pedro*   Uaxactún ◆   Pozo de Hornear

El Porvenir   El Perú   **Nakum** ◆   **Xunantunich**

◆ **Piedras Negras**   **TIKAL** ●   **Naranjo**

El Cayo   Uolantun   **Yaxhá**

La Mar   Tayasal   Topoxte   Tzimin Kax
(Montaña Vaca)

◆ **Toniná**   *Lago*   Flores   *Petén Itzá*   **Caracol**   Pomona

Lacsnhá   **Yaxchilán**   Itzán   **Belice**

◆ **Chiapa de Corzo**   ◆ **Bonampak**   El Caribe   Ixkun

Poco Uinic   Agua Escondida   La Amelia   Ixtutz

Chiapas   **Altar de Sacrificios**   **Seibal**   Nim li punit

Aguateca   **Machaquilá**   ◆ **Lubaatun**

◆ **Chinkultic**   *Pasión*   Naj Tunich

Quen Santo   Cancuén   **Pusilha**

Lagartero   Salinas de los
Nueve Cerros   Nito

Grijalva   Chamá   *Lago*
Izabal   **GOLFO DE**
HONDURAS

Chiapas   *Motagua*

Lacantún   ◆ **Naco**

◆ **Nebaj**   **Quiriguá**   **Honduras**

Zacaleu   *Negro*   **Guatemala**   Los Higos

◆ **Izapa**   *Motagua*   El Paraíso

Utalán   ◆ **Mixco Viejo**   San Augustín
Acasaguastlán   ● **COPÁN**

◆ **Abaj Takalik**   *Lago*
Atitlán   ◆ **Iximché**   ◆ **Kaminaljuyú**

Chukumuk

OCÉANO
PACÍFICO   **Asunción Mita**

Tiquisate   Amatitlán

Pantaleon

◆ **Tazumal**

● Cerén   *Lago*
Ilopango

Lempa

TIKAL
Las pirámides escarpadas de un centro competitivo

Arriba: *Tikal se caracteriza por sus pirámides altas y escalonadas y por los templos construidos en su mayoría en pleno apogeo de su poder en el siglo VIII. Estas construcciones alcanzan más de 45 metros y sobrepasan en el dosel de la selva.*

Tikal está situado en el corazón de la selva del Petén y nació aproximadamente en el año 600 a.C. como un pueblo de agricultores que se asentaron en lo alto de una colina entre los pantanos de la región llana del país. Su asentamiento creció durante el siguiente milenio, hasta convertirse en una de las capitales mayas más impresionantes.

En su momento de mayor expansión, cubrió una zona de casi 10 km², pero también atrajo a una gran cantidad de población urbana que llegaba de otros lugares alejados del centro ceremonial. En su apogeo, su población total alcanzó, aproximadamente, los 40.000 habitantes. La ciudad está dominada por pirámides escalonadas, las más escarpadas de Mesoamérica y sus cumbres sobresalen por encima del dosel de la selva, aunque

también cuenta con estructuras de menor tamaño. Se han descubierto casi 3.000 de ellas.

Gran parte de la expansión y creación del centro ya se había iniciado en el siglo I a.C., cuando se erigían grandes edificios civiles y esbeltos templos al mismo tiempo que se iniciaba la excavación de tumbas abovedadas. Las ricas tumbas y las pinturas halladas en sus paredes indican la existencia de una jerarquía de poderosos gobernantes, pero también evidencian que las ofrendas de sacrificios humanos formaban parte de los rituales celebrados en Tikal.

Otro punto interesante es que las tumbas evidencian la estabilidad de las familias gobernantes en Tikal. Un regidor llamado Yax Moch Xoc, aunque no fue el fundador de la ciudad, reinó entre los años

La causa de la construcción de los edificios de Tikal era, en parte, la competición con un asentamiento maya vecino rival: Uaxactún. Ambos centros se encuentran a sólo un día de viaje de distancia y dos reinos rivales situados tan cerca provocaron no sólo varias guerras, sino también una necesidad de arquitectura pública que glorificase el nombre del linaje. El principal objetivo de las luchas entre Tikal y Uaxactún era la captura de individuos de sangre real para ofrecerlos como víctimas de sacrificio.

Esta guerra llegó a su fin cuando el rey de Tikal, Gran Garra de Jaguar, venció a Uaxactún. Aparece representado en una estela esculpida, en la que lleva puestas sus nobles insignias reales y sostiene en lo alto el cuchillo de obsidiana usado en los sacrificios. Ante él se arrodilla un noble barbado con las muñecas atadas y una postura de sumisión ataviado con las insignias reales de Uaxactún.

Pero, al contrario que otras guerras anteriores cuya finalidad era capturar prisioneros, Gran Garra de Jaguar inició una guerra de conquista.

Finalmente invadió Uaxactún y reclamó su reinado, así como el de Tikal, el 16 de enero del año 378.

Abajo: *La competencia entre Tikal y la ciudad vecina de Uaxactún fue muy dura y sólo terminó cuando Tikal derrotó a su rival en el siglo IV. Las ruinas de Uaxactún que mostramos aquí se encuentran a sólo 19 kilómetros al noroeste de Tikal.*

219 y 238, y los miembros de su dinastía continuaron gobernando hasta la caída de Tikal, en el siglo IX. Esta larga sucesión de líderes políticos y religiosos dominó gran parte de la historia de Tikal.

Consiguiendo sacrificios

Durante muchos años se creyó que Tikal cumplía una función meramente política o ceremonial. Las abruptas pirámides son escarpadas hasta tal punto que desde la parte de abajo no se podría ver a una persona que se encontrase de pie en la plataforma situada en la parte superior. Actualmente se cree que las pirámides podrían representar montañas sagradas elevándose a través del cosmos, una teoría que se adecua a su grandiosidad y al prestigio asociado al nombre de Yax Moch Xoc y al de sus sucesores.

LA CONSOLIDACIÓN DEL PODER EN TIKAL

La guerra y el matrimonio como medios para mantener la supremacía

Abajo: *Vista de la Gran Plaza y del templo I de Tikal. Además de su función de centro ceremonial, la acrópolis norte se utilizaba como cementerio para los reyes de Tikal. Se han excavado muchas tumbas bajo tierra que nos proporcionan una de las más completas cronologías de reyes mesoamericanos.*

Tikal es una de las ciudades mayas más investigadas. Su acrópolis norte revela una compleja secuencia de construcciones y, lo que es más significativo, sirvió como cementerio para los reyes de Tikal. Gracias a la excavación de las tumbas y a la traducción de las inscripciones halladas en el asentamiento, es posible trazar una sucesión clara de gobernantes que se extiende durante más de 800 años. La historia de los reyes de Tikal narra las luchas de poder que caracterizaron a muchas ciudades mayas y nos ofrece información reveladora acerca de las maquinaciones de la elite.

Tikal fue creciendo desde el pueblo agrícola que era durante el siglo I, cundo aún estaba eclipsada por su poderoso vecino, El Mirador. La relación existente entre ambos no está muy clara, aunque

Ardiente), Tikal desarrolló el comercio a larga distancia con las tierras altas mayas del sur y con el lejano México y la ciudad de Teotihuacán. Esta expansión no fue totalmente pacífica (en una escultura Chak Tok Ich'aak aparece representado pisoteando a un noble enemigo prisionero hasta la muerte.

Encontró la muerte a manos de Siyaj K'ak (El Fuego Nuevo), un guerrero de Teotihuacán que derrotó a muchos reyes mayas de la región y colocó a gobernantes teotihuacanos en sus puestos. Yax Jun Ayiin (Hocico Curvado), hijo de Búho Tirador de Lanzas –uno de los tenientes de Siyaj K'ak- fue elegido para gobernar Tikal y durante esta época la vestimenta de la elite de Tikal adoptó una apariencia mexicana. Sin embargo, existen

las inscripciones encontradas en las estela de Tikán indican que Tikal era independiente y controlaba una zona propia.

Tikal debió de mantenerse independiente pero ocupó un lugar secundario con respecto a El Mirador durante muchos años, pero en 300 era el centro maya clásico más importante y avanzado. Bajo el liderazgo de Chak Tok Ich'aak (Gran Garra

indicios que apuntan a que el poder teotihuacano no se alcanzó en Tikal únicamente por medios militares, ya que la madre de Yax Jun Ayiin pertenecía probablemente a la nobleza de Tikal y estaba casada con Búho Tirador de Lanzas. Yax Jun Ayiin se casó más adelante con una mujer de Tikal, asegurando de esta forma la fusión de la sangre de Tikal y Teotihuacán.

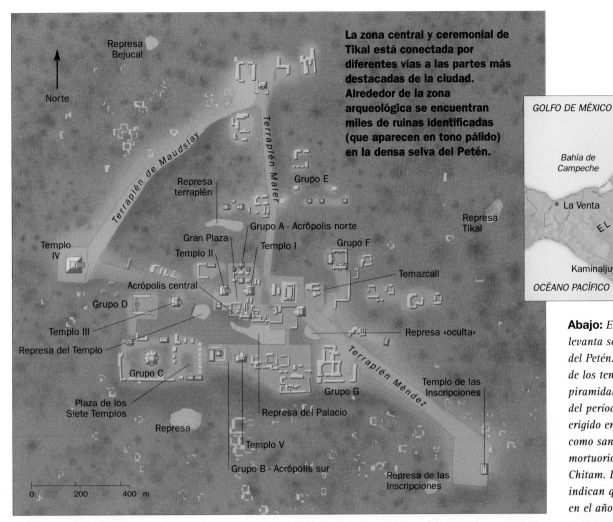

La zona central y ceremonial de Tikal está conectada por diferentes vías a las partes más destacadas de la ciudad. Alrededor de la zona arqueológica se encuentran miles de ruinas identificadas (que aparecen en tono pálido) en la densa selva del Petén.

Abajo: *El templo III se levanta sobre la jungla del Petén. Fue el último de los templos piramidales del final del período clásico erigido en Tikal y sirvió como santuario mortuorio para el rey Chitam. Las estelas indican que se edificó en el año 810.*

Perdiendo favores

La fortuna de Tikal cambió drásticamente en el año 411 d.C. con la llegada de Siyaj Chan (El Cielo Nuevo), que hizo valer su ascendencia por vía materna y aparece representado llevando el elaborado traje de los nobles mayas de 150 años antes. Se trataba de una declaración deliberada de la antigüedad de la nobleza maya y de los reinos ortodoxos y los siguientes reyes de Tikal, el hijo y el nieto de Siyaj Chan, mantuvieron el simbolismo de la descendencia matrilineal.

En un aparente intento de reafirmar el poder maya en la región, Tikal envió a sus guerreros para subyugar a las ciudades vecinas y comenzó una campaña de intrigas políticas. Esto resultó complicado con la llegada del exilio de Wak Chan K'awiil (Doble Pájaro), que se convertiría en el gobernante número 21 de Tikal. En una campaña agresiva, capturó y sacrificó al regidor de la lejana Caracol en 556; un gobernante al que él mismo había colocado en el trono sólo tres años antes. Pero Caracol tenía poderosos amigos en la ciudad de Calakmul y en 562 un ejército mixto de Calakmul-Caracol derrotó a Tikal y capturó y sacrificó a Wak Chan K'awiil.

Poco se sabe de Tikal en los siguientes 130 años. Existen fechas y nombres de gobernantes pocos, de haber alguno de ellos, descendientes del linaje original, pero no se erigieron nuevos monumentos; Tikal parece estar en declive. Hubo un intento de resurección con una serie de campañas contra Clakmul bajo el liderazgo de Jun Ujol Chaak, lo que terminó en desastrosa derrota en 679.

Su hijo, Jasaw Chan K'awiil, cambió el destino de Tikal derrotando a Calakmul y volvió a convertir a Tikal en uno de los principales poderes militares. Pero no lo hizo reafirmando el linaje maya de Tikal, sino utilizando el simbolismo de Teotihuacán. Su propio hijo, Yik'in Chan, continuó la campaña contra Calakmul, derrotando a la ciudad y a sus aliados, Yaxa y Naranjo y anunciando un nuevo auge de la construcción en Tikal que duró hasta cerca del año 800.

Pero los inicios del siglo IX fueron testigos de una repentina despoblación de la zona que afectó a todas las ciudades mayas. Los gobernantes de Tikal trataron de mantener su antigua autoridad, pero los viejos linajes ya estaban rotos. A finales del siglo, los monumentos y los edificios gloriosos de Tikal estaban ocupados solamente por viajeros y colonizadores que levantaron cabañas con techos de paja en los centros de sus plazas ceremoniales.

EL MIRADOR

Asentamiento en la jungla de las grandes pirámides de El Tigre y La Danta

En 1926, las exploraciones realizadas al sur de la frontera mexicana con Guatemala sacaron a la luz las ruinas de El Mirador que habían quedado cubiertas por la maleza, pero hasta el año 1962 no fue posible calcular la extensión del asentamiento gracias a las inspecciones controladas y a la planificación. Estos estudios, realizados por Ian Graham, indican que El Mirador fue uno de las mayores ciudades mayas.

Gracias a algunos fragmentos de cerámica hallados en el lugar, Graham dedujo que El Mirador perteneció al período final del preclásico, una deducción inmediatamente denunciada por otros estudiosos simplemente porque nadie creía que los primeros mayas fuesen capaces de construir edificaciones tan grandes. Pero se ha demostrado desde entonces que Ian Graham estaba en lo cierto.

Se ha probado que la extensión de El Mirador era incluso mayor de lo que había descubierto Graham en sus investigaciones. Su pirámide central (denominada El Tigre) es seis veces mayor que la Gran Pirámide de Tikal que era hasta entonces la construcción maya más grandes de las conocidas.

Las excavaciones realizadas en El Tigre durante las décadas de 1980 y 1990 revelaron la existencia de plataformas adicionales y de estructuras de apoyo que indican que se trataba de la pirámide conocida más grande del hemisferio occidental. Una segunda pirámide también situada en El Mirador, la pirámide de La Danta, todavía no se ha excavado completamente, pero hay evidencias que indican que su tamaño podría ser incluso mayor.

El Tigre es el centro de una red de caminos que llegan a los bajos o pantanos que rodean El Mirador. Uno de estos caminos se extiende 12 kilómetros hacia el sudeste para conectar El Mirador con otro centro maya: Nak'be. Todavía no se sabe qué distancia cubren los otros caminos ni hasta dónde conducen, pero resulta evidente que

GOLFO DE MÉXICO

Bahía de Campeche

PENÍNSULA DE YUCATÁN

La Venta
El Mirador
Tikal
Kaminaljuyú

OCÉANO PACÍFICO

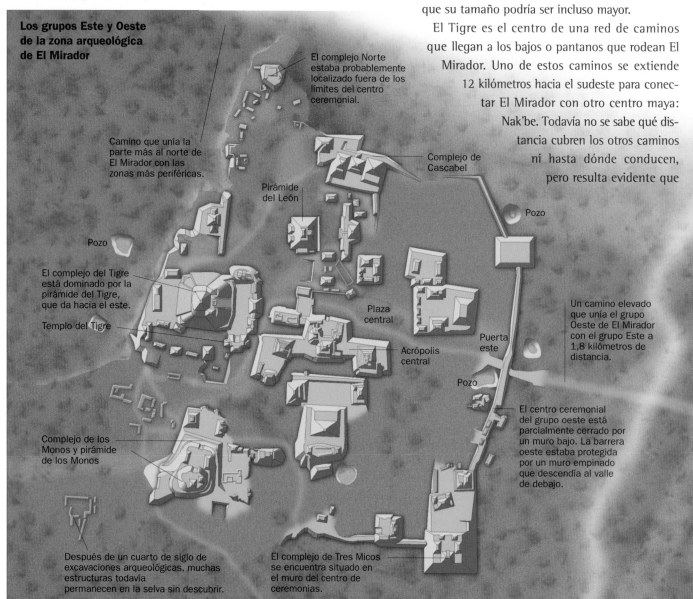

Los grupos Este y Oeste de la zona arqueológica de El Mirador

El complejo Norte estaba probablemente localizado fuera de los límites del centro ceremonial.

Camino que unía la parte más al norte de El Mirador con las zonas más periféricas.

Pirámide del León

Complejo de Cascabel

Pozo

Pozo

El complejo del Tigre está dominado por la pirámide del Tigre, que da hacia el este.

Templo del Tigre

Plaza central

Acrópolis central

Puerta este

Un camino elevado que unía el grupo Oeste de El Mirador con el grupo Este a 1,8 kilómetros de distancia.

Pozo

El centro ceremonial del grupo oeste está parcialmente cerrado por un muro bajo. La barrera oeste estaba protegida por un muro empinado que descendía al valle de debajo.

Complejo de los Monos y pirámide de los Monos

Después de un cuarto de siglo de excavaciones arqueológicas, muchas estructuras todavía permanecen en la selva sin descubrir.

El complejo de Tres Micos se encuentra situado en el muro del centro de ceremonias.

El Mirador tenía una gran importancia y fue el centro ceremonial más grande construido por los mayas.

Máscaras de pájaro de Vucub Caquix

El tamaño de las pirámides es realmente asombroso y tiene una gran importancia a la hora de entender la cultura maya en Guatemala. La mano de obra necesaria era enorme y de este hecho podemos deducir que las personas que habitaron y construyeron El Mirador habían alcanzado un nivel de cohesión social y política anteriormente inexistente.

Las gigantescas máscaras de estuco halladas en El Mirador sugieren que durante el período formativo maya se compartían creencias rituales. Muchas de estas máscaras son de Vucub Caquix, un dios pájaro, y son muy similares a otras encontradas en Nak'be, Tikal, Uaxactún y en otros asentamientos. No se sabe si éste representa a una divinidad general similar al jaguar de los olmecas, pero Vucub Caquix aparece muy frecuentemente y, por lo tanto, debe haber tenido una gran importancia en las primitivas creencias mayas.

Las investigaciones realizadas en El Mirador han aportado gran cantidad de información acerca de lo pronto que se organizaron las sociedades mayas. La parte central del asentamiento alberga al centro cívico y ceremonial. Es aquí donde están situadas las pirámides y sus plataformas de apoyo. En los alrededores se encuentran una serie de montículos alargados, normalmente en grupos de cuatro, que rodean una pequeña plaza central. Las investigaciones realizadas en relación a estos montículos han revelado que se trata de unidades residenciales ocu-

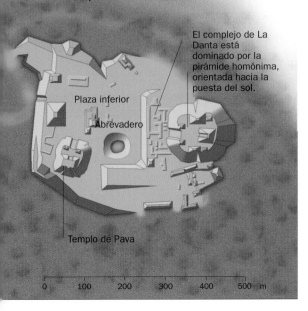

El complejo de La Danta está dominado por la pirámide homónima, orientada hacia la puesta del sol.

Plaza inferior

Abrevadero

Templo de Pava

0   100   200   300   400   500 m

padas durante las principales fases de construcción del asentamiento y después de las mismas. Se cree que en ellas habitaban las familias pertenecientes a la elite y se ocupaban durante varias generaciones.

Algo más alejadas encontramos unidades residenciales más pequeñas con menos signos de tratarse de residencias permanentes. Una vez más, la casa se construye sobre plataformas, por encima del nivel de las inundaciones estivales. Estas estructuras son, probablemente, el lugar donde residían las familias menos nobles, en construcciones con estructuras menos elaboradas que aquéllas que se encontraban más cercanas al centro de la ciudad.

Existen muchas otras unidades residenciales que sólo evidencian ocupaciones cortas. Probablemente se tratase del lugar donde vivían temporalmente los trabajadores durante los períodos en los que se estaban realizando trabajos de construcción. No obstante, la impresión general en El Mirador es la de un crecimiento gradual y relativamente poco planificado.

Arriba: *Máscara de estuco gigante del dios pájaro, Vucub Caquix. Vucub Caquix aparece con gran frecuencia en distintos asentamiento de la selva del Petén, incluidos El Mirador, Tikal y Uaxactún, lo que sugiere la existencia de un culto compartido centrado en este dios.*

KAMINALJUYÚ
El lugar de los antepasados

Kaminaljuyú, que significa «El lugar de los antepasados», es un centro perteneciente a la época final del período preclásico que aúna la cultura de Izapa (o neo-olmeca) y la cultura maya de las tierras altas de Guatemala. Nunca podremos conocer la extensión exacta de Kaminaljuyú, ya que el asentamiento quedó destruido casi por completo a causa de la expansión inmobiliaria descontrolada que tuvo lugar durante la construcción de la moderna Ciudad de Guatemala. Una pequeña zona se conserva relativamente intacta, pero los estudios han demostrado que el centro cívico-ceremonial del poblado ocupó en su día un área de casi 3,5 km^2. En pleno auge de su poder, el asentamiento contaba con un mínimo de 200 plataformas en montículos que servían como bases para los templos construidos con madera y paja erigidos en sus cumbres y que también se utilizaban como tumbas para los miembros de la nobleza. Algunas estimaciones cifran el número original de montículos en varios cientos. Muchos otros asentamientos importantes situados en el valle de Guatemala eran, casi con total seguridad, satélites de Kaminaljuyú y se encontraban bajo su control político y económico.

Aunque es imposible reconstruir este gran centro ceremonial, los objetos recuperados en el asentamiento durante los trabajos arqueológicos realizados en las décadas de 1940 y 1960 dan muestra de su poder e influencia. Es evidente que fue un centro ritual, político y económico para toda la región y que estableció redes comerciales que se extendieron hasta Centroamérica y la meseta mexicana. Parte de su influencia se debe, indudablemente, a su ventajosa posición entre la cuenca del Atlántico y la del Pacífico, desde donde controlaba las rutas comerciales del norte y del sur.

GOLFO DE MÉXICO
PENÍNSULA DE YUCATÁN
Bahía de Campeche
La Venta
Tikal
OCÉANO PACÍFICO
Kaminaljuyú

Enfrente: *Esta estela hallada en Kaminaljuyú muestra una figura que lleva un elaborado tocado característico del preclásico. Este tipo de tocados simbolizaban el rango real. Se esculpían y pintaban y a menudo se decoraban con materiales preciosos y normalmente llevaban plumas de quetzal o de otro pájaro tropical.*

Los montículos cubiertos de hierba que se elevan desde el centro de las viviendas de la región y se extienden hacia el este de la Ciudad de Guatemala marcan la situación de las pirámides y demás estructuras del centro maya de Kaminaljuyú, ahora convertido en parque arqueológico.

Túmulo C-I-1
Túmulo B-I-4
Túmulo B-I-2
Norte
Túmulo C-I-6
Sitio de Mongoy (Túmulo B-I-1)
Túmulo B-II-3
Túmulo C-II-3
Túmulo C-II-4
Túmulo C-II-6
Túmulo C-II-8
Túmulo C-II-12
Túmulo C-II-14
Túmulo C-II-13

Sepulcros elaborados

Prácticamente todas las tumbas, descubiertas durante las modernas excavaciones de zanjas para el alcantarillado, habían sido saqueadas en la antigüedad, pero los restos hallados son suficientes para saber que los reyes de Kaminaljuyú disfrutaron de un poder y prestigio mayores que los de cualquier otro reino anterior. Muchos de los túmulos son tumbas muy elaboradas que se fueron cortando hacia abajo desde la parte superior en una serie de cámaras escalonadas. La persona fallecida se pintaba de rojo con cinabrio y se engalanaba con ornamentos de jade y otros materiales semi-preciosos y después se bajaba al interior de la tumba en un lecho de madera y se hacía un nuevo piso de arcilla para sellar la cámara. Gran parte de los trabajos de construcción en Kaminaljuyú se dedicaban a la edificación de nuevas plataformas escalonadas sobre los túmulos existentes para acomodar nuevas tumbas.

La fuerte posición comercial de Kaminaljuyú y su control sobre las canteras de obsidiana más ricas de la región, situadas en un lugar conocido como El Chayán, llamó la atención de Teotihuacán en torno al año 400 d.C. Aunque la mayor parte de las edificaciones se finalizaron antes de esa fecha, se construyó un nuevo complejo ceremonial en el asentamiento bajo la influencia de Teotihuacán que muestra el característico estilo talud-tablero de los urbanistas teotihuacanos, donde los muros con poca pendiente (taludes) soportaban paneles verticales esculpidos y con una mano de pintura (tableros). En Kaminaljuyú también se encontraron objetos de cerámica y otros artilugios del mismo período y de estilo Teotihuacán, muchos de los cuales se encontraban enterrados con los restos de los nobles fallecidos.

La fuerte influencia de Teotihuacán ha dado lugar a que se especule con la posibilidad de si estos últimos habitantes de Kaminaljuyú representaban la elite mayor o si llegó a la ciudad un nuevo grupo de guerreros-comerciantes desde Teotihuacán. De ser así, es probable que hubiesen contraído matrimonio con mujeres pertenecientes a la nobleza local con el fin de legitimar sus aspiraciones de controlar los antiguos territorios de Kaminaljuyú. Aunque existen estelas en el asentamiento con inscripciones jeroglíficas que podrían incluir los nombres y linajes de las familias gobernantes en ese período, por desgracia aún no se han descifrado.

Con la caída de Teotihuacán y la pérdida del control que ejercían sobre gran parte de Mesoamérica, Kaminaljuyú también inició su declive. No se construyeron nuevos edificios y aunque el asentamiento no quedó destruido bajo las llamas, como Teotihuacán, apenas estaba habitado.

EL ORDEN DEL ESPACIO Y EL TIEMPO

Los ciclos de la vida maya

Abajo: *Quemador de incienso de terracota representando a un sacerdote con un traje relacionado con el dios del sol. La figura está de pie sobre una tortuga desde la cual sale el dios principal del inframundo.*

La cultura maya, al igual que las otras culturas mesoamericanas y las amerindias en general, consideraba que el tiempo era una sucesión de ciclos en vez de una progresión lineal que se inicia en el pasado, pasa por el presente y llega hasta el futuro. Para ellos el mundo estaba regido por un ciclo de creaciones y destrucciones, parcialmente basadas en los ciclos del año agrícola. El tiempo pasaba desde que brotaba el maíz, a través de su maduración, recogida y replantación final.

Había ciclos similares que regían el paso del día y las estaciones del año, así como la vida de un ser humano. Pero estos ciclos también controlaban otro tipo de acontecimientos y períodos de tiempo más prolongados. Así, consideraban que el mundo se detendría cada 52 años para renovarse. Más allá de esto existía un gran ciclo que regía los distintos períodos de la creación.

Cuando se cerraba algún ciclo se iniciaba un período de destrucción: el sol «moría» al finalizar cada día, el maíz se recogía una vez alcanzada la madurez y el final del año estaba marcado por la extinción de los fuegos de todos los hogares. Al finalizar el gran ciclo se destruía todo el período de creación, de forma que el siguiente período podría empezar.

Cada uno de estos ciclos constaba de dos partes. Una se manifestaba en el mundo humano y la otra en el inframundo del Xibalbá. De esta forma, el sol realizaba su viaje diurno a través del mundo terrenal, mientras que por la noche lo hacía por el Xibalbá y la luna ocupaba su lugar.

Una vez más encontramos un paralelismo con el ciclo agrícola. El agricultor envía la semilla de maíz al inframundo a través del agujero que hace en la tierra con el pico. La planta del maíz crece en el inframundo hasta que Chac —encargado de traer las lluvias primaverales *(véase páginas 98-99)*— la resucita como un joven brote, de modo que se puede completar el ciclo del mundo terrenal.

Hun Nal Yeh crea movimiento perpetuo

Parte de este concepto de espacio y tiempo es que todo está establecido en un movimiento perpetuo. Hun Nal Yeh (dios del maíz resucitado) plantó el Wakah Chah (Árbol de la vida) e hizo que las estrellas estuviesen en continuo movimiento a su alrededor. Es lógico que cuando el rey Pacal, el gran líder de Palenque, del siglo VII, murió y descendió al Xibalbá, su rostro estuviese cubierto por una máscara de jade verde del dios del maíz, de forma que pudiese más tarde elevarse a los cielos a través del Árbol de la vida.

Este principio de movimiento continuo y ciclos interrelacionados dan cierto sentido de previsibilidad y certeza al mundo maya. Los movimientos alternos del sol y de la luna (las formas celestiales de los hermanos gemelos, Hunahpú y Xbalanqué, que derrotaron a los señores del

inframundo) son predecibles y perceptibles. De hecho, gran parte de la actividad de los astrólogos-sacerdotes mayas se basaba en la observación de los movimientos de los cuerpos celestes y en determinar sus movimientos cíclicos. Es probablemente a esta búsqueda de un orden predecible a la que los astrólogos-sacerdotes dedicaron gran parte de su tiempo tratando de predecir acontecimientos futuros inusuales, como los eclipses. El orden parece haber sido el principio que rigió los conceptos mayas de espacio y tiempo. Todo estaba establecido y tenía su lugar. Si se podía encontrar una estructura predecible, estaba claro que incluso los acontecimientos aparentemente fortuitos tenían orden y estaban bajo control. Incluso el Xibalbaá tenía orden y estructura, aunque éste era opuesto al del mundo terreno.

Los orígenes de estos conceptos se remontan al pasado más lejano, entre los agricultores y recolectores a quienes la habilidad de predecir cuándo una planta o baya en concreto estaría en temporada era de suma importancia para su supervivencia. Algunos aspectos de su mundo, como el tránsito del sol durante el día o la alteración de las temporadas, les proporcionaban la orientación y la seguridad que necesitaban. Los astrólogos-sacerdotes mayas tomaron estos ele-

mentos y construyeron una compleja cosmología en la cual los órdenes del mundo superior e inferior se invertían y en la cual se deificaba al sol, a la luna y a otros cuerpos celestes.

Arriba: *Escultura en relieve del dios del sol maya, fechada entre los años 500 y 800. El sol era una divinidad muy importante para los mayas, que creían que viajaba a través del cielo durante el día antes de emprender un viaje similar a través del inframundo por la noche.*

Izquierda: *Diseño en un jarrón maya. El dibujo muestra al dios maíz naciendo de una semilla. Bajo él vemos una banda con imágenes acuáticas, una alusión al inframundo, mientras que en la banda superior aparece el nombre del creador o propietario del jarrón.*

Conciencia de las matemáticas

El subestimado sistema de los comerciantes mayas

La elite del clero maya utilizaba símbolos numéricos para registrar sus observaciones de los movimientos de las estrellas y de los planetas como parte de sus actividades adivinatorias. Otro grupo de esta élite, formado por escultores y escribas, también utilizaba glifos numéricos para documentar los acontecimientos importantes, como la subida al trono de los reyes o las fechas de inauguración de las principales pirámides y monumentos.

Estos sistemas utilizaban frecuentemente glifos de divinidades-antropomorfas en los que la fecha se representaba por medio de un símbolo que hacía referencia a una de las 13 divinidades del mundo superior. Al hacer esto, los sacerdotes y escribas asociaban fechas determinadas con aquellos seres supernaturales que controlaban el destino humano. Las fechas se podían correlacionar con los ciclos temporales marcados por los movimientos del sol, la luna y el planeta Venus por medio de complicados ciclos de calendario de 260 y 365 días.

La mayor parte de los estudios se centran en la utilización por parte de estos grupos de complejas fórmulas matemáticas, simplemente porque las fechas nos permiten entender mejor algunos acontecimientos importantes de la historia maya o señalar aspectos significativos de las creencias rituales. Pero de lo que pocas veces se habla es del uso cotidiano que hacían de las matemáticas los grupos mayas que no pertenecían a la elite, especialmente los comerciantes. Tales comerciantes, utilizando granos de cacao como fichas, eran unos contables muy hábiles, aunque la simplicidad de su método ha hecho que muchos estudiosos consideren su destreza algo poco reseñable.

Pero si examinamos más minuciosamente el sistema matemático utilizado por los comerciantes, descubrimos que se trata de uno de los grandes logros de los mayas. El sistema utilizaba sólo tres símbolos –la concha, el punto y la barra– para representar los valores cero, uno y cinco respectivamente. Esto resultaba más sencillo y eficaz que el sistema romano contemporáneo utilizado en Europa, en el cual había siete símbolos y no existía el «cero» (I, V, X, L, C, D, M) y que el sistema árabe adoptado en Europa en el siglo XIII (símbolos cero más uno al nueve).

Numeración posicional

Se calculaban números de gran complejidad siguiendo las posiciones en las que estaban situadas las conchas, los puntos y las barras, un prin-

Abajo: El sistema de numeración maya y (derecha) un sencillo ejemplo de suma para explicar cómo funcionaba.

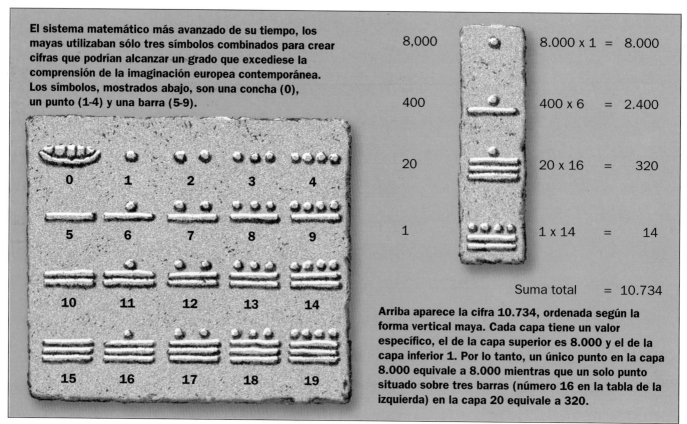

El sistema matemático más avanzado de su tiempo, los mayas utilizaban sólo tres símbolos combinados para crear cifras que podrían alcanzar un grado que excediese la comprensión de la imaginación europea contemporánea. Los símbolos, mostrados abajo, son una concha (0), un punto (1-4) y una barra (5-9).

0	1	2	3	4
5	6	7	8	9
10	11	12	13	14
15	16	17	18	19

8,000		8.000 x 1	=	8.000
400		400 x 6	=	2.400
20		20 x 16	=	320
1		1 x 14	=	14
		Suma total	=	10.734

Arriba aparece la cifra 10.734, ordenada según la forma vertical maya. Cada capa tiene un valor específico, el de la capa superior es 8.000 y el de la capa inferior 1. Por lo tanto, un único punto en la capa 8.000 equivale a 8.000 mientras que un solo punto situado sobre tres barras (número 16 en la tabla de la izquierda) en la capa 20 equivale a 320.

cipio conocido como numeración posicional. Un ejemplo de numeración posicional en el sistema árabe lo encontramos en los números con un valor de uno o superior situados a la izquierda de la coma del decimal; los números menores de uno se sitúan a la derecha. Los mayas contaban de arriba abajo y no de izquierda a derecha y utilizaban una base de 20 en lugar de 10, pero el principio es similar.

Un detalle destacable del sistema maya es que su utilización del cero y de la numeración posicional son los ejemplos conocidos más antiguos de estos conceptos. En otras palabras, las matemáticas utilizadas por los mayas en su vida diaria empleaban el sistema más avanzado y sofisticado conocido en todo el mundo en esa época y comparte los mismos principios que rigen las matemáticas modernas. Su eficacia era resultado directo de su simplicidad, en vez de ser ésta signo de subdesarrollo. Cuando consideramos que este sistema ya funcionaba en el asentamiento maya/neo-olmeca de Tres Zapotes en el año 31 d.C. *(véase páginas 30-31),* el logro parece incluso más asombroso.

La utilización de las matemáticas por parte de los mercaderes y comerciantes no pertenecientes a la elite sugiere que sus clientes también entendieron este método de numeración. Por lo tanto debería revisarse el error común de que la mayor parte de la población eran campesinos ignorantes, ya que probablemente estaban bien formados.

EL SISTEMA DE CALENDARIO MAYA
Marcando el tiempo y registrando la historia

Abajo: *Una de las posiciones más importantes en la sociedad maya era la del escriba, que registraba los acontecimientos en códices de papel de amate.*

Los mayas desarrollaron sistemas de calendario y escritura muy complejos y únicos en la América prehispánica. Eran capaces de expresar cualquier sutileza y matiz en su idioma y registrar el tiempo, desde el menor de los instantes hasta las profundidades de la antigüedad inconcebible.

Sin embargo, la mayor parte de los escritos y de los calendarios mayas no se preocupaban por los acontecimientos mundanos sino que señalaban momentos de importancia en las historias de la nobleza y en las vidas de las divinidades. El significado unido a este sistema se refleja en el hecho de que había una casta especial de escribas conocidos como *ah dzib*. Su patrón era el Itzamná, el dios creador, a quien ayudaban los dioses monos, que a su vez eran medio hermanos de los Héroes Gemelos que derrotaron a los señores del Xibalbá, el inframundo maya.

La mayor parte de los escritos mayas corresponden a registros de nacimientos y defunciones, ascensos, derrotas y triunfos de las dinastías reinantes y, como tal, adquirieron un significado sagrado como vínculo con el mundo ancestral a través del cual se legitimaban estos linajes. Al mismo tiempo, estos registros creaban una cohesión social, concediendo a las familias más destacadas la catego-

ría que les correspondiese en virtud de su proximidad al antepasado fundador original.

También existía una clase de sacerdotes tan importante como la de los escribas. Sus observaciones astrológicas eran sorprendentemente precisas. Por ejemplo, su cálculo del período sinódico de Venus era de 584 días, cifra que podemos comparar con el resultado actual de 583,92.

Viviendo por el calendario ritual

Pero los sacerdotes no estaban simplemente interesados en marcar el tiempo. Cada fecha del calendario maya tenía un significado sagrado y contenía presagios de éxito o fracaso. De hecho, muchas de las conquistas mayas se realizaban en días especialmente propicios, cuando se podía depender de la ayuda de los dioses especialmente poderosos.

Los sacerdotes mayas contaban con dos nociones de calendario diferentes. Había un año solar de 365 (*haab*) días que regía el año agrícola, pero

también existía un calendario ritual de 260 días (*tzolkín*). Estos, a su vez, se agrupaban en ciclos de 52 años (*katún*), lo que permitía a los mayas retroceder varios milenios de forma precisa. En realidad, algunas de las fechas se remontan hasta un pasado remoto imposible y se refieren a los antepasados divinos de las familias gobernantes.

Incluso en el registro histórico existen indicios para pensar que los acontecimientos singulares, como la subida al trono de un nuevo rey, se cronometraban cuidadosamente para asegurarse de que tanto el acontecimiento como la persona recibirían ayuda de los dioses.

Está claro que gran parte de la escritura maya y de las actividades de escribas y sacerdotes tenían una función más astrológica que astronómica. Habían desarrollado una verdadera ciencia gracias a sus observaciones y anotaciones sobre los planetas y los ciclos del sol y de la luna, incluyendo su habilidad para predecir eclipses de luna. El hecho de que estas observaciones estuviesen vinculadas a las acciones de literalmente cientos de dioses que interactuaban de forma compleja realza, más que disminuye, los logros de los escribas y sacerdotes mayas.

Izquierda: *Gran talla de la cabeza de Itzamná, el dios creador, hallada en las ruinas de Copán. Itzamná era el patrón de los escribas.*

Izquierda: *Glifos con fechas esculpidos sobre una estela caída de las ruinas mayas de Yaxchilán.*

XIBALBÁ
Los Héroes Gemelos en el inframundo maya

Abajo: *Xibalbá, el Lugar de los Muertos, era la tenebrosa morada de monstruosos demonios y dioses del mal. Era muy importante ya que las almas de todos los fallecidos pasaban por allí antes de que pudieran ser resucitadas. Restos del Xibalbá están presentes en casi todos los asentamientos mayas, como en esta talla de un cráneo en un muro en Chichén Itzá.*

El inframundo maya era un lugar terrible habitado por demonios y por los dioses de los muertos. Los principales señores de Hun Camé y Vucub Camé (1 Muerte y 7 Muerte) gobernaban el Xibalbá, un reino de seres monstruosos que controlaban las enfermedades y las pestes.

Los Héroes Gemelos, Xbalanqué y Hunahpú, estaban destinados a enfrentarse y a derrotar a Hun Camé y Vucub Camé cuando los dioses de la muerte, molestos por el ruido de los juegos de pelota de los gemelos, los retasen. Aunque su madre trató de persuadirlos de que no fuesen, no le hicieron caso y descendieron desde el juego de pelota (que aunque está en la tierra también es la entrada al Xibalbá) para enfrentarse al reto.

Cruzaron ríos de pus y de sangre en su camino hacia el Xibalbá hasta que llegaron a un cruce de caminos donde había imágenes de madera esculpida de los dioses de la muerte colocadas para confundir al incauto viajero. Hunahpú, sin embargo, se quitó un pelo de la espinilla y creó un mosquito con él que buscó y picó a los verdaderos dioses de la muerte. Gritaron sus nombres en alto, de modo que Xbalanqué y Hunahpú pudieron sorprenderlos dirigiéndose a cada uno de ellos personalmente.

En el Xibalbá los gemelos tienen que hacer frente a numerosas pruebas en la Casa de las Tinieblas, en la Casa de los Cuchillos, en la Casa del Frío, en la Casa de los Jaguares y en la Casa del Fuego. Sobreviven a todas estas pruebas, pero

cuando los envían a la Casa de los Murciélagos, Hunahpú se asomó por un agujero del junco de una cerbatana donde había estado escondido y el murciélago asesino, Camazozt, le degolló.

Trucos de resurrección

Xbalanqué sustituyó la cabeza de Hunahpú por una calabaza, que se unió milagrosamente al cuerpo de forma que podía oír y hablar, y los gemelos se presentaron para el reto del juego de pelota. Los dioses de la muerte tiraron la cabeza real en lugar de la pelota, pero Xbalanqué la recuperó y restableció a su hermano.

Aunque salieron victoriosos en el juego, los dioses de la muerte planeaban matar a sus enemigos

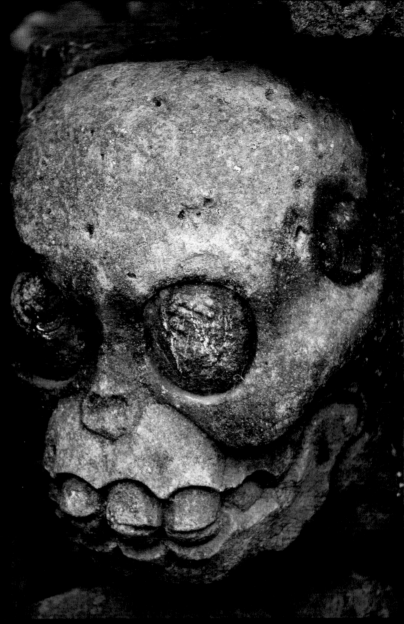

preparando una gran hoguera a la que los Héroes Gemelos se viesen obligados a saltar. Molieron sus huesos chamuscados hasta convertirlos en polvo y lo arrojaron al río de la Muerte que pasa por el Xibalbá. Tres días después los gemelos se repusieron de nuevo y regresaron junto a los dioses de la muerte disfrazados de campesinos capaces de hacer trucos maravillosos.

Los dioses de la muerte les pidieron que sacrificasen a un perro y volviesen a traerlo a la vida y ellos lo hicieron. A continuación sacrificaron a un hombre y, finalmente, Xbalanqué decapitó a Hunahpú y le arrancó el corazón antes de resucitarlo.

Hun Camé y Vucub Camé estaban encantados con esta exhibición de milagros y pidieron a los gemelos que los matasen y los resucitasen a ellos. Pero los Héroes Gemelos mataron a uno de los dioses y no lo resucitaron, así que los otros señores del Xibalbá pidieron clemencia y prometieron que nunca volverían a hacer daño a la gente.

Arriba: *Los muros de calaveras mayas están a menudo compuestos de numerosos bloques, cada uno de los cuales tiene su propia escultura individual. La calavera que mostramos en esta fotografía procede del asentamiento de Copán, en Honduras.*

LOS CONTACTOS COMERCIALES MAYAS

Jade, resina, sal y cacao, por tierra y por mar

Abajo: *Dibujo esquemático de la organización social maya. En la parte superior está el rey o gobernador, cargo que queda claro por su elaborada vestimenta y sus insignias. Debajo de él se encuentran los sacerdotes, seguidos de los miembros de la nobleza. La cuarta capa de la pirámide represente a los funcionarios mayas, como los escribas, y debajo se encuentran los campesinos y comerciantes.*

El comercio maya se basaba en la adquisición e intercambio de mercancías y de materias primas y estaba en gran parte determinado por la diversidad medioambiental de las regiones mayas y por su posición estratégica en las rutas comerciales que conectaban México en el norte con América Central en el sur.

Dentro de la zona maya había un intercambio de mercancías entre las regiones altas y bajas. Este intercambio consistía básicamente en el trueque de minerales valiosos procedentes de la región montañosa (especialmente obsidiana y jade) por productos del bosque tropical, como resina de copal, muy utilizada como incienso purificante en los rituales mayas. La mayor parte de este comercio interior se realizaba a espaldas de largas hileras de porteadores, ya que aunque los mayas conocían la rueda (y, de hecho, hacían juguetes con ruedas) el terreno no era apropiado para el tránsito rodado de vehículos y carecían de animales de carga domesticados.

La mayor parte del comercio se realizaba a lo largo de la costa y luego tierra adentro utilizando siste-

Mesoamérica y las salinas situadas en asentamientos como Dzemul se remontan al período preclásico.

La sal y otros artículos de lujo, especialmente el cacao de los asentamientos de Santa Lucía y Yucatán, que crecía en el suelo permanentemente húmedo de los cenotes (pozos naturales) desecados, complementaban un comercio basado principalmente en objetos no utilitarios. Cuando estos productos empezaron a ser muy demandados más allá de los límites de los territorios mayas, gran parte de la actividad comercial fue a larga distancia.

Hay quien opina que el comercio a larga distancia fue fundamental para el desarrollo de las ciudades mayas, como El Mirador y Tikal y que también fue gracias a la influencia de este comercio como penetraron elementos de otras culturas, como la de Teotihuacán, en la región maya. Se cree, aunque no está demostrado, que la preminencia de El Mirador quedó eclipsada cuando las rutas comerciales cambiaron ligeramente y favorecieron a Tikal.

mas fluviales, aunque aun así esta tarea resultaba muy laboriosa. Los ríos requerían porteos frecuentes de las canoas y de sus contenidos, de modo que hacía falta una mano de obra relativamente numerosa capaz de manejar las pesadas embarcaciones.

La costa también era importante como fuente de sal. Yucatán era el principal productor de sal de

Ek Chuah, patrón de los comerciantes

El comercio a larga distancia estaba controlado por un reducido grupo de comerciantes ricos que se encontraban bajo la protección de su propio dios y patrón: Ek Chuah (dios negro). Pero lo mayas no contaban con una clase de comerciantes organizada, como los pochteca de los posteriores aztecas *(véase páginas 164-165)* y la mayor parte de los comerciantes eran responsables sólo ante la elite gobernante de su propia ciudad. Es probable que los comerciantes fuesen miembros destacados de estas elites y que se responsabilizasen no sólo de las actividades comerciales de los centros mayas, sino también de los contactos diplomáticos con las ciudades y estados vecinos.

Mientras que muchos comerciantes estarían familiarizados con los grandes mercados situados en los centros más alejados de la zona maya, no está muy claro si los mercados regulares eran característicos de sus propias ciudades. En las crónicas españolas acerca de las tierras bajas mayas no se mencionan este tipo de mercados, aunque existe una referencia a un mercado «grande y celebrado» situado en las tierras altas de Guatemala.

En Tikal, el asentamiento más importante del período clásico maya, existe una estructura rectangular cercada con múltiples entradas que algunos arqueólogos han identificado como un mercado, pero esta identificación es meramente especulativa y este tipo de estructuras podían haber tenido cualquier otra función.

De todos modos es probable que los mercados estuviesen organizados para coincidir con días importantes del calendario ritual, cuando seguramente se esperaba que un elevado número de peregrinos acudiese a los santuarios locales. En estos casos, los comerciantes locales, y no los mercaderes de la elite dedicados al comercio a larga distancia, irían vendiendo sus mercancías mientras que los artesanos vendían sus piezas y los campesinos traían sus productos de las *milpas*. No cabe ninguna duda de que había puestos en los que se vendían tortillas de maíz y de que los músicos, acróbatas y otros artistas se paseaban por el recinto.

Abajo: *Una madre maya amamanta a su hijo mientras espera a que los turistas le compren las baratijas que vende en el lago Atitlán, en Guatemala.*

CAPÍTULO CUATRO

EL CLÁSICO MAYA

El repentino final de una civilización bien documentada

Enfrente: *El dintel 24, uno de los tres paneles de la estructura 23, en Yaxchilán, se considera una de las obras maestras del arte maya. Escudo Jaguar II, rey de Yaxchilán, sostiene una antorcha encendida sobre su mujer, K'ab'al Xook, mientras ella realiza un ritual de sangre consistente en pasar una cuerda salpicada de espinas afiladas por su lengua. Se puede apreciar la sangre alrededor de la boca. Los glifos situados en la parte superior del dintel nos dan la fecha de celebración del ritual: año 709 d.C. En otros glifos se identifica el nombre de Yaxchilán y el de K'ab'al Xook.*

La influencia del norte sobre los mayas terminó repentinamente con el declive y posterior caída y abandono de Teotihuacán a principios del año 534 d.C. Después de esta fecha, la cultura maya de las tierras bajas comenzó a florecer. Se construyeron, literalmente, cientos de pirámides, palacios, templos, carreteras y asentamientos urbanos y las poblaciones ya existentes experimentaron una gran expansión. Las ciudades-estado tenían frecuentemente poblaciones urbanas de varios miles de personas que buscaban el consejo y la protección física y espiritual de nobles y sacerdotes. Gran parte de este auge comenzó algún tiempo antes, desde los inicios de la civilización maya aproximadamente en el año 300 d.C., pero durante el período clásico hubo un crecimiento sin precedentes. Repentinamente, alrededor del año 900, la civilización clásica maya se derrumbó. El motivo continúa siendo una de las grandes preguntas sin respuesta de la historia mesoamericana.

El período maya clásico (200-900 d.C.) es la es la única cultura plenamente alfabetizada del Nuevo Mundo y los rápidos avances logrados en los últimos 30 años en la interpretación de los jeroglíficos mayas nos han proporcionado un entendimiento detallado de la historia y de las creencias de este período. Los textos muestran una cultura profundamente preocupada por el rango, el estatus y los privilegios. El linaje y la ascendencia real, a menudo relacionada con un dios, era la fuerza motriz de prácticamente todos los logros de la cultura clásica maya.

Se esculpían estelas para conmemorar el nacimiento de un noble, su ascensión al trono o sus triunfos sobre los nobles rivales. Se construyeron grandes templos y palacios para marcar fechas importantes y los gobernantes posteriores se encargaban de reconstruirlos y ampliarlos. Las escaleras que conducían a los templos de las pirámides estaban decoradas con jeroglíficos que conmemoraban las guerras victoriosas y otros acontecimientos importantes en las vidas de los regidores. Se desarrollaron amplias actividades comerciales, principalmente para proporcionar a las familias regentes los materiales y artículos preciosos que solicitaban para demostrar su riqueza y su estatus regio.

Linaje celestial

Incluso el calendario se utilizaba como medio para resaltar la importancia del linaje real: las fechas de nacimiento de los príncipes se «ajustaban» se forma que coincidiesen con fechas que trajesen buenos auspicios y los dioses pudiesen favorecerles y sus batallas contra los nobles rivales sólo se realizaban en los días indicados por los sacerdotes tras sus observaciones de los movimientos e intenciones de los dioses astrales.

La producción artística alcanzó grandes logros ya que se solicitaron mercancías suntuosas y finamente trabajadas que se adecuasen al estatus de las familias regentes. Por lo tanto, cada ciudad contaba con un amplio contingente de artesanos, normalmente con habilidades muy especializadas, que tenían sus propios talleres dentro del recinto de la ciudad. A menudo se traía a trabajadores cualificados procedentes de otras comunidades como obreros emigrantes con el fin de mejorar la variedad de los productos a disposición de los nobles y de sus séquitos. Paradójicamente, la mayoría de estas mercancías estaban destinadas a acompañar a los nobles en sus tumbas, de forma que pudiesen continuar disfrutando del estatus que habían conocido en vida durante su estancia en el inframundo.

Pero, en cambio, poco sabemos acerca de las vidas de la gente común. No aparecen representados en las numerosas esculturas existentes y sus tumbas eran probablemente simples enterramientos bajo el suelo de sus hogares. Obviamente, muchos de ellos se dedicaban a la agricultura, ya que esta actividad servía de sustento a las ciudades-estado y la presencia de los poderosos dioses de la lluvia, el maíz y la fertilidad son signos de la necesidad básica de los productos agrícolas para alimentar a las grandes poblaciones.

Después del año 900 d.C. ya no encontramos más registros. No se crean más esculturas, ni se erigen más edificios y ya no se construyen tumbas. Aunque en algunas ciudades siguieron viviendo pequeños grupos de habitantes, la elite pareció desvanecerse. Hacia dónde fueron o qué les sucedió continúa siendo un misterio.

COPÁN
El registro maya de la escalera de los Jeroglíficos

Arriba: *Esta estela (que también es una figura esculpida) se encuentra enfrente de la escalera de los Jeroglíficos de Copán. Las figuras situadas detrás, colocadas a intervalos a lo largo de los escalones, son retratos de varios regidores de Copán.*

Copán está situada en un valle entre las montañas del oeste de Honduras, en la cuenca del Montagua, y originalmente ocupó una zona de 12 por tres kilómetros, aunque actualmente sólo es visible una parte de esta extensión. El valle sobre el que está asentada es uno de los más hermosos de los enclaves mayas. John Lloyd Stephens lo describió en 1839 como «un valle de romance y maravilla donde los genios que lo crearon debieron ser alumnos del rey Salomón». Es famoso por sus construcciones en traquita verde (roca volcánica), utilizada en lugar de la piedra caliza empleada normalmente por los constructores mayas.

La primera fecha de este asentamiento se sitúa a comienzos del siglo V d.C., cuando lo fundó Yax Kuk Mo (rey Quetzal Guacamayo) y su monumento más antiguo es un marcador colocado en el suelo dentro de un túnel profundo situado debajo de la escalera de los Jeroglíficos. En esta orilla este, el río Copán ha arrasado parte del yacimiento, cortando una sección vertical de una altura aproximada de 30 metros.

En el centro del asentamiento está situada la acrópolis, que alberga un complejo de templos, pistas y terrazas, muchos de los cuales se construyeron bajo la dirección de Waxaklahun Ubah K'awil o 18 Conejo, que fue el decimotercero regidor de Copán. Estas construcciones están erigidas sobre plataformas artificiales entre las cuales es posible apreciar varias capas de ocupación anterior. Al igual que muchos otros gobernantes de la época clásica maya, Waxaklahun Ubah K'awil trató de proclamar su ascendencia divina y las estelas lo representan con el traje con incrustaciones de jade del dios del maíz joven.

El monumento más impresionante de Copán es la escalera de los Jeroglíficos finalizada en el siglo VIII d.C. Esta escalera desciende desde el templo 26, situado en la esquina nororiental de la acrópolis, y los contraescalones de sus 63 peldaños están cubiertos de 2.500 glifos que hacen referencia a las dinastías regentes. Es el registro continuo más largo conocido de los mayas, pero muchas de las esculturas se encontraron mezcladas y desordenadas y se extraviaron durante las reconstrucciones realizadas en la década de 1830. Las barandillas están decoradas con representaciones del pájaro-serpiente y aparecen figuras sentadas cada diez escalones.

Juegos de pelota

Al norte de las escaleras de Jeroglíficos encontramos un juego de pelota con cabezas de loro esculpidas colocadas en el borde superior de las gradas. Se trata del juego de pelota conocido mejor conservado del período clásico maya y sus esculturas le dan un aspecto barroco único dentro de los asentamientos mayas.

Antes de éste, existía un juego anterior, en cuyo suelo había tres piedras que servían de marcadores y que tenían representaciones de jugadores. Bajo el segundo juego se encontró un tercero, de la misma época que las primeras construcciones de la acrópolis. En los juegos principales y medios encontramos estelas y altares esculpidos, la mayor parte de los cuales pertenecen a los siglos VII y VIII. Su gran

Izquierda: *Esta vista de Copán muestra el asentamiento tal como era durante el trabajo de reconstrucción realizado en la década de 1980.*

Izquierda abajo: *Esta estela se encontró en la cancha principal de Copán y representa al decimotercer gobernante de Copán: 18 Conejo.*

relieve y elaboración de los detalles son características de la escultura de Copán.

A diferencia de la mayor parte de los asentamientos mayas, Copán prosperó entre su fundación en la era preclásica hasta el colapso clásico. La mayoría de sus edificios se construyó durante el período clásico y el asentamiento se abandonó alrededor del año 800 d.C. Antes sirvió como centro ceremonial para los mayas del sur y los hallazgos correspondientes al período postclásico sugieren que el asentamiento estuvo ocupado más tarde. Las fortunas de Copán se movían entre los extremos de la gloria y la desgracia. Cielo de Kawak, de la cercana y más humilde ciudad de Quirigua, capturó y decapitó a

Waxaklahun Ubah K'awil el 3 de mayo del año 738, pero al mes siguiente Humo Mono asumió el mando y devolvió a Copán su condición de ciudad dominante de la región.

CATHERWOOD Y STEPHENS

Los padres de la arqueología mesoamericana

Dos de los nombres más importantes de los estudios mesoamericanos son John Lloyd Stephens y Frederick Catherwood. Stephen, americano, y Catherwood, inglés, se conocieron en 1836 en Londres, donde Catherwood exponía su pintura panorámica *Jerusalén*. Catherwood se había formado como delineante de arquitectura, pero le encantaba viajar y la exploración y había viajado mucho por Egipto en 1824. Stephens, abogado de profesión, había viajado todavía más y encontró en Catherwood a su alma gemela.

Volvieron a encontrarse en Nueva York en 1838, donde planearon ir a América Central y explorar las ruinas mayas. En esa época sólo se conocían tres yacimientos: Copán, en Honduras; Palenque, en Chiapas, y Uxmal, en Yucatán y pocos estudiosos pensaban que pertenecían a una única cultura.

En el mes de octubre del año siguiente, partieron desde Nueva York, alquilaron guías en Honduras y viajaron hasta Copán, que Stephens compró por la cantidad de 50 dólares para que él y Catherwood pudiesen trabajar sin interrupciones. Desde Copán fueron a Palenque antes de regresar a Nueva York y publicar *Incidents of Travel in Central America (Episodios de viaje en América Central)*, ilustrado por los grabados y xilografías de Catherwood.

Dos años después partieron de nuevo desde Nueva York, esta vez con destino a Yucatán. Este viaje marcaría todo un hito para los estudios sobre Mesoamérica. Viajando bajo condiciones que a menudo eran extremadamente difíciles y rodeados de repetidos brotes de malaria, Catherwood y Stephens pasaron diez meses recorriendo Yucatán en busca de signos de ruinas mayas.

Pidieron a los nativos que los guiasen a los «hogares de los antepasados» y los contrataron para despejar la selva y la maleza. Stephens anotaba sus visiones de las ruinas y dirigía las excavaciones y parece que actuaba como el embajador de este reducido grupo de intrépidos exploradores, mientras que Catherwood registraba los edificios y monumentos con todo lujo de detalle en miles de dibujos. Las ilustraciones de Catherwood son tan exactas que es posible leer las inscripciones mayas en sus grabados.

Pioneros despreciados

Cuando regresaron a Nueva Cork diez meses más tarde llevaron dibujos y descripciones de 44 ciudades mayas de las cuales sólo una, Uxmal, se conocía con anterioridad. Stephens escribió *Incidents of Travel in Central America (Episodios de viaje en América Central)*, ilustrado con 85 grabados realizados por Catherwood, y el libro se con-

virtió de inmediato en líder de ventas y despertó el interés popular por la cultura maya.

Se dice, un tanto exageradamente, que Stephens y Catherwood son los «padres de la arqueología mesoamericana». Sin embargo, sí es cierto que fueron los primeros en reivindicar un origen maya para los grandes centros cívicos de la zona y los primeros en declarar que eran obra de los antepasados de las gentes que aún habitaban en la región.

En 1843 se publicó *Incidents of Travel in Central America* por primera vez, pero algunos estudiosos seguían resistiéndose a creer que los pueblos indígenas tuviesen la técnica y la cultura suficientes para construir esos monumentos. Decían que Stephens y Catherwood eran «aficionados» y rechazaron sus teorías diciendo que eran «imaginaciones fantasiosas». Pero el tiempo ha demostrado que estas teorías eran correctas.

Tanto Stephens como Catherwood tuvieron finales dramáticos. El último proyecto de Stephens fue supervisar la construcción del primer ferrocarril en Sudamérica a través del istmo de Panamá (la base de la ruta del Canal de Panamá) en 1852. Un día lo encontraron inconsciente bajo una ceiba y lo mandaron de vuelta a su casa en Nueva York en coma, donde murió sin recuperar la conciencia el 13 de octubre.

Justo dos años después, Catherwood regresaba desde Londres a Nueva York en el *S.S. Artic* cuando el buque chocó con otro barco frente a las costas de Terranova. El *Artic* se hundió casi inmediatamente causando un gran número de muertes. Los periódicos neoyorquinos, tras hacer una lista con los nombres de los desaparecidos y de los que se habían salvado, terminaron con una conmovedora línea: «También ha desaparecido el señor Catherwood».

Arriba: *En sus visitas a los asentamientos mayas, Catherwood y Stephens tenían que contratar los servicios de trabajadores locales para limpiar la vegetación antes de poder conocer la extensión de los poblados. En esta ilustración observamos a los trabajadores locales quitando los escombros de la parte delantera del «castillo» de Tulum, la ciudad de la costa este de la península de Yucatán.*

Enfrente: *Catherwood y Stephens fueron los primeros exploradores que registraron los asentamientos mayas del Yucatán. Su trabajo, realizado a mediados del siglo XIX, inspiró a otros para realizar estudios detallados sobre los mayas e incluyeron a la cultura maya dentro de la expresión nativa mesoamericana. La ilustración de la izquierda representa a la pirámide de Kukulcán y está realizada por Catherwood (véanse también las fotografías recogidas en las páginas 7 y 134).*

PALENQUE
La realización de un gran sueño

Arriba: *Vista aérea de Palenque, con el Palacio en el centro y el templo de las Inscripciones inmediatamente arriba a la derecha.*

Enfrente arriba: *Una escalera interior conduce a través del templo de las Inscripciones hasta una tumba que contiene los restos del señor Pacal.*

Bahía de Campeche

PENÍNSULA DE YUCATÁN

El Mirador

Palenque • Tikal

Kaminaljuyú   Copán

OCÉANO PACÍFICO

Derecha: *El complejo palaciego servía como residencia para todos los gobernantes de Palenque conocidos históricamente.*

Según la leyenda maya, el misterioso Votan abandonó su propio pueblo de Valum Chivim y subió por el río Usumacinta hasta encontrar una gran metrópolis en los bosques de Chiapas con vistas a la llanura de Tabasco y Campeche, al sur de la península de Yucatán, actual México. Aquí construyó un gran complejo ceremonial que serviría como centro para las devociones religiosas de las tierras bajas mayas de la zona Yucateca.

Los arqueólogos han identificado la realización del sueño de Votan de construir una gran ciudad con el asentamiento de Palenque, un complejo de templos, pirámides, juegos de pelota y plazas perteneciente a la época final del período clásico maya y cuyos edificios principales se erigieron entre los siglos VII y X d.C., aunque sabemos con certeza que hubo construcciones anteriores en dicho emplazamiento. Los hallazgos esparcidos por todo el asentamiento de Palenque indican que hubo una ocupación anterior al período clásico, aunque la pirámide de tres pisos construida como soporte para el templo de las Inscripciones y que contiene una estela con la fecha del año 692 d.C.

se construyó sobre un túmulo de ocho pisos muy anterior. Pero los edificios, tal y como están dispuestos actualmente, servían básicamente como monumento conmemorativo del gran señor Chan Balum (Serpiente Jaguar) y muchos llevan inscripciones que recuerdan su subida al poder de Palenque en el año 683 d.C.

Chan Balum se identificó a sí mismo con el dios jaguar del inframundo y, por lo tanto, es lógico que la gran pirámide situada en la parte este del asentamiento (la posición más sagrada según la cosmología maya) contenga un templo, el templo del Sol, dedicado a esta divinidad. La zona arqueológica representa sólo una parte de la en su día desparramada metrópolis. En ella encontramos varias pirámides-templos más, un acueducto abovedado y un juego de pelota, así como varias plazas y los cimientos de otros edificios y patios rodeados de dobles galerías divididas en salas pequeñas cuya función desconocemos. Entre las construcciones más importantes del asentamiento destacan el templo de la Cruz, el templo de la Cruz Foliada, el templo del Sol, el templo de las Inscripciones, el templo de la Suma y el Palacio. Este último probablemente se utilizaba como palacio real y residencia de los gobernantes y del alto clero.

Escondido entre la selva
Al igual que muchos otros asentamientos mayas, Palenque quedó abandonado poco después del año 800 d.C. por razones que no

están del todo claras. Aunque cada cierto tiempo, pequeños grupos de peregrinos visitaban el lugar para rendir homenaje a los antiguos dioses, dejó de funcionar como centro ceremonial y muchos de los edificios y de las pirámides quedaron cubiertos por la maleza. Así que Palenque permaneció tranquilo durante unos 900 años, hasta que los indígenas de la zona lo redescubrieron en 1773.

El capitán Guillaume Dupaix lo visitó entre los años 1805 y 1807 y Juan Galindo lo hizo en 1831. Desde aquella, se han realizado intensas investigaciones arqueológicas, se retiró la maleza que cubría toda la zona central y se restauraron parcialmente parte de los edificios. Actualmente, Palenque cuenta con su propio museo, que alberga una representativa colección de esculturas y cerámica. De esta colección destacan una serie de quemadores de incienso que representan al dios jaguar del inframundo, que sirven como duradero testimonio de Chan Balum y como recordatorio permanente de las habilidades y técnicas de los artesanos del período clásico maya.

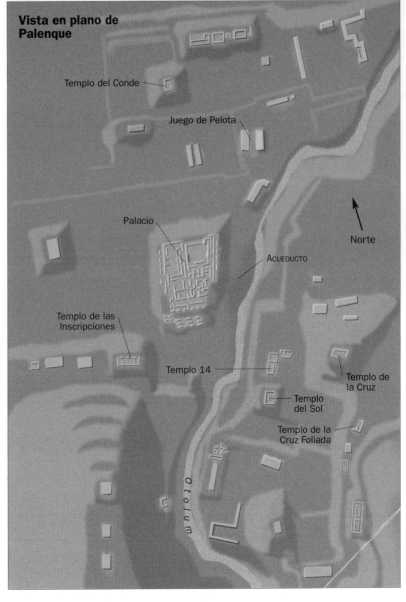

Vista en plano de Palenque

Templo del Conde

Juego de Pelota

Palacio

Norte

ACUEDUCTO

Templo de las Inscripciones

Templo 14

Templo de la Cruz

Templo del Sol

Templo de la Cruz Foliada

Otolum

PACAL
Señor del centro religioso de la cultura maya

Abajo: *Un hallazgo inusual en Palenque fue esta máscara funeraria de Pacal que nos proporciona una visión excelente del aspecto físico de un hombre maya de la época.*

En 1949 el arqueólogo Alberto Ruz se encontraba realizando una serie de investigaciones en Palenque. Pretendía utilizar el templo de las Inscripciones como base durante su visita y por lo tanto ordenó que se barriese el suelo para retirar los escombros. Para sorpresa de Ruz, el suelo no era un bloque sólido de cemento, como en la

mayor parte de los templos mayas, sino que contenía una gran losa de piedra con unas anillas incrustadas.

Intrigado por lo que podía haber debajo, hizo que sus trabajadores retirasen la losa de piedra. Bajo ella encontró restos de una empinada escalera que descendía por el interior de la pirámide,

pero el camino estaba bloqueado por toneladas de escombros. Trabajaron durante tres años para retirar cuidadosamente todos estos escombros y, finalmente, en 1952, Ruz accedió a una pequeña cripta funeraria similar a otras que había visto. Pero uno de sus trabajadores advirtió que una de las paredes sonaba a hueco. Al hacer un pequeño agujero pudo iluminar la habitación escondida y así se convirtió en la primera persona que pudo observar la tumba de Pacal desde que lo habían enterrado allí en el año 683 d.C.

El sarcófago de Pacal se encontraba en el centro y todavía contenía sus restos cubiertos con una máscara de jade, collares, adornos para las orejas, anillos y ornamentos de nácar. Las paredes estaba cubiertas de relieves de estuco y el suelo estaba lleno de fragmentos de cerámica y de esqueletos de cinco víctimas de sacrificio. El aspecto más significativo de este hallazgo fue la lápida de piedra del sarcófago. Esta lápida, que medía 3,5 por 2 metros, está cubierta con elaboradas imágenes que representan la visión maya del cosmos y el desplazamiento de Pacal a través del mismo. Muestra un fantástico árbol de la vida cargado de joyas, espejos y cuencos para las sangrías con un pájaro quetzal celestial posado en la parte superior. También aparece representado Pacal, cayendo hacia atrás en el Xibalbá, el inframundo, a través de las mandíbulas abiertas de dos esqueletos de serpiente. Por medio de todas estas imágenes se vincula e identifica a Pacal con la Serpiente Emplumada, que salió del inframundo bajo la protección de los dioses jaguares para convertirse en patrón de los gobernantes y de los sacerdotes mesoamericanos.

Según las inscripciones halladas en la tumba y en las estelas que recuerdan la vida de Pacal, es famoso por haber regido Palenque desde los 12 años de edad hasta su muerte a los 81. Pero las pruebas realizadas al esqueleto encontrado en la tumba revelaron que correspondían a un hombre de una edad aproximada de 40 años. Los arqueó-

logos y antropólogos más escépticos pensaron inicialmente que podía ser que el esqueleto no perteneciese a Pacal, pero una lectura más detallada de los glifos sugiere que las fechas se han escogido por su significado cosmológico y ritual en lugar de hacer referencia a la fecha de nacimiento real. De esta forma hacen ver que Pacal nació en un día que coincide con la fecha de nacimiento mitológica de la Primera Madre, la madre de los dioses.

Derecho divino

Resulta bastante significativo que el nombre de la madre biológica de Pacal, Zac Kuk (Guacamayo Blanco), que gobernó Palenque antes que él, también se encuentre escrito en el signo del glifo para la Primera Madre. Por lo tanto, las fechas registradas para Pacal en Palenque parecen concederle un derecho divino para gobernar y se refieren a su deificación como la de un anfitrión de los dioses mayas. Su estreno como gobernante aparece como si hubiese tenido lugar en una fecha importante llena de buenos augurios de futura prosperidad.

Desde que Ruz descubrió la tumba de Pacal, ésta ha proporcionado gran cantidad de información para los estudiosos de la cultura mesoamericana. Al contrario que la gran mayoría de las tumbas mayas, los ladrones de tumbas que tratan de explotar el lucrativo pero ilegal comercio de los objetos mayas no la habían profanado. Por lo tanto, nos ha proporcionado un registro completo del nacimiento, ascensión, mandato y deificación de Pacal, de la concepción que tenían los mayas del mundo, algo que es imposible encontrar en ninguna otra fuente.

Arquitectura sagrada

Los templos de la Cruz, de la Cruz Foliada y del Sol, en Palenque

Abajo: *El templo del Sol. Las esculturas del pib na o santuario representan a un escudo adornado con el Sol Jaguar y sostenido por lanzas cruzadas colocadas obre un trono decorado con cabezas de jaguar y de serpiente.*

El mundo de las personas y de los dioses estaba estrechamente vinculado en el pensamiento maya, y las esculturas y construcciones erigidas en sus centros ceremoniales a menudo actuaban como expresiones arquitectónicas de esta unidad básica. Aunque esto es evidente en la mayoría de los grandes asentamientos mayas, especialmente en los correspondientes al período clásico, el lugar donde esta peculiaridad queda más claramente de manifiesto es en un grupo de edificios edificados por Chan Balam (Serpiente Jaguar) en Palenque.

En la parte este del asentamiento hay una plaza rodeada de plataformas escalonadas en tres de sus lados y sobre cada una de estas plataformas hay un pequeño templo. Son los templos de la Cruz, de la Cruz Foliada y del Sol. Los tres tienen una estructura similar y están formados por una habitación abovedada interior y un exterior cubierto por un techo abuhardillado de cuatro lados y doble ángulo, con el ángulo superior más definido que el inferior. En la pared trasera de la habitación interior de cada templo se sitúa un santuario, de hecho se trata de una representación en miniatura del propio templo, donde hay lápidas con largas inscripciones jeroglíficas en bajorrelieve.

La lectura de las inscripciones deja claro que los templos estaban dedicados a la ascensión de Chan Balam en el año 683 d.C. Las esculturas de las lápidas y de las pilastras exteriores de los templos representan al regidor como a un niño de seis años de edad y como un hombre maduro de 49 en la fecha de su ascensión y lo vinculan al dios jaguar del inframundo, Vucub Caquix (el monstruoso quetzal guacamayo) y a una divinidad conocida actualmente sólo como dios L (patrón de los guerreros y de los comerciantes).

Alineados con las Direcciones Sagradas

Pero hay mucho más que leer en las inscripciones y en el emplazamiento de los templos que el tema recurrente de la vinculación de las familias reinantes con los dioses poderosos y las figuras ancestrales. El templo del norte (templo de la Cruz) está ligeramente más elevado que los demás y recoge la creación y la historia de la dinastía Palenque, que rodea el Árbol de la Vida. En el sur, en el templo de la Cruz Foliada, encontramos representaciones de la Montaña del Sustento y del Árbol del Maíz, mientras que en el templo del oeste (el templo del Sol) hay imágenes de guerra y del dios jaguar.

Esta disposición y los detalles de las esculturas de los templos coinciden con los conceptos mayas de la estructura del universo. El templo norte elevado corresponde a la importancia del norte en la cosmología maya y, por lo tanto, es apropiado que contenga al Árbol de la Vida de la creencia maya. El templo de la Cruz Foliada está situado en el este, la posición del sol naciente y de crecimiento y renovación, mientras que el templo del

Sol marca la puesta del sol y está asociado con la guerra, la muerte y la sangre de los sacrificios rituales.

Aunque a menudo se hace referencia a estos templos como la «Triada de Palenque» el cuarto lado abierto de la plaza también tiene su importancia, ya que está orientado hacia el vacío y la

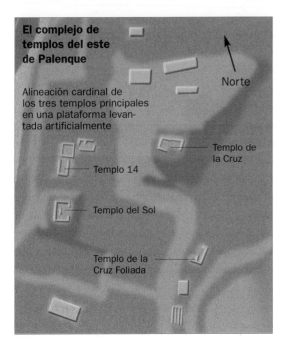

medianoche, un período durante el cual se considera que el sol estaba en el Xibalbá (el inframundo). Los tres templos y el espacio abierto son, por lo tanto, representaciones concretas del mundo maya y de las cuatro «direcciones sagradas».

Además de estos significados, los mayas denominaban a los santuarios situados dentro de los templos *pib na*, cuya traducción literal es «baño de sudor». Muchos sacerdotes utilizaban estos baños como una forma de purificación y limpieza ritual y su identificación con los santuarios de los templos es, por lo tanto, apropiada.

De todos modos, también eran importantes en los rituales que precedían y seguían al nacimiento de un niño y también se ha sugerido que la presencia del *pib na* simboliza el nacimiento del dios al que se dedica cada templo.

TRONOS DE JAGUAR
El descenso al inframundo

Arriba: *Para el visitante a Chichén Itzá los escalones del interior de la pirámide de Kukulcán, nombre que daban los mayas a Quetzacóatl, la Serpiente Emplumada, le llevarán hasta este trono de jaguar. La plataforma sobre la que está asentado es la parte superior de una pirámide anterior y más baja sobre la que se construyó la nueva edificación.*

Kukulcán (Quetzalcóatl), la Serpiente Emplumada creadora de los humanos subió al mundo superior a través de la mandíbula del dios jaguar y al finalizar cada día, K'inich Ahau, el Señor con Cara de Sol, desciende al inframundo por el oeste e inicia su viaje meridional a través de la noche en forma de jaguar.

Según la mitología maya, el jaguar, como Señor de la Tierra y Guardián del Inframundo, y el águila, Señora del Cielo, se escogieron como dioses por su gran valor. Fueron los primeros en saltar al fuego sagrado del que nació el sol y después portaron los símbolos del coraje en la piel y en el plumaje. Para honrar al jaguar, los dioses también le concedieron la custodia de los regidores-sacerdo-

tes mayas y vincularon al jaguar y al águila con los Héroes Gemelos, Hunahpú y Xbalanqué. Tras vencer a los señores del inframundo, este último se convirtió en el sol, símbolo de vida y poder; Xbalanqué, por su parte, se transformó en la luna, señora del inframundo, la muerte y la resurrección. Entre ambos representaban la dualidad divina vinculada al cielo y a la tierra y son así los aspectos gemelos que subyacen en toda la creencia y cosmología maya.

Los regidores-sacerdotes, como reencarnaciones en la tierra de los dioses y a través de los cuales se realizaban las oraciones y las ofrendas de las gentes, se asociaban al planeta Venus tanto en su forma de estrella de la mañana como del anochecer, así como con el jaguar, que era la forma terrenal de Xbalanqué. Como sacerdotes-jaguares podían comunicarse con el hermano gemelo de Xbalanqué, Hunahpú, de forma que los deseos de la gente podían compaginarse con las demandas de los dioses.

Pero es importante recordar que el jaguar es el guardián del inframundo y de la muerte y la resurrección y son precisamente estos aspectos los que más preocupaban a los sacerdotes mayas. Para ellos, la vida surgía de la muerte: las plantas de maíz crecen, florecen y luego mueren, sólo para ser replantadas y crear una nueva vida. Del mismo modo, el sol realiza su viaje diario pero cada anochecer desciende al Xibalbá, desde donde renace al amanecer.

Protección del jaguar

Pero el tránsito entre la vida, la muerte y el renacimiento está lleno de dificultades y es necesario protegerlo. Al jaguar le asignaron esta tarea debido a su gran coraje y, a través de él, los regidores-sacerdotes tenían la responsabilidad de asegurarse de que los rituales se realizasen correctamente y sirviesen como sacrificio y penitencia personal que traería beneficios para todos los que se adhiriesen. En estos rituales, los regidores-sacerdotes representaban los viajes de Hunahpú y Xbalanqué al inframundo, desde el cual habían renacido. Dichos actos se realizaban bajo la guía y protección del dios jaguar y en Tikal hay un dintel de madera esculpido en el que se representa a Ah Cacau, el regidor de Tikal, sentado en un trono frente a un gigantesco protector jaguar.

Probablemente, el vínculo más decisivo entre los sacerdotes y el jaguar como Guardián del

Inframundo se encuentre en Chichén Itzá. Existe una pequeña cámara enterrada bajo una de las pirámides erigidas en la época pretolteca y en su interior hallamos un trono de jaguar pintado y esculpido. Su profundo internamiento tiene claras conexiones con el inframundo pero es imposible determinar su función exacta hasta que se encuentren otros tronos similares. Sólo podemos suponer que los sacerdotes se retira-

Abajo: *El dios jaguar exigía sacrificios humanos para saciar su apetito de sangre y asegurar que seguiría protegiendo la entrada al inframundo. Esta escultura en bajorrelieve muestra a un jaguar comiendo un corazón humano.*

ban a este lugar para reafirmar su identificación con los señores del inframundo y para solicitar la intervención del dios jaguar en su peligrosa tarea.

Uxmal
El Convento y la pirámide del Mago

Abajo: *La pirámide del Adivino o del Mago domina el centro de Uxmal. Consiste en una plataforma elevada y con las esquinas redondeadas que sostiene dos templos. El inferior representa a una máscara de un monstruo gigante cuya boca forma la puerta de entrada y a la que se llega a través de la empinada escalera que aparece en la imagen. Al templo superior se accede a través de otra escalera situada en el lado este de la plataforma.*

Puuc, una región montañosa de poca altura situada en el sudoeste de Yucatán, fue el lugar donde se desarrolló una etapa tardía (o terminal) de la arquitectura maya clásica caracterizada por los edificios de cemento y cascotes revestidos de una fina chapa de losas de piedra caliza esculpida. La mayor parte de las construcciones de Puuc tienen fachadas exteriores divididas en dos bandas horizontales: la parte superior está decorada con filas de columnas y diseños en relieve que forman calados, figuras humanas, serpientes del cielo y máscaras del dios de la lluvia con su larga nariz.

El asentamiento más grande e impresionante de la zona de Puuc es Uxmal, que vivió su época de mayor esplendor entre los siglos VII y XI. Los rasgos más destacados de Uxmal son dos pirámides imponentes, la Gran Pirámide y la pirámide del Mago, también llamada del Adivino.

Actualmente, la Gran Pirámide está en ruinas, pero la pirámide del Mago está bien conservada. Situada sobre una plataforma elíptica, el acceso al templo superior se realiza a través de una puerta que representa una máscara de monstruo que marca un tránsito sagrado y lo vincula con los dioses del inframundo maya.

Junto a la pirámide del Mago encontramos el patio del Convento. Los españoles bautizaron este lugar con este imaginativo nombre, aunque esté claro que el Convento era, en realidad, un palacio constituido por cuatro edificios alrededor de un patio interior al que se accedía a través de un gran arco acartelado situado en el lado sur. El patio del Convento es único en el sentido de que muchas de sus esculturas representan simples cabañas de paja de la población campesina, pero estudios posteriores sugieren que esta disposición también tiene un significado cosmológico.

Izquierda: *Uno de los lados del patio del Convento, que forma un cuadrado con unas medidas de 76 por 76 metros. Las fachadas esculpidas de estos edificios pertenecen a un estilo conocido como Puuc Maya.*

Influencia mexicana cosmopolita

El edificio norte está situado más alto que los demás y tiene 13 puertas exteriores que representan los 13 estratos del cielo maya; las serpientes situadas sobre las cabañas también lo identifican con la esfera celestial. El edificio oeste tiene siete puertas (el número de la tierra) y representa al dios de la tierra en forma de tortuga, mientras que el edificio este tiene esculturas que lo relacionan con los dioses de la guerra de Teotihuacán. El edificio sur está situado más bajo que los demás y tiene nueve entradas que se corresponden con los nueve estratos del inframundo.

Bajo la Gran Pirámide y sobre una plataforma elevada artificialmente encontramos la Casa de los Gobernadores, que contiene algunas de las esculturas más hermosas del estilo típico de Puuc. La Casa de los Gobernadores da la impresión de ser un edificio largo y bajo, pero se trata realmente de tres estructuras interconectadas cubiertas por un fantástico mosaico de diseños calados y enrejados y máscaras de monstruos.

Es probable que Uxmal fuese un centro ceremonial y político para las comunidades alejadas y una carretera de 18 kilómetros conecta este asentamiento con los poblados de menor tamaño de Nohpat y K'abah donde, una vez más, encontramos gran cantidad de máscaras de monstruos. Por desgracia, sólo existe un número limitado de estelas poco talladas en Uxmal y no hay pinturas murales que puedan proporcionar pistas acerca de la relación existente entre estos centros.

En su última etapa, Uxmal estaba dominado por una familia dinástica, los Xiu. Aunque los Xiu proclamaban sus derechos ancestrales sobre Uxmal y se solía hacer referencia a ellos como sus «propietarios», es probable que no fuesen sus fundadores (los orígenes de los Xiu son del valle de México y no de Yucatán, lo que indica que hubo una ocupación tardía del asentamiento por parte de gentes procedentes de esta región).

Pero esta ocupación concede a Uxmal un aire cosmopolita que, a esas alturas, comprendía a una población de quizá 20.000 habitantes, que vivían en un núcleo urbano de aproximadamente 3 km², aunque seguramente también había una población rural de varios miles de personas más.

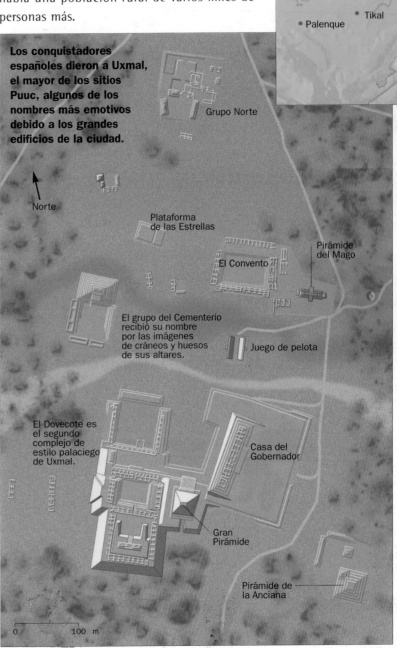

Los conquistadores españoles dieron a Uxmal, el mayor de los sitios Puuc, algunos de los nombres más emotivos debido a los grandes edificios de la ciudad.

Norte

Grupo Norte

Plataforma de las Estrellas

Pirámide del Mago

El Convento

El grupo del Cementerio recibió su nombre por las imágenes de cráneos y huesos de sus altares.

Juego de pelota

El Dovecote es el segundo complejo de estilo palaciego de Uxmal.

Casa del Gobernador

Gran Pirámide

Pirámide de la Anciana

0   100 m

GOLFO DE MÉXICO

Chichén Itzá

Puuc

Uxmal

Bahía de Campeche

PENÍNSULA DE YUCATÁN

MAR CARIBE

Palenque

Tikal

LOS MURALES DE BONAMPAK
Una historia de guerra y triunfo

Abajo: *Detalle de una escena de batalla de un mural de Bonampak. Estos vivos murales representan a los guerreros de Bonampak y Yaxchilán bajo el liderazgo de Chan Muwan y 2 Escudo de Jaguar, respectivamente, durante una expedición para capturar enemigos para el sacrificio durante el nombramiento de su heredero.*

En febrero de 1946, los indios mayas lacandones llevaron a dos aventureros americanos hasta unas ruinas remotas en un afluente del Usumacinta. Este asentamiento había sido muy importante durante la los inicios de la época clásica pero había caído bajo el control político de Yaxchilán en sus últimos días. Tres meses más tarde, llevaron al fotógrafo Giles Healey al mismo sitio y se convirtió en la primera persona no indígena en ver los murales que cubrían las paredes de las edificaciones de Bonampak.

Estos murales cuentan la sencilla historia de una batalla, la captura de los nobles rivales y su posterior sacrificio durante las celebraciones de la victoria de Bonampak. Los murales nos proporcionan una exhaustiva información acerca de las costumbres mayas. En ellos podemos observar a los guerreros de la elite de Bonampak arreglados con sus espléndidos trajes, partiendo hacia la batalla y animados por los músicos que soplaban largos cuernos de guerra hechos de madera o conchas.

Su victoria se recoge en un mural que representa a los prisioneros desnudos con las uñas de los dedos de las manos arrancadas. Habían torturado a un prisionero aparentemente importante hasta la extenuación y yacía a los pies de una pirámide de Bonampak. En las proximidades observamos la cabeza cortada de un noble derrotado colocada sobre un lecho de hojas.

En el centro de este mural se encuentra el gran señor Chan Muwan, rey de Bonampak, vestido con su capa de guerrero hecha de piel de jaguar y

rodeado de sus principales líderes guerreros. Se puede apreciar la admiración que siente hacia él la audiencia que le rodea. Entre el público podemos distinguir a la mujer principal de Chan Muwan, así como a un grupo de bailarines de Yaxchilán disfrazados como dioses del agua. Están acompañados por una orquesta de matracas, tambores, conchas de tortuga y trompetas.

Enfrentamientos mayas al descubierto

La escena final de este mural es la gran danza del sacrificio. Mujeres mayas vestidas de blanco están sentadas en tronos; sus lenguas sangran en homenaje a los dioses que concedieron este momento de gloria de Bonampak sobre los estados rivales. Bailan acompañadas por las trompetas que tocan los nobles de Bonampak, que llevan grandes tocados de plumas de quetzal.

Antes de descubrir los murales de Bonampak, se pensaba que los mayas convivían pacíficamente. Los expertos habían olvidado o ignorado su naturaleza guerrera y se habían centrado en las relaciones comerciales existentes entre los principales centros. En este aspecto, las costumbres mayas se compartían entre los distintos centros como compañeros cooperativos.

Pero los murales de Bonampak cuentan una historia diferente, una historia de batallas, rivalidad y conquista y aportan nuevos datos sobre los intereses bélicos de los líderes mayas. Desde el descubrimiento de estos murales está claro que las familias gobernantes estaban en constante conflicto y que cada una de ellas buscaba justificar y mantener su posición a través de la subyugación de los grupos vecinos. La captura y el sacrificio ritual de un noble rival se convertían en un medio mediante el cual se podía validar la posición de un gobernante.

Aunque los murales de Bonampak glorificaban a las dinastías reinantes en el centro, es evidente que los líderes de Bonampak no fueron capaces de hacer frente a la oposición que presentaron los señores de Yaxchilán. Pájaro Jaguar fue capturado por el rey de Yaxchilán, 1 K'inich Tatb'u Skull; su sucesor, 2 K'inich Tatb'u Skull, disfrutó de éxitos considerables en sus guerras contra Bonampak, Lakamtún y Calakmul.

Bonampak terminó sus días siendo un satélite de Yaxchilán y finalmente quedó abandonado durante el período final de la época clásica, antes de que se finalizasen los murales.

Arriba: *Este mural de Bonampak representa a una fila de nobles mayas. Están presidiendo los rituales en los cuales se presentó al heredero del regidor Chan Muwan a la corte reunida.*

CHAC: EL DIOS DE LA LLUVIA
Las diferentes caras de un dios permanente

Para un agricultor maya normal, su principal preocupación eran las lluvias. El cultivo de la milpa (de roza y quema) era muy precario y las lluvias excesivas o escasas podían resultar desastrosas en poco tiempo. Aunque se celebraban grandes ceremonias anuales para garantizar un buen año, el agricultor también tenía que recurrir a sus propios rituales privados destinados a satisfacer a Chac, el dios de la lluvia. La importancia de Chac queda probada por el hecho de que perduró en la zona maya desde, al menos, la época de los últimos olmecas, donde apareció en Izapa como el «dios de labios largos» hasta tiempos presentes.

Incluso cuando se introdujeron dioses foráneos, como en Tikal por los teotihuacanos o en Chichén Itzá por los toltecas, Chac se siguió representando y venerando. En ocasiones aparece como el homólogo de un dios de la lluvia foráneo, Tlaloc, pero normalmente se conservan intactos su forma y su simbolismo mayas. Se invocaba a Chac y se pedía su benevolente intercesión en nombre de las gentes más que la de cualquier

Izquierda: *Una columna con tres Chacs decora la esquina de este edificio de Xlapac, en Yucatán. De perfil es fácil apreciar la nariz curvada característica de este dios en las representaciones mayas de Yucatán.*

otro dios maya y Chac o sus representantes aparecían en un lugar destacado en muchas de las ceremonias dedicadas a otros dioses. Otro dato significativo es que es uno de los pocos dioses mayas antiguos que sobrevivieron a la conquista española.

En los códices y en las esculturas de los templos, Chac aparece representado como un reptil. Tiene una característica e inconfundible hocico o nariz curvada que lo distingue de los otros dioses mayas y largos colmillos curvados que se extienden hacia abajo desde las comisuras de su boca sin dientes. Su pelo está formado por una maraña de nudos y normalmente aparece acompañado de serpientes y se representa con símbolos meteorológicos y glifos de los cuatro puntos cardinales.

A pesar de su aspecto algo terrorífico, Chac es casi siempre un dios benévolo asociado a la creación y a la vida. Pero cuando se enfada, golpea sus grandes hachas de piedra para crear rayos y es capaz de vengarse de una forma espectacular.

Un dios compuesto

Aunque normalmente se hace referencia a Chac en singular, se trata de un dios compuesto y sus cuatro vertientes están vinculadas a los puntos cardinales. En el este está el Chac Rojo, Chac Xib Chac; en el norte está el Chac Blanco, Sac Xib Chac; el oeste es la morada del Chac Negro, Ek Xib Chac, y en el sur vive Chac Amarillo, Kan Xib Chac.

Además de ser uno de los dioses de la lluvia, Chac Xib Chac está relacionado con Venus y su condición de estrella del atardecer y también es un emblema de la regencia. Colectivamente, los Chacs se corresponden con los cuatro *bacabs* (cuatro vientos), cada uno de los cuales controla una cuarta parte del calendario ritual de 260 días y está ligado a un color similar: Chac es el Bacab Rojo del este, Zac es el Bacab Blanco del norte, Ek, el Bacab Negro del oeste y Kan el Bacab Amarillo del sur.

El gran festival anual de la primavera dedicado a Chac se denominaba Ocna («entrar a la casa»). Se trataba de un festival de creación y renovación durante el cual se renovaban los templos dedicados a Chac, así como sus esculturas y los quemadores de incienso. Los cuatro *bacabs* estaban pre-

sentes como los cuatro Balam (portadores del cielo), y los sacerdotes les consultaban durante sus adivinaciones para determinar un día propicio para celebrar la ceremonia.

También se honraba a los Chacs durante el festival de marzo de Itzamá, en su forma de Hunab Ku, era el Creador del Universo y el principal patrón de los linajes reinantes mayas. El glifo del nombre de Itzamá significa «rey, monarca o gran señor» y la importancia de los Chacs queda reforzada por su cercana asistencia durante las festividades celebradas en su honor.

Arriba: *Aunque se describió como una estatua tolteca-maya de Chac, esta figurita probablemente representa a un sacerdote llevando un tocado o máscara de Chac.*

JAINA
El cementerio de la isla

Abajo: *Las figuras de la necrópolis de la isla de Jaina, en Campeche, nos dejan entrever cómo era la vida cotidiana y las costumbres de los mayas. Nótense los pendientes de esta mujer representada tejiendo en su telar de cintura, su collar y la capa de los hombros, ropas típicas de la elite de la sociedad maya.*

Jaina es una pequeña isla de piedra caliza situada frente a la costa de Campeche y separada del continente por una ensenada que forman las mareas. Sólo tiene algunos templos sencillos construidos de prisa que nos dicen muy poco acerca de los mayas y que han sido ignorados durante mucho tiempo por los arqueólogos. Este asentamiento poco prometedor tuvo una gran importancia para los mayas de la zona de Puuc como lugar de enterramiento para sus nobles y señores.

Toda la isla de Jaina es una necrópolis, aunque el motivo por el que los mayas de Puuc escogieron este lugar como cementerio continúa siendo un misterio. Los arqueólogos sólo comenzaron a prestar atención a Jaina en los últimos años, ya que antes se dejaron seducir por los ricos hallazgos de los principales centros ceremoniales, aunque durante mucho tiempo fue objetivo de los saqueadores. La mayor parte de las tumbas fueron profanadas y sus contenidos se vendieron en el mercado negro por el simple motivo de que Jaina se encuentra muy cerca del continente y hay un lucrativo mercado de objetos mayas.

Actualmente Jaina está protegida y los arqueólogos empezaron al fin a desenmarañar sus secretos. Sus investigaciones han revelado numerosas figuras que parecen ser retratos de los ocupantes de las tumbas. Se trata de personas reales: nobles altaneros, guerreros orgullosos, hermosas jóvenes y viejas y gordas matronas. Gracias a ellos podemos hacernos una idea de cómo era la vida diaria maya.

Casi todas estas figuritas están huecas y tienen silbatos en la espalda. No está muy claro por qué los mayas relacionaban a sus muertos con los silbatos, pero debe tratarse de algún tipo de reminiscencia del ulular del búho, el heraldo de la muerte. Por lo tanto, estas figuritas debían de servir de vínculo entre las personas fallecidas y el inframundo.

Imágenes en azul maya

En otro nivel, las figuras podían representar una conexión con los dioses. Una figura que representa a una mujer protegiendo a un hombre adulto podría ser una representación de la diosa madre y frecuentemente aparecen imágenes del «dios gordo», muy popular entre los mayas de Campeche.

Pero muchas de estas figuritas son retratos de gente normal, expresadas con una animación y viveza inusuales que no podían permitirse los artistas que esculpían los monumentos de los principales asentamientos ceremoniales. Entre ellas encontramos retratos de mujeres tejiendo, de nobles sentados con las piernas cruzadas en actitud de contemplación y sacerdotes en medio de una danza extática.

Las figuritas de Jaina son importantes porque nos proporcionan información acerca de las costumbres de los mayas de finales de la época clásica de forma viva y detallada. La mayor parte de estas figuritas están extraordinariamente bien conservadas y a menudo conservan los brillantes colores que les habían dado los artistas mayas.

Entre estos colores se encuentra el famoso «azul maya», que se producía mezclando el añil con una arcilla especial y es extraordinariamente estable. Al contrario que los actuales pigmentos azules, el azul maya es muy resistente a los efectos de los ácidos, de la luz y del tiempo, de modo que conserva su brillo a lo largo de largos períodos de tiempo.

El índigo utilizado en este proceso sólo se encuentra en un asentamiento de Yucatán (Sakalum) y desde allí se comercializaba a otros centros de la costa de Campeche. Su presencia en Jaina sugiere que los habitantes de varios centros mayas Puuc utilizaban la necrópolis y que ésta no era propiedad exclusiva de ningún rey maya.

Arriba: *Los creadores de las figurillas de la isla de Jaina eran realmente hábiles captando la expresión y el porte de sus modelos. Esta figura tiene una postura reservada y arrogante que se corresponde con el alto estatus de una mujer perteneciente a la nobleza maya.*

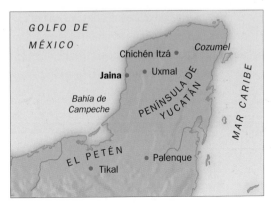

LOS CÓDICES MAYAS

Libros plegados con conocimientos pintados

Arriba: *Los códices mayas se realizaban en largas tiras de papel de certeza de amate pintado por ambas caras y se podían leer como una narración continua. Se doblaban para facilitar su almacenamiento, tal y como se muestra en este fotografía del códice Fejervary-Mayer.*

Un mono aullador y un mono eran los patrones sobrenaturales de los *ah tz'ib* o escribas de los mayas. Gracias a su protección, los *ah tz'ib* ocupaban una posición social y tenían una autoridad sólo superada por el *ahau* o rey. Bajo la orientación del dios mono, los *ah tz'ib* escribían las historias, las genealogías, las profecías y las ciencias de los mayas sobre papel hecho con corteza del árbol amate en libros largos y doblados como biombos que se conocen como códices.

Cada códice se realizaba preparando una tira larga de papel de amate. Este papel se cubría con yeso, sobre el cual los escribas realizaban sus dibujos y después se doblaban en forma de acordeón y se encuadernaban con tapas de piel de venado. Los regidores mayas tenían bibliotecas enteras con códices a cargo de un *ah k'uhun* (guardián de los libros sagrados) que trabajaba como bibliotecario real pero también era el responsable de negociar los matrimonios reales y los tratados diplomáticos.

Por desgracia, estas bibliotecas no sobrevivieron a la conquista española. Fray Diego de Landa escribió:

> *Encontramos un gran número de libros donde se utilizaban estos caracteres y, como no contenían otra cosa que no fuesen supersticiones y mentiras sobre el diablo, los quemamos todos...*

Actualmente sólo se conocen tres libros mayas precolombinos: los códices de Dresde, Madrid y París, que llevan los nombres de las ciudades modernas que los albergan en sus museos.

Los tres tratan temas relacionados con los rituales mayas y no contienen referencias históricas. El más grande, el códice de Madrid, tiene 6,5 metros de largo y contiene horóscopos y almanaques detallados utilizados por los sacerdotes mayas en sus adivinaciones. El más pequeño (de 3,5 metros) es el códice de Dresde; tiene una calidad superior y habla, básicamente, de astronomía. Contiene un ciclo completo de Venus a través de cinco de las páginas dobladas que resume los movimientos de Venus en relación a las estrellas correlacionadas con el año solar.

Fragmentos de conocimiento

El códice de París es sólo un fragmento del original y se encuentra en pésimas condiciones pero es evidente que también se centra en temas relacionados con los rituales. Una parte hace referencia a los dioses patrones y a las ceremonias, mientras que la otra contiene información fragmentada sobre el apenas comprendido zodiaco maya.

Hay un cuarto códice que se conoce como códice Grolier, por el Club Grolier de Nueva York que fue el lugar donde se expuso por primera vez al público. Se encuentra en pésimas condiciones de conservación y su origen es incierto debido a que el estilo de sus dibujos es simplista y bastante diferente de los otros códices conocidos.

Sin embargo, las pruebas realizadas al papel indican que es precolombino y que data del año 1230. De ser auténtico, estaríamos ante el códice más antiguo que haya llegado hasta nuestros días; también podría suceder que los diferentes estilos de dibujo indicasen simplemente un lugar de origen distinto dentro de la zona maya. Muchos expertos están convencidos de que el estilo concuerda plenamente con el tolteca-maya. El códice Grolier se centra únicamente en el ciclo de Venus, pero añade poca información a la que ya conocíamos gracias al códice de Dresde.

Ninguno de los códices existentes se recuperó arqueológicamente y los libros de este estilo que estuviesen enterrados se llenarían de moho y quedarían destruidos por el clima húmedo característico de la mayor parte de la zona maya. Pero se han encontrado varios fragmentos de otros ejemplares en las tumbas mayas. El más completo de todos es el códice del Mirador, que actualmente se encuentra en el Museo Nacional de Antropología de Ciudad de México. El papel se pudrió pero el yeso sobrevive. Por desgracias está coagulado en una masa sólida, pero aunque no se puede abrir, los experimentos realizados a algunos fragmentos del códice indican que la pintura del interior todavía está intacta.

Los expertos tienen la esperanza de que se hallen otros códices similares. En cuevas secas se han descubierto provisiones de papel de amate sobre el que se escribirían códices y que también pertenecen a la época precolombina, y este hallazgo deja abierta una posibilidad de que haya un alijo similar de libros pintados esperando ser descubierto en algún lugar.

Abajo: *Esta página del códice de Cospi, de la cultura nativa, muestra a Tlauizcalpantecuhtli, una de las advocaciones de Quetzacóatl, utilizando una lanza para rasgar el corazón de un guerrero ocelote. Se creía que Tlauizcalpantecuhtli utilizaba sus lanzas para atacar en determinados períodos del ciclo de Venus.*

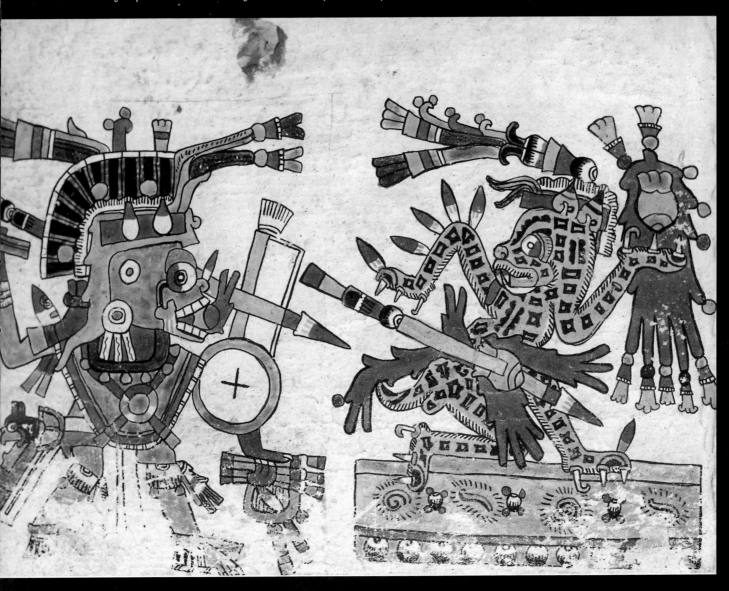

LA SOCIEDAD MAYA

Templos poco prácticos, espaciosos palacios y casa de madera y paja

Arriba: *El Templo de los Guerreros, en Chichén Itzá, es similar a la pirámide B de la capital tolteca de Tula (véase página 125); aunque es más grande y está mejor construida, es probable que la pirámide de Tula sirviese como modelo para la de Chichén Itzá. La sala de las Columnas, a la derecha del templo de los Guerreros, estaban cubierta originalmente por travesaños y argamasa y probablemente se utilizaba como ayuntamiento.*

La ciudad maya típica del período clásico estaba dominada por sus pirámides, rodeadas de plataformas escalonadas sobre las cuales se construían importantes edificios en piedra. En los centros de mayor tamaño, como Tikal, podían existir varios de estos complejos de pirámides-templos, conectados entre ellos por calzadas elevadas. La estrechez de sus salas hace pensar que estos templos tenían una función meramente ritual. Aunque eran altos, sería imposible vivir en ellos debido a sus dimensiones.

Pero los edificios más numerosos son los supuestos «palacios»: edificios de una sola planta erigidos sobre plataformas más bajas que los templos y que normalmente tenían una docena o más de habitaciones. Estas habitaciones son más grandes y normalmente están dispuestas alrededor de patios abiertos centrales que, ante la falta de ventanas, permitían que la luz llegase a los espacios interiores. Es probable que las paredes de estos edificios, tanto las interiores como las exteriores, estuviesen recubiertas de estuco y luego pintadas, aunque por desgracia sólo han sobrevivido algunos fragmentos de estas decoraciones.

Pero existen muchos jarrones pintados que indican cómo debió de ser la vida en los palacios. Normalmente representan a un gobernante sentado en su trono de jaguar con su corte o muestran a un gran noble recibiendo ofrendas de súplica de una persona de menor rango. Con estas representaciones llegamos a la conclusión de que un palacio era una especie de corte real o centro administrativo del asentamiento. Lo cierto es que los nobles se representan actuando como monarcas y mostrando sus emblemas de rango y prestigio.

En estos jarrones nos queda claro que contaban con séquitos reales. Hay grupos de bailarinas que realizaban provocativas danzas con el acompañamiento de grandes bandas de música que tocaban trompetas de concha, agitaban sonajeros y golpeaban tambores. Suele aparecer un orador, o quizá un cantante, y tras el noble se sientan sus poetas y escribas. La impresión general que se puede sacar de estas pinturas es que existía una gran pompa.

Diseño doméstico

Pero lo que no recogen las pinturas es la actividad doméstica, lo que ha hecho pensar a algunos expertos que los palacios cumplían una función meramente administrativa y que la nobleza vivía realmente en edificios menos majestuosos en cualquier otro lugar. Esto ha abierto las especulaciones acerca de si los centros mayas cumplían sólo funciones políticas y ceremoniales. Sin embargo, en las excavaciones se han encontrado considerables cantidades de detritos domésticos dentro de los complejos palaciegos. Hay pruebas de la existencia de utensilios domésticos y restos de comida, lo que sugiere que al menos se celebraban comidas en esos lugares, aunque quizá se trataba de banquetes que se daban para impresionar a los embajadores y dignatarios de otras ciudades mayas que los visitasen.

La pregunta de si los nobles vivían en estos palacios es difícil de contestar recurriendo al registro arqueológico. Si efectivamente viviesen allí, debe-

rían existir indicios, no sólo de cuartos privados para los propios nobles, sino también para el conjunto de cocineros y demás servicio doméstico; pero no parece haber dormitorios, cocinas reales y cuartos similares.

Sí existen numerosos túmulos de viviendas cerca de muchos de los complejos palaciegos. Las construcciones erigidas sobre estos túmulos estaban probablemente hechas de madera y paja y no han sobrevivido hasta nuestros días, pero un estudio realizado a las zanjas donde se colocaban los pilares para las paredes del

edificio nos da una buena información acerca de su disposición. Estaban divididos en varias habitaciones separadas, cada una de las cuales tenía, probablemente, una función diferente. Algunas de ellas eran claramente cocinas, ya que hay indicios de la existencia de fuegos para cocinar, y normalmente estaban situadas lejos de las otras habitaciones, en un extremo del edificio y cerca de una zona donde se podía echar la basura.

La impresión general del centro de una ciudad maya es la de un núcleo ceremonial rodeado de

edificios administrativos con una zona residencial para los nobles y después para sus sirvientes. Pero no siempre es fácil definir exactamente cómo estaba estructurada la ciudad. Las ciudades mayas no estaban diseñadas y construidas siguiendo un grandioso plan, sino que crecían lentamente a lo largo de muchas generaciones. A medida que iban llegando nuevos ocupantes, construían sobre las estructuras existentes, a menudo demoliendo parte de las mismas para incorporarlas como escombros en sus propias construcciones.

Arriba: *La arquitectura en piedra estaba probablemente reservada para los edificios que tenían una función ritual o para los palacios de los nobles. La mayor parte del pueblo maya vivía en cabañas hechas de madera y paja parecidas a este ejemplo encontrado cerca de Mérida, en el actual Yucatán. Normalmente tenían forma ovalada y dos grandes vigas se encargaban de sostenerlas* **(izquierda)**. *Solían estar divididas en zonas separadas para vivir y para preparar la comida; se colocaban hamacas para dormir.*

CAPÍTULO CINCO

CONSTRUYENDO IMPERIOS

La evolución de Cuicuilco, Teotihuacán y Tenochtitlán

La tradición olmeca de disponer de muchos centros ceremoniales pequeños y dispersos sustentados por la agricultura de roza y quema, alcanzó su máximo desarrollo entre los mayas de las tierras bajas. La evolución en la meseta mexicana fue muy diferente. En esta zona se expansionaron unas pocas ciudades grandes que cumplían funciones seculares y rituales y que se sustentaban con una intensa agricultura.

Los primeros indicios arqueológicos claros del crecimiento de las grandes ciudades se encuentran en Cuicuilco, al sur de la actual Ciudad de México. La Gran Pirámide erigida en este asentamiento es muy conocida, pero excavaciones realizadas recientemente han revelado la existencia de innumerables edificios entre ésta y otra pirámide más pequeñas situada a casi 3 kilómetros de distancia. Parece que se trataba de un asentamiento grande, en lugar de un pequeño centro ceremonial, como se pensaba en un principio.

La erupción del volcán Xitli destruyó Cuicuilco y la atención se centró en el valle de Teotihuacán, en el noreste del valle de México. En algún momento comprendido entre el año 100 a.C. y el siglo I d.C., la población de Teotihuacán aumentó espectacularmente. En esa época es probable que la mitad de la población total del valle de México estuviese concentrada en Teotihuacán.

Aunque la mayor parte de los monumentos de Teotihuacán tienen una función ritual, es evidente que la ciudad también

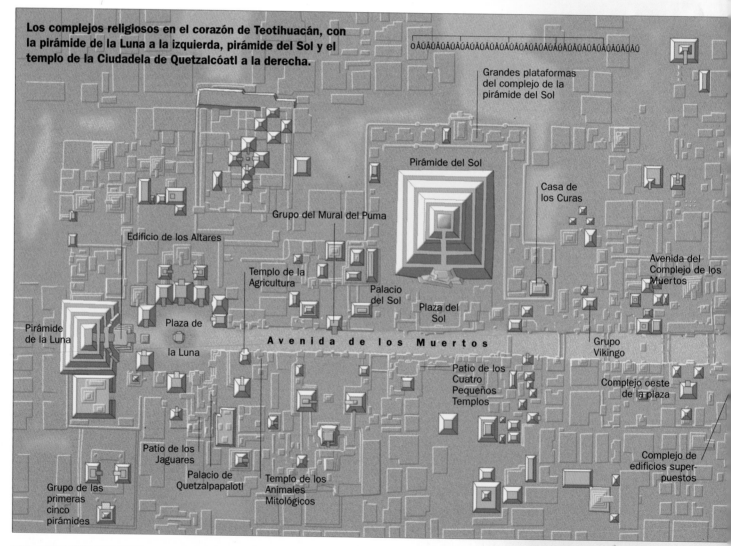

Los complejos religiosos en el corazón de Teotihuacán, con la pirámide de la Luna a la izquierda, pirámide del Sol y el templo de la Ciudadela de Quetzalcóatl a la derecha.

Grandes plataformas del complejo de la pirámide del Sol

Pirámide del Sol

Casa de los Curas

Grupo del Mural del Puma

Edificio de los Altares

Avenida del Complejo de los Muertos

Templo de la Agricultura

Palacio del Sol

Plaza del Sol

Pirámide de la Luna

Plaza de la Luna

Avenida de los Muertos

Grupo Vikingo

Patio de los Cuatro Pequeños Templos

Complejo oeste de la plaza

Patio de los Jaguares

Palacio de Quetzalpapalotl

Templo de los Animales Mitológicos

Complejo de edificios superpuestos

Grupo de las primeras cinco pirámides

200 a.C.
Desarrollo de asentamientos en el valle de Teotihuacán.

100 a.C.-100 d.C.
Aumento de población en Teotihuacán; la expansión continúa hasta el siglo VII.

50 d.C.
Teotihuacán controla el valle de México.

200
Se construyen en Teotihuacán las pirámides del Sol y de la Luna.

300
Inicio de la época maya clásica; expansión del centro ceremonial de Teotihuacán.

350
Teotihuacán consigue el control de la zona baja del Yucatán.

431
El gobernante fundador de Palenque, Balum Kuk (Jaguar Quetzal) sube al trono.

750
Teotihuacán se destruye en combate y se incendia.

cumplía otros cometidos. Hay pruebas de la existencia de mercados, de barrios de artesanos y de edificios administrativos. El arte influenciado por Teotihuacán ha aparecido en numerosos asentamientos situados lejos del valle de México, algunos de ellos a una distancia de muchos cientos de kilómetros.

Pero por desgracia, los habitantes de Teotihuacán no nos han dejado pruebas escritas, aunque los restos arqueológicos sugieren que la ciudad fue más grande que Tenochtitlán, la capital de los posteriores aztecas, y que experimentó una expansión constante desde el siglo I hasta el VII d.C. En pleno auge de su poder, la población residente en el centro de la ciudad era al menos de 25.000 personas, pero si también se incluía a la población urbana, Teotihuacán sería el hogar de unas 150.000-200.000 personas.

Ciudades incomparables

Que Teotihuacán construyó un imperio es evidente al examinar los restos arqueológicos de asentamientos remotos, donde es evidente la presencia de, al menos, una presencia diplomática de Teotihuacán. El comercio desempeñó un papel muy importante en todo esto y Teotihuacán se especializó en la exportación de productos manufacturados en forma de pequeñas esculturas, cerámica y objetos similares. Las importaciones que llegaban a la ciudad eran, probablemente, materias primas o comestibles de asentamientos cercanos.

El dominio de Teotihuacán era tal que no existía ninguna otra ciudad de tamaño comparable en todo el valle de México. Los únicos rivales de Teotihuacán en el sub-continente eran Cholula, en el valle de Puebla, que era un asentamiento de peregrinaje religioso, y Atzcapotzalco en las orillas de los lagos de la parte central del valle. Ambos asentamientos eran muchos menores y su influencia no era comparable.

La construcción de imperios continuaría más adelante, cuando los aztecas establecieron Tenochtitlán. Una vez más existen claros indicios de un estado expansionista ejerciendo su influencia sobre una zona muy amplia. Aunque los aztecas afirmaban que sus orígenes procedían de Teotihuacán, la ciudad llevaba mucho tiempo en ruinas cuando se creó Tenochtitlán y es bastantes poco probable que los aztecas tuviesen mucha información acerca de sus funciones administrativas y burocráticas. A pesar de esto, Tenochtitlán parece que gobernó sus dominios de una forma muy similar y puede ser que la ecología de la meseta mexicana fuese uno de los factores determinantes tanto para Teotihuacán como para Tenochtitlán.

Las ciudades atraían a la población urbana por su poder y tamaño, al igual que ciudades modernas hoy en día. Al faltar productos naturales con los que comerciar (la mayor parte de sus recursos locales estaban fácilmente disponibles en otra parte), adoptaron la política de las exportaciones al por mayor de productos manufacturados o, lo que es más importante, de ideas rituales y políticas. Con el crecimiento de los imperios, su dominio sobre las regiones remotas más pequeñas pasó a ser crucial para su supervivencia y ambas ciudades desarrollaron estrategias comerciales para asegurar ese dominio.

Norte

Templo de Quetzalcóatl (Serpiente Emplumada)

Ciudadela

Cuadrángulo norte

Gran recinto cercado (mercado)

SAN JUAN

GOLFO DE MÉXICO

• El Tajín

Lago Cuitzeo

Lago Texcoco   Teotihuacán

Cuilcuilco   Tenochtitlán

• Chalcatzingo

BAHÍA DE CAMPECHE

TEOTIHUACÁN
A la sombra de Cerro Gordo

Aunque los mayas comenzaron a imponerse en las tierras bajas tras el declive de los olmecas, el valle de México continuó siendo un lugar culturalmente atrasado hasta el inicio de la era cristiana. Pero esta situación cambió radicalmente con la fundación de la próspera metrópolis de Teotihuacán.

Teotihuacán está situada en una llanura de tierras húmedas al noroeste del valle de México, a 45 kilómetros de la actual Ciudad de México. El río San Juan y sus afluentes desembocan en el lago Texcoco y la perenne primavera mantenía un intenso riego en la zona capaz de mantener a grandes poblaciones. Probablemente éste es el motivo por el que los agricultores de finales del período formativo se reunieron en esta región y fueron estableciendo gradualmente relaciones comerciales con otras partes de Mesoamérica. Pero el centro ceremonial de Teotihuacán no fue el resultado de un crecimiento gradual de la importancia del asentamiento, sino que parece ser que se planificó y construyó en una grandiosa operación que tuvo lugar alrededor del año 300 d.C.

Aunque desconocemos las causas que provocaron este auge urbanístico, las investigaciones arqueológicas demuestran que el centro

Abajo: *Esta figura hallada en Teotihuacán tiene una cavidad en el pecho en la que se pueden introducir pequeños objetos dedicados a los dioses familiares.*

ceremonial y sus zonas urbanas se construyeron en pocas décadas.

En pleno auge de su poder, el centro ceremonial de Teotihuacán abarcaba una zona de 12 km², una superficie mucho mayor que la de la gran mayoría de las ciudades del Viejo Mundo de esa misma época, y tenía una población estimada, según los cálculos más cautelosos, en 25.000 habitantes. Se trata de un asentamiento mayor que los centros mayas clásicos y que la posterior Tenochtitlán, la gran metrópolis de los aztecas que impresionó a los conquistadores españoles con su esplendor y extensión.

En el centro de Teotihuacán se encuentra el complejo ceremonial, dominado por las majestuosas pirámides del Sol y la Luna. La pirámide de la Luna se encuentra en el extremo norte de la avenida de los Muertos y está situada de forma que su forma reproduce la del volcán Cerro Gordo. Cuando se mira desde el sur, la pirámide de la Luna está enmarcada por el Cerro Gordo. La gran pirámide del Sol está orientada hacia el horizonte oeste, donde Tianquitzli (las Pléyades) se sitúan

directamente enfrente de ella, pero también nos proporciona algunas pistas importantes para entender por qué este asentamiento se consideraba tan importante.

División de clases

Las excavaciones realizadas bajo la pirámide del Sol han descubierto un lago subterráneo que los ocupantes primitivos modificaron para crear un diseño en forma de hoja de trébol. Se encuentra justo en el centro de la pirámide y es posible que lo considerasen como el «lugar de salida»: la caverna desde la que se decía que emergían los antepasados de las tribus.

En el asentamiento también encontramos otros edificios de importancia ritual. En el centro de la ciudad se encuentra el palacio real, la Ciudadela, que consiste un recinto amplio y ligeramente hundido en el que se encuentra el templo de Quetzalcóatl. En este templo se alternan las figuras en relieve de la Serpiente Emplumada con representaciones de las Serpientes de Fuego, que expresan la oposición entre los dioses de la vege-

tación y la fertilidad y los de los desiertos mexicanos.

El centro religioso de Teotihuacán atraía a numerosos emigrantes y peregrinos procedentes de una amplia zona, de los cuales sólo unos pocos traían medios de subsistencia. Parece ser que tanto la población permanente como la itinerante de Teotihuacán creció demasiado rápido para que la ciudad pudiese mantenerla y mientras la nobleza comía en exceso y celebraba grandes banquetes, los habitantes más pobres y los visitantes a menudo pasaban hambre. Teotihuacán se derrumbó violentamente durante el siglo VIII d.C.: sus principales edificios se destruyeron e incendiaron, por lo que se especuló con la posibilidad de que las masas de población más humilde se sublevasen contra la jerarquía.

Pero Teotihuacán continúa siendo un símbolo enigmático de la ascendencia de las culturas nativas y del primer imperio mesoamericano. A pesar de que sólo se excavó y restauró una pequeña parte de la ciudad, sus ruinas evocan actualmente un sentimiento de respeto y expresan el poder y la autoridad invocados por los antiguos dioses.

Arriba: *Vista de Teotihuacán desde una plataforma en el templo de la Luna. La calle principal que discurría a través del centro ritual de la ciudad se conocía con el nombre de avenida de los Muertos y estaban flanqueada por numerosas pirámides de pequeño tamaño y plataformas de templos. A la izquierda de la avenida de los Muertos se encuentra la grandiosa pirámide del Sol, la mayor estructura de Teotihuacán.*

PLANIFICACIÓN DE TEOTIHUACÁN
Diseño e influencia de un centro comercial

Arriba: *Máscara de terracota hallada en Teotihuacán, junto con el molde con el que se realizó.*

los talleres de los artesanos procedentes de muchas zonas que pasaron a estar bajo la influencia de Teotihuacán.

Estos recintos estaban dedicados por completo a la preparación de artesanos cualificados.

La obsidiana, un vidrio volcánico que se obtenía en las minas de Pachuca (controladas por Teotihuacán) se trabajaba para fabricar lanzas y puntas ceremoniales en los talleres situados en la parte este de la ciudad. Una colonia de ceramistas procedentes de Puebla fabricaba en otra parte finos artículos de color naranja que se vendían a ciudades situadas dentro de los distritos mayas como ofrendas para los muertos.

Los artesanos y comerciantes extranjeros se habían establecido como comunidades residentes en Teotihuacán y la rápida construcción de la ciudad sugiere que estas incursiones eran bienvenidas. Aunque hay pruebas de que Teotihuacán se involucró en alguna ocasión en acciones bélicas, su contacto con los grupos vecinos era normalmente bastante pacífico y se basaba en el trueque y en los intercambios en vez de en los sistemas de tributos e impuestos que caracterizarían siglos después las relaciones de la capital azteca de Tenochtitlán.

Desde sus inicios, Teotihuacán trató de convertirse en un centro comercial importante y la planificación de la ciudad así lo demuestra. Miles de artesanos trabajaron dentro de los límites de la ciudad y las mercancías que producían se vendían en todas las regiones de la que ahora conocemos como México, el sudoeste de los Estados Unidos y Guatemala. A cambio, los comerciantes de Teotihuacán obtenían cacao, caucho, pieles de jaguar y de caimán, conchas marinas, espinas de pastinaca y plumas de llamativos colores.

Ciudades satélite

Por desgracia, Teotihuacán no dejó registros escritos y sólo podemos hacer conjeturas acerca del alcance de su influencia partiendo de los hallazgos encontrados durante la investigación arqueológica. Pero dichos hallazgos son suficientes para

Las investigaciones realizadas en Teotihuacán sugieren que era un centro comercial de gran alcance, así como el centro ceremonial más grande de su época. Sus principales monumentos (las pirámides del Sol y de la Luna y el templo de Quetzalcóatl) están unidos por una larga calzada elevada que divide la ciudad en dos partes. En los alrededores se encuentran las residencias y

indicar que los productos de Teotihuacán se vendían en una zona muy amplia y que muchos de los asentamientos mayas muestran indicios de la influencia Teotihuacana. Incluso Tikal, la ciudad maya de mayor tamaño, estuvo durante un tiempo bajo el control de Teotihuacán, al igual que los principales asentamientos de Cholula, El Tajín, Kaminaljuyú y Monte Albán. Los posteriores aztecas afirmaban que sus dioses procedían de Teotihuacán, y la ciudad continuó siendo un lugar de peregrinación incluso después de que el fuego la destruyese en el año 750.

Las excavaciones revelaron que la mayor parte de los talleres de los artesanos y de los hogares de los comerciantes estaban situados a uno o dos kilómetros de distancia del centro ceremonial de la ciudad y de las residencias de los nobles. En estas zonas hay piezas de cerámica claramente identificables, talleres de obsidiana y restos de telares. También hay pequeños templos, algunos de los cuales han sido restaurados, dedicados a los diferentes dioses que controlaban las artes. Estos templos se decoraban frecuentemente con murales de colores y reflejaban la naturaleza cosmopolita de Teotihuacán, ya que muchos de ellos están dedicados a dioses locales procedentes de regiones situadas fuera del valle de México.

Pero la disposición de los barrios de los artesanos y comerciantes sigue el plan general de la ciudad. Sus casas se construían de acuerdo con el diseño que determinaba la forma principal de los distritos ceremoniales y nobles y, por lo tanto, es poco probable que los comerciantes llegasen más tarde a la ciudad.

La falta de registros escritos significa que desconocemos quién construyó Teotihuacán o incluso cuál pudo ser el nombre original de la ciudad, ya que «Teotihuacán» es una palabra nahuatl, idioma de los aztecas. Las ruinas de la ciudad permanecen a modo de monumento conmemorativo de la genialidad de las culturas mesoamericanas que precedieron a los aztecas.

Abajo: *Entre los numerosos templos y palacios que flanquean la avenida de los Muertos se encuentra el palacio de Quetzalpapalotl o Quetzal-Mariposa. El patio interior muestra algunas de las esculturas y pinturas con las que se decoraron originalmente las columnas y las paredes.*

TEOTIHUACÁN Y LA URBANIZACIÓN
Zonas rituales, residenciales, industriales y agrícolas

Teotihuacán fue la primera ciudad metropolitana de Mesoamérica y la primera en controlar un verdadero imperio. Sus influencias comerciales y religiosas se extendieron hacia el norte, el este, el sur y el oeste y en tamaño, la ciudad superaba cualquier otro asentamiento construido con anterioridad y probablemente también superaba el de la gran ciudad de Tenochtitlán (Ciudad de México), construida por los posteriores aztecas.

Es evidente que Teotihuacán se construyó con la intención de convertirla en un gran centro comercial y ritual, ya que no hay ningún indicio de acumulaciones graduales de edificios o de reconstrucción sobre estructuras anteriores, como sucede con los mayas. Toda la ciudad se diseñó cuidadosamente y se construyó en un solo paso y sigue un diseño cuadriculado. Está basada en una unidad de construcción de un solo piso y habitaciones cuadradas que medían entre 50 o 60 metros de lado y estaban rodeadas de paredes exteriores.

Las calles se cruzaban a intervalos de 57 metros y una fotografía aérea nos muestra en seguida que están diseñadas alrededor de una orientación norte-sur con respecto a la avenida principal (la avenida de los Muertos). Esta avenida está dividida en dos partes por el río San Juan y por una calle principal secundaria que discurre de oeste a este.

Existen zonas claramente delimitadas dentro del plan de la ciudad. En el centro están las pirámides y los templos de importancia ritual, como las grandiosas pirámides del Sol y de la Luna, y el templo de Quetzalcóatl.

Alrededor de este centro encontramos numerosos «palacios»: las unidades residenciales de los nobles y de los sacerdotes que consistían en edificios sin ventanas erigidos alrededor de patios interiores abiertos. La parte exterior de estos edificios estaba adornada con elaboradas esculturas y las paredes interiores tenían frescos de colores claros, festoneados con ornamentos y pájaros enjaulados

Abajo: *Las casas de los nobles y sacerdotes, construidas en piedra, se erigían cerca de la avenida de los Muertos. Esta fotografía muestra los restos de algunos de los muros de contención sobre los que se edificaban estas residencias.*

y contrapuestos a las superficies de las pirámides hechas de estuco y cal en colores rojos y ocres. Los dinteles de cedro y las esculturas realizadas con maderas aromáticas perfumaban el aire.

Banquetes gracias a los impuestos

Tras las casas de la nobleza se encontraban las de los artesanos, donde los alfareros, los plateros y los escultores de obsidiana, conchas y basalto tenían sus propios locales especializados. Los artesanos procedentes de regiones remotas como Oaxaca tenían su propio distrito residencial y sus propios talleres dentro de los barrios de los artesanos de la ciudad y es evidente que disfrutaban de un considerable estatus social y autonomía, ya que muchos de estos distritos tenían pequeños templos. En estos barrios también había ruidosos y bulliciosos mercados.

Los hogares de los agricultores que proporcionaban la base del sustento de Teotihuacán se encontraban más alejados. Aunque estas casas eran básicamente cabañas construidas con zarzos y barro y techos de paja, y carecían de la elaboración y de la estudiada estética del centro de la ciudad, estaban construidas siguiendo la misma estructura cuadriculada. Las calles de este barrio eran bastante más estrechas y en ocasiones apenas eran callejuelas entre los amontonados edificios. Más allá se encontraban los campos de los agricultores.

Aunque se han excavado pocas casas de campesinos y ninguno de los campos, recientes investigaciones sugieren que muchos de estos campos eran chinampas (campos flotantes) en los que el lodo procedente de los ríos y los pantanos se acumulaba para crear pequeñas y fértiles «islas». Los campesinos se desplazaban hasta sus campos en canoas con el fondo plano y regresaban con su cosecha para venderla en los mercados ambulantes regulares. Es probable que entregasen parte de sus cosechas a las familias gobernantes y a los nobles en concepto de impuestos (que podrían utilizarse para celebrar los abundantes banquetes que solían acompañar a los rituales de la nobleza).

Al contrario que las demás ciudades mesoamericanas (y, de hecho, al contrario que la mayor parte de las ciudades modernas) no hay nada fortuito en el trazado de Teotihuacán. Debió de existir un equipo de urbanistas, aunque no sabemos quiénes eran o el estatus que tenían dentro de la jerarquía de Teotihuacana, pero es probable que se tratase de escribas que trabajasen bajo la dirección de los sumos sacerdotes, ya que gran parte de la ciudad está construida a lo largo de alineaciones astronómicas dedicadas a diferentes dioses.

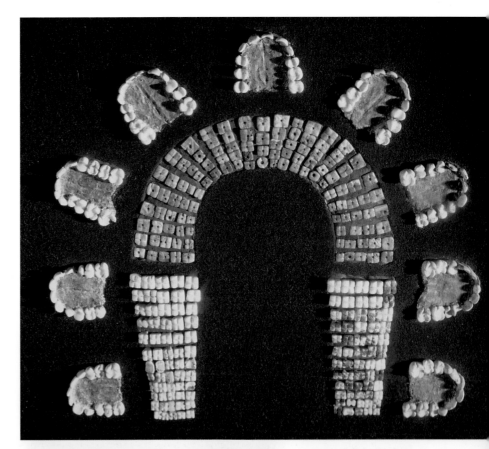

Arriba: *Este collar hallado en Teotihuacán consta de numerosos trozos de concha que se han ido encajando. Los colgantes sujetos al collar son huesos de mandíbula humana.*

Izquierda: *Figura representando a un hombre de pie encontrada en Teotihuacán.*

EL LUGAR DONDE NACIERON LOS DIOSES
Los dioses de Teotihuacán y sus monumentos

Los aztecas bautizaron a la ciudad con el nombre de «Teotihuacán», que significa «el lugar donde nacieron los dioses». Cuando los aztecas descubrieron que la monumental zona arqueológica de Teotihuacán estaba en ruinas, muchos de los importantes templos y pirámides, así como las residencias de los nobles que constituían el centro de la ciudad ya se habían quemado o saque-

ción. Quetzacóatl también era el señor de las hierbas mágicas y curativas y el dios del aprendizaje y de la posesía.

El monumento más importante de Quetzacóatl se encuentra en el centro de un patio hundido situado en un complejo denominado la Ciudadela y que flanquea a la avenida de los Muertos. Allí encontramos una pequeña pirámide con escultu-

Arriba: *Templo de Quetzacóatl, dentro del patio de la Ciudadela. Las esculturas muestran a la Serpiente Emplumada a la que está dedicada el templo, así como a una divinidad con colmillos y grandes ojos circulares que podría representar a Tlaloc.*

ado. Pero aun así, los edificios eran suficientemente impresionantes como para hacer creer a los aztecas que la ciudad había sido construida por una raza de gigantes y para que proclamasen sus vínculos ancestrales con los regidores de Teotihuacán como forma de legitimar su propio poder.

Teotihuacán proporcionaría a los aztecas algunos de sus dioses más importantes. El dios principal de Teotihuacán era la Serpiente Emplumada, Quetzalcóatl, que estaba relacionada con el agua y actuaba como símbolo de fertilidad y regenera-

ras de serpientes cubiertas de plumas, como la imagen de Quetzacóatl, junto con grotescas esculturas de un dios con colmillos identificado como Tlaloc, el dios de la lluvia.

Tlaloc aparece con mucha frecuencia en Teotihuacán. Además de las esculturas, aparece en varios murales en diferentes templos y palacios y suele relacionarse con los ríos. En una extraordinaria pintura situada en una casa conocida como Tepantitla, en su día residencia de un importante sacerdote, aparece representado con gotas de lluvia cayendo de las yemas de los dedos. Mira hacia un lago desde el que discurren dos ríos, donde la gente nada y se baña. Entre los árboles frutales, otras figuras cazan mariposas, recogen flores, bailan y cantan. Esta escena de alegría y abundancia representa el Tlalocan, el hogar terrenal de Tlaloc.

Dedicación tardía

Chalchihuitlicue, la diosa del agua, también es importante en Teotihuacán y una vez más se repite el tema del agua como motivo religioso. Era la mujer y la hermana de Tlaloc y entre sus muchas

observaciones astronómicas. Por ejemplo, la gran escalera de la pirámide del Sol está orientada hacia el oeste, donde Tianquitzli (las Pléyades) se situaban enfrente de ellas.

Pero, sin embargo, no hay ninguna evidencia de que las pirámides estuviesen dedicadas al sol o a la luna. Los aztecas, que también creían que las pirámides contenían las tumbas de los reyes de Teotihuacán, fueron los que les concedieron esta atribución. Pero las exhaustivas excavaciones realizadas desde la década de 1960 han demostrado de forma concluyente que ninguna de las pirámides contiene ninguna tumba. En cambio, sir-

obligaciones, también era patrona del matrimonio y de los niños. Se dice que Chalchihuitlicue inventó el arco-iris a modo de puente que comunicaba el cielo y la tierra. Se suele representar con símbolos de maíz y serpientes.

Los edificios religiosos más impresionantes de Teotihuacán son, sin lugar a dudas, las grandiosas pirámides del Sol y de la Luna. La pirámide del Sol tiene cerca de 75 metros de altura y cada lado de la base mide 225 metros de largo. Las pirámides están situadas de acuerdo con las

vieron como plataformas para templos, aunque éstos, de tejados planos y situados encima, ya no existen.

El dios Mictlantecuhtli, el señor del inframundo, o Mictlán también aparece representado con cierta frecuencia y también encontramos frescos a guerreros jaguar y águila. Al igual que a otros dioses de Teotihuacán, los aztecas también adoptarían a Mictlantecuhtli y los guerreros jaguar y águila se convertirían en soldados de elite en sus ejércitos.

Arriba: *Tlalocan era el paraíso terrenal de Tlaloc y aparece representado en los murales hallados en la casa de un importante sacerdote en Teotihuacán. Este detalle de los murales muestra a personas jugando y cazando mariposas.*

MITOS CÓSMICOS
Dioses terribles y remotos, creadores y rejuvenecedores

Arriba: *Esta máscara representa a Xochipilli, el Flor Noble. Está relacionado con la danza, la primavera y el placer y era el dios del amor, las flores y la danza y patrón de los jugadores.*

Enfrente: *Los arquitectos de Teotihuacán utilizaron materiales de diferentes colores para conseguir efectos decorativos en esta escultura de piedra.*

En contraste con los monumentos erigidos en las ciudades mayas, donde encontramos numerosas representaciones de las hazañas de los linajes gobernantes, el arte de Teotihuacán es casi exclusivamente de carácter religioso. No hay estelas esculpidas conmemorando fechas importantes en la vida de un soberano y no hay indicios de que la elite gobernante se auto-identificase directamente con los dioses.

Los dioses de Teotihuacán son «remotos y terribles» y el arte presenta, a menudo, una calidad austera. Los habitantes de Teotihuacán no nos han dejado ningún registro con los nombres de estos dioses, pero podemos empezar a identificarlos comparándolos con las divinidades adoradas por los posteriores aztecas. Los dioses principales parecen ser versiones del antiguo dios del fuego (Huehueteotl) y del dios de la lluvia (Tlaloc). Hay una serie de escul-

turas de una serpiente con plumas, lo que posiblemente indica la influencia de las ideas mayas como una representación de Kukulcán, que más tarde se convertiría en el Quetzalcóal de Tula y Tenochtitlán.

Puede resultar significativo que, a pesar de su aspecto solemne, todos estos dioses sean creadores. Son los dioses de la renovación y del rejuvenecimiento, así como de la fertilidad y del crecimiento. El sol trae el nuevo día y llena todas las cosas de vida; es el dios de la animación, el que hace que las cosas pasen, y en el panteón azteca también es el más antiguo y venerado de los dioses. Tlaloc, obviamente, trae las lluvias que fertilizan los cultivos y, en este sentido, es el dios de la fertilidad y de las buenas cosechas.

Por lo tanto, la expresión artística de Teotihuacán es optimista. Esto podría estar de acuerdo con el registro, que sugiere que el crecimiento de la ciudad anterior a sus últimos años fue ilimitado y enérgico. Las personas acudían a miles a Teotihuacán atraídas por la promesa que ofrecía y los comerciantes de Teotihuacán viajaban por toda Mesoamérica para construir el que posiblemente fue el mayor imperio mesoamericano jamás conocido.

Una santísima trinidad

No existen representaciones de dioses destructores en Teotihuacán. Los dioses de la guerra están totalmente ausentes, al igual que los monumentos dedicados a los guerreros o a los logros militares. Esto ha hecho pensar a algunos estudiosos que toda la expansión de Teotihuacán se produjo de forma pacífica (aunque, por supuesto, la ausencia de simbolismos bélicos no es sinónimo de ausencia de guerra). De hecho, en algunos asentamientos (como Tikal) hay pruebas arqueológicas que sugieren una repentina incursión de guerreros procedentes de Teotihuacán y el derrocamiento de los regímenes existentes.

Además de las esculturas, hay numerosos frescos pintados en las paredes de los templos y en otras construcciones situadas en el centro de Teotihuacán. Pero, por desgracia, muchos de estos frescos se encuentran muy dañados, aunque nos han quedado restos suficientes para empezar a interpretar las imágenes. En claro contraste con las esculturas, estas pinturas recogen escenas felices, con exuberantes paisajes y figuras alegres ocupadas en todo tipo de actividades agradables.

Pero un estudio más detallado revela que esta alegría no se expresa en el reino de los humanos, sino en una tierra existente más allá de las tumbas y que está gobernada por el dios de la lluvia. En un cuadro extraordinario vemos grandes praderas llenas de flores y rodeadas de campos de maíz. Los ríos cruzan este encantador paisaje y los hombres, las mujeres y los niños aparecen comiendo maíz, cazando mariposas y bañándose en los ríos (véase página 115).

Aunque es imposible decirlo con absoluta certeza, la presencia de estos tres elementos (el sol, el dios de la lluvia y el inframundo) supone la existencia de una santísima trinidad en Teotihuacán que combina las fuerzas del Mundo superior, del medio y del inferior.

Muerte de una ciudad
La sublevación civil termina con Teotihuacán

Desde el siglo I hasta el VIII, Teotihuacán fue la ciudad más poderosa de Mesoamérica. Ninguna otra ciudad igualó su tamaño y ninguna ejerció un poder e influencias comparables. Los productos de Teotihuacán se vendían en todas partes y sus sacerdotes y diplomáticos se establecieron en ciudades situadas a cientos de kilómetros de distancia de su tierra natal.

Pero de forma repentina, Teotihuacán inició su declive. Durante aproximadamente cien años no se construyeron nuevos monumentos y aunque los artesanos mantuvieron su producción, la calidad de su trabajo disminuyó. Una gran parte de la población, quizá hasta una cuarta parte del total, se marchó a otras zonas.

Más adelante, en el siglo VIII o IX, tuvo lugar un acontecimiento dramático. Las pruebas arqueológicas apuntan hacia la existencia de luchas violentas en el centro de la ciudad, los monumentos se derribaron y quedaron destruidos y los templos se profanaron. En apariencia, no fue una destrucción ritual de los lugares sagrados, sino una guerra. Entonces se quemó todo el centro de Teotihuacán.

No sabemos qué es lo que pasó exactamente. La mayor parte de las teorías sugieren alguna forma de lucha interna por la simple razón de que Teotihuacán era tan poderosa que, probablemente, podría haber frenado cualquier ataque externo. Los arqueólogos no piensan que Teotihuacán tuviese enemigos externos suficientemente peligrosos para ser considerados una amenaza, ya que la ciudad no contaba con ningún tipo de fortificación.

El declive de la arquitectura y de las artes indica que había sucedido algo en la ciudad que había alterado su funcionamiento interno. El énfasis que se hacía en Teotihuacán en el comercio también podría haber servido para minar el control de los sacerdotes, transformando a la ciudad en un centro comercial más que ritual.

Puede resultar significativo que las luchas más cruentas tuviesen lugar dentro del propio centro ceremonial. Aquí es donde encontramos signos de una destrucción, profanación e incendio deliberados. Además de tratarse de un recinto sagrado, esta parte de Teotihuacán era donde vivían la nobleza y los sacerdotes y albergaba los edificios administrativos más importantes. No hubo ninguna lucha ni incendios en los barrios de los artesanos ni en los suburbios, donde vivía la mayor parte de la población.

Guerra contra los impuestos

Estos hechos arqueológicos han dado lugar a las especulaciones que afirman que Teotihuacán vivió una breve pero desastrosa revuelta civil. Podemos suponer, aunque con bastante certeza, que el crecimiento de Teotihuacán supuso el asentamiento de una burocracia estatal con un poder cada vez mayor. Aparte de la organización necesaria para supervisar y llevar a cabo los grandiosos programas de construcción de Teotihuacán, también sería necesario controlar la producción agrícola y administrar un imperio que comprendía miles de kilómetros cuadrados. Mantener lo que debió de ser un pequeño ejército de burócratas, significaría gravar con algún tipo de impuesto o tributo a los miembros productivos de la sociedad.

A medida que la actividad comercial aumentó (y con ella el poder ejercido por los comerciantes, mercaderes y artesanos) el resentimiento también

Derecha: *La avenida de los Muertos se bautizó así porque en un principio se pensó erróneamente que sus numerosos templos y plataformas contenían una gran cantidad de tumbas, pero sólo se descubrió un reducido número de enterramientos, incluida esta vasija funeraria con un cráneo y huesos humanos.*

Izquierda: *Estos esqueletos de nueve guerreros sacrificados se encontraron enterrados bajo la avenida de los Muertos. Observe los collares de conchas y huesos de mandíbula humana con los que están adornados, similares a los que observamos en la página 113.*

Abajo: *Esta máscara funeraria de piedra se encontró en Teotihuacán. Está adornada con piezas de mosaico de turquesa cuidadosamente cortadas y talladas.*

podría haber surgido con las crecientes cantidades de impuestos que había que pagar para financiar los ambiciosos planes de la nobleza, de los sacerdotes y de la burocracia. La interrupción del programa de construcción durante los últimos años de Teotihuacán podría ser, simplemente, una consecuencia de la reivindicación de sus derechos por parte de los mercaderes, que se habrían negado a pagar sus impuestos. Si Teotihuacán se estaba convirtiendo en un centro comercial, la amenaza de una revancha sobrenatural por parte de los sacerdotes no fue suficiente para controlar las disensiones internas.

Sin embargo, esto no explica por qué Teotihuacán quedó prácticamente abandonada por toda su población tras la revuelta popular. Se podría alegar que los sacerdotes eran los que garantizaban que se cumpliesen los elementos rituales del calendario y decidían las fechas propicias para la celebración de las ceremonias. Sin este elemento estabilizador es probable que las estructuras que mantenían a Teotihuacán funcionando como una ciudad se rompiesen rápidamente.

JALISCO, NAYARIT Y COLIMA
Finalidad desconocida de toscas figuras de arcilla

Abajo: *Las figuritas de Nayarit a menudo se encuentran en parejas de hombre-mujer, tal y como mostramos aquí. Probablemente se trate de caricaturas de sus propietarios en lugar de retratos realistas.*

Aunque los estudios sobre las culturas mesoamericanas suelen hacer énfasis en el desarrollo de grandes ciudades-estado y de centros ceremoniales con sus correspondientes rituales de sacrificio, las grandes figuras de cerámica halladas en los estados occidentales de Nayarit, Jalisco y Colima revelan un gran sentido del humor y una gran habilidad para las caricaturas. Estas figuras estaban enterradas en tumbas familiares excavadas bajo la superficie de los sedimentos de toba caliza.

Por desgracia, la popularidad de estas figuritas entre los turistas y en el mercado de coleccionistas significa que no se han encontrado tumbas sin profanar. Todas las tumbas excavadas habían sido previamente saqueadas y aunque los esqueletos de sus ocupantes estaban intactos, las figurillas que no estaban rotas habían desaparecido para su venta ilegal. Es común encontrar estas figuras en los museos y en las colecciones privadas, aunque normalmente no tienen ningún dato acerca de la forma en la que fueron adquiridas. Esto hace que resulte muy difícil fecharlas, aunque normalmente se da por hecho que son coetáneas a Teotihuacán.

Las más antiguas se cree que pertenecen a Nayarit, a un estilo conocido como Chinesco. Se suele representar a mujeres toscas con grandes genitales y ojos rasgados. Muchas tienen narices muy largas y brazos excesivamente pequeños. Las figuras de Nayarit posteriores están en parejas de hombre y mujer, y se representan en varias actividades en grupo. Hay amantes, bailarines, guerreros, jugadores de pelota y escenas de banquetes, a menudo completadas con templos y casas de arcilla en miniatura. Algunas

de las figuras representan a parejas manteniendo relaciones sexuales o a mujeres dando a luz y en otras la figura humana aparece deformada para conseguir el aspecto de jorobados o enanos.

Es posible que las figuritas de Jalisco correspondan a una época posterior, pues presentan un modelado más sofisticado. Siguen teniendo formas humanas exageradas, como cabezas alargadas y narices muy afiladas y así son una especie de caricatura, pero carecen del efecto tosco de las figuras de Nayarit. Podrían haber sido una forma de transición entre éstas y las de Colima.

Perros sin pelo

Las figuritas más refinadas son las de Colima y generalmente también se considera que son las más recientes (aunque éste es un método bastante poco fiable de establecer una cronología). Podría ser que se tratase simplemente de una tradición independiente pero contemporánea.

Una vez más, se representa una gran variedad de actividades humanas, pero aparece una nueva forma conocida como *techichi* (perros sin pelo).

Se trata de figuras de una raza de perro especial muy común en el antiguo México. Los alimentaban con maíz para engordarlos, ya que eran una importante fuente de suministro de carne. Lo curioso es que los perros *techichi* se modelaban como si fuesen humanos: bailaban y luchaban y aparecen sentados o erguidos sobre sus piernas posteriores, durmiendo, como parejas de enamorados besándose y lamiéndose o en ridículas y retorcidas poses con los pies en el aire.

Hubo muchas discusiones acerca del significado de estas figuras para los habitantes de Nayarit, Jalisco y Colima. El punto de vista que primaba anteriormente era que se trataba simplemente de objetos funerarios utilizados para que los muertos estuviesen entretenidos durante sus viajes al inframundo y esta teoría continúa teniendo muchos adeptos.

Pero el antropólogo Peter Furst ha sugerido otra función. Afirma que las poses retorcidas recuerdan a las posturas que adoptaban los chamanes cuando entablaban batallas con los espíritus y que se pensaba que los perros acompañaban a los difuntos en sus viajes a través del río de la Muerte en su camino hacia el inframundo.

La profanación de las tumbas supone que nuestro conocimiento de estas encantadoras figuras probablemente nunca será completo. Incluso así, nos proporcionan un registro único de las actividades diarias en Mesoamérica, así como detalles de las costumbres, la decoración, etcétera. Pero se admiran principalmente por su alegre encanto y por su expresiva energía.

Arriba: *Las figuritas de Jalisco, aunque son algo más sofisticadas que las de Nayarit, siguen siendo caricaturas.*

Izquierda: *Las esculturas de* techichi *eran una especialidad de los ceramistas de Colima. Los perros sin pelo se engordaban con maíz, tal y como vemos ilustrado en esta figura.*

CAPÍTULO SEIS

LOS TOLTECAS

Victoria y disolución de una nación guerrera

En el siglo IX una tribu guerrera procedente del norte invadió el altiplano central de México. Las culturas de esta región, ya debilitadas por los conflictos internos, ofrecieron poca resistencia a sus invasores. Bajo el liderazgo de Mixcoatl (Nube Serpiente) y de sus sucesores, avanzaron hacia el sur y en un solo siglo habían conquistado no sólo la meseta, sino también Yucatán. Estos invasores eran los toltecas.

El lugar de origen de los toltecas y cuáles eran sus antecedentes continúa siendo un misterio. Lo que está claro es que no se trataba de cazadores-recolectores nómadas venidos del norte, ya que tenían un sistema bélico perfectamente desarrollado y unos ejércitos muy bien organizados. Esto hizo que se especulase con la posibilidad de que procediesen de La Quemada, una ciudad fortaleza cercana a la actual ciudad de Zacatecas.

La incursión de los toltecas introdujo un nuevo elemento en la historia mesoamericana. Antes de su llegada, las sociedades habían Estado gobernadas por el clero jerárquico e incluso sus guerras estaban planificadas por los sacerdotes, que consultaban sus almanaques para asegurar que las batallas tenían lugar en días propicios dentro del ciclo de Venus. Pero con los toltecas, el Estado estaba gobernado por una aristocracia militar.

Las ciudades que construyeron estaban decoradas con los emblemas de una casta de guerreros y con representaciones de soldados y los grandes murales que pintaron en el centro maya de Chichén Itzá son representaciones de su invasión y conquista de Yucatán. Los mitos acerca de los toltecas son variados y a menudo contradictorios, aunque todos apuntan que el final de su apogeo coincide con la supresión del culto sacerdotal a Quetzalcóatl (Serpiente Emplumada) y a su sustitución por un culto centrado en Tezcatlipoca (Espejo Humeante), al que más tarde adoptaron los aztecas como dios del cielo nocturno.

Coalición de fragmentación

Pero los toltecas tuvieron que adaptarse a las nuevas circunstancias en las que se encontraban y con este fin adoptaron muchos de los símbolos existentes de los antiguos dioses mesoamericanos, especialmente de los de Teotihuacán. Su capital de Tula se basó en parte en Teotihuacán y parece que precisamente los toltecas buscaban legitimar su dominio por medio de la adopción de modelos ya existentes. Paradójicamente, y a

pesar de haber terminado con el clero, el regidor tolteca de Tula, Ce Acatl Topiltzin, se rebautizó con el nombre de Quetzalcóatl y la Serpiente Emplumada pasó a considerarse el patrón de la ciudad.

Los toltecas eran pocos en número y el Estado que formaron era realmente una coalición de grupos sobre los que había poco control central. En este sentido, eran bastante diferentes de los imperios construidos por Teotihuacán y por los aztecas. Los conflictos y las disputas, que finalmente desembocaron en una guerra, parecen haber marcado el período tolteca.

Finalmente, los diferentes grupos que habitaban dentro del Estado tolteca empezaron a reclamar su independencia hasta que los propios toltecas fueron desplazados hacia el sur por nuevas oleadas de invasores del norte. En el año 1156, Tula sufrió un ataque y quedó destruida, probablemente a manos de invasores aztecas.

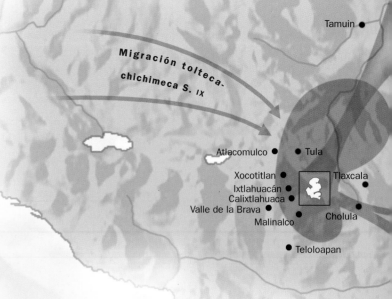

Pero no debemos subestimar el legado tolteca. Los aztecas reclamaron más tarde que Tula era su lugar de nacimiento legendario. La describieron como una ciudad de joyas y las familias aztecas se casaron con las familias reales toltecas para unir sus linajes. También está claro que muchas creencias aztecas, como el culto a Tezcatlipoca, pueden tener un origen tolteca y que la práctica de los sacrificios humanos masivos, probablemente comenzara en Tula.

100 d.C. Se erigen las primeras pirámides en el valle de México.	**534** Comienza el abandono de Teotihuacán.	**683** El venerado Pacal, soberano de Palenque y padre de Chan Balam, muere a los 80 años.	**800** Las técnicas para trabajar el metal procedentes de Sudamérica se adoptan en Mesoamérica.	**850** Los toltecas, liderados por Mixcoatl, invaden el altiplano central.	**900** Se funda Tula, capital del imperio tolteca.	**950** La influencia tolteca se extiende por toda Mesoamérica.	**1156** La capital tolteca de Tula es invadida y destruida.

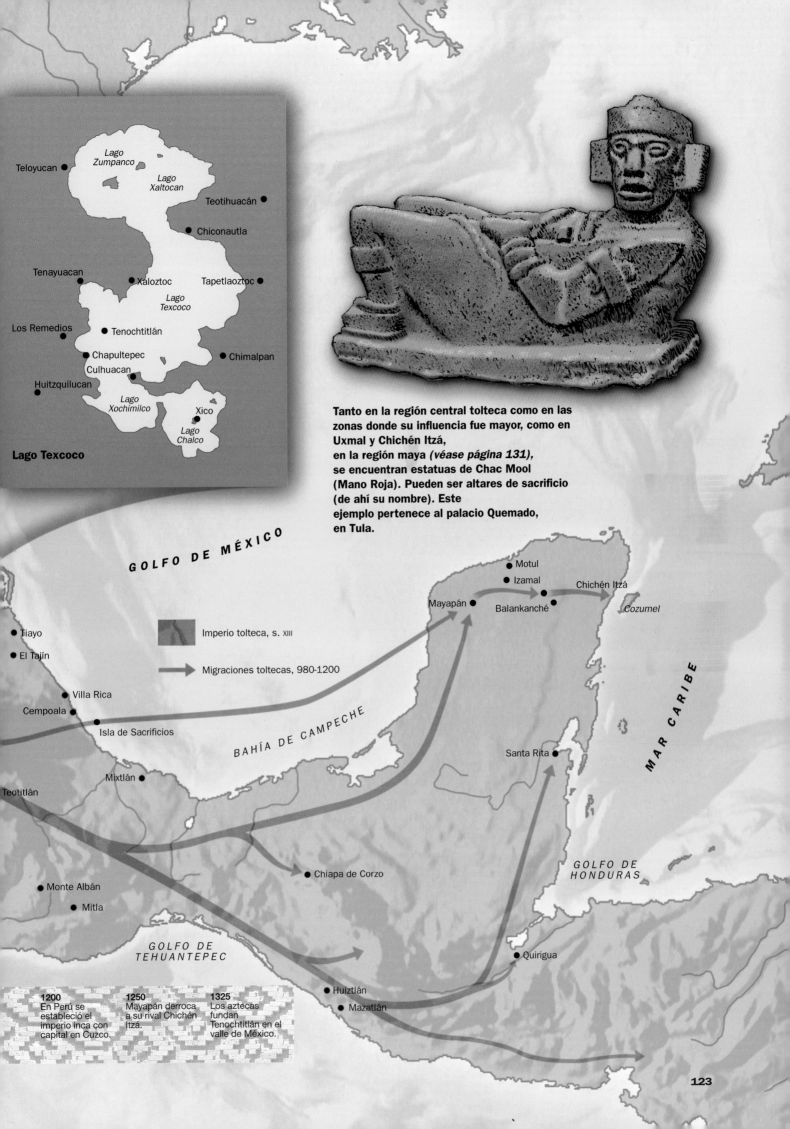

Lago Texcoco

Teloyucan

Lago Zumpanco

Lago Xaltocan

Teotihuacán

Chiconautla

Tenayuacan

Xaloztoc

Tapetlaoztoc

Lago Texcoco

Los Remedios

Tenochtitlán

Chapultepec

Chimalpan

Culhuacan

Huitzquilucan

Lago Xochimilco

Xico

Lago Chalco

Tanto en la región central tolteca como en las zonas donde su influencia fue mayor, como en Uxmal y Chichén Itzá, en la región maya *(véase página 131)*, se encuentran estatuas de Chac Mool (Mano Roja). Pueden ser altares de sacrificio (de ahí su nombre). Este ejemplo pertenece al palacio Quemado, en Tula.

GOLFO DE MÉXICO

Motul

Izamal

Chichén Itzá

Mayapán

Balankanché

Cozumel

Imperio tolteca, s. XIII

Migraciones toltecas, 980-1200

Tiayo

El Tajín

Villa Rica

Cempoala

Isla de Sacrificios

BAHÍA DE CAMPECHE

MAR CARIBE

Santa Rita

Mixtlán

Teotitlán

Chiapa de Corzo

GOLFO DE HONDURAS

Monte Albán

Mitla

GOLFO DE TEHUANTEPEC

Quirigua

Huiztlán

Mazatlán

1200
En Perú se estableció el imperio inca con capital en Cuzco.

1250
Mayapán derroca a su rival Chichén Itzá.

1325
Los aztecas fundan Tenochtitlán en el valle de México.

TULA, CAPITAL TOLTECA
Fundada y destruida por los dioses

Abajo: *Lo más destacado de Tula es el templo de Quetzalcóatl, coronado por una serie de columnas de piedra esculpidas que representan a los guerreros toltecas. Estas columnas sostenían originalmente los travesaños del tejado del templo erigido en la parte superior de la pirámide.*

Tula era la capital del imperio tolteca y estaba situada justo al norte del valle de México, en el actual estado de Hidalgo. Los estudios recientes afirman sin ninguna duda que Tula es el asentamiento del legendario Tollan, o «Lugar de Juncos», que los aztecas consideraban un lugar mágico donde los palacios se construían con joyas. De hecho, el emperador azteca Moctezuma Xocoyotzin, afirmaba que descendía de estos toltecas.

Las investigaciones arqueológicas revelaron que Tula se fundó alrededor del año 900, durante el período postclásico y que se encuentra situada sobre edificios construidos por refugiados de Teotihuacán después de que éstos abandonasen la ciudad cuando quedó destruida por las llamas en el año 750. Aunque es más pequeña que Teotihuacán, Tula es una ciudad grande e impresionante que controlaba un imperio que incluía muchos de los asentamientos mayas del período postclásico, como Chichén Itzá.

Probablemente el edificio más importante de Tula es el conocido con el sencillo nombre de pirámide B. Este importante templo estaba dedicado a Quetzalcóatl, la Serpiente Emplumada, y su subestructura contiene relieves de coyotes y jaguares merodeando y de águilas devorando corazones, reflejando los sistemas bélicos de los pueblos toltecas. Inmediatamente enfrente de la pirámide hay un muro bajo coronado con esculturas de concha que representan a Quetzalcóatl vestido como dios del viento.

Según las interpretaciones aztecas, Quetzalcóatl fundó Tula tras la destrucción de Teotihuacán, cuando él y su séquito de nobles y sacerdotes se vieron obligados a abandonar la ciudad. Su padre, el semidiós Mixcoatl, o Nube Serpiente, fue probablemente el primero en establecer el dominio tolteca. Pero está claro que los toltecas combinaban las cualidades de los dioses y de los hombres y adoptaron los mitos de Teotihuacán para

legitimar su propio dominio y que fue en Tula donde el culto a Quetzalcóatl alcanzó su máximo apogeo. Quetzalcóatl era tan importante que el soberano tolteca Ce Acatl Topiltzin, que fue el fundador de la ciudad o su último regidor (la cronología no está nada clara), se rebautizó con el nombre de Quetzacóatl.

Inmolado por la deshonra

En el año 1156 un ataque azteca destruyó Tula. Este ataque se debió aparentemente a que era una ciudad fronteriza vulnerable, abierta al ataque y a la incursión de las tribus nómadas procedentes del norte. Para justificar este acto de destrucción gratuita, cuando la ciudad entera se incendió y se desfiguraron todos sus monumentos, los aztecas alegaron que había tenido lugar una batalla cósmica entre su patrón Tezcatlipoca (o Espejo Humeante) y Quetzcalcóatl.

Según esta leyenda, Quetzalcóatl era un dios divino y célibe. Su pureza dependía de su abstinencia sexual y de su devoción por las responsabilidades y deberes austeros de un sumo sacerdote. Pero Tezcatlipoca consiguió emborracharlo con pulque y mientras estaba ebrio le presentó a la hermosa Xochiquetzal, la diosa de las flores, con quien mantuvo relaciones sexuales. Al hacerlo, el deshonrado Quetzlacóatl se condenó a sí mismo a morir quemado. Quetzalcóatl abandonó la ciudad y marchó hacia el este, en donde se embarcó incendiando su nave e inmolándose. Su corazón se elevó entre las llamas y ascendió hasta los cielos para convertirse en Venus, la estrella de la mañana, y se convirtió en el dios creador que un día volvería a desalojar a Tezcatlipoca y a terminar con el dominio azteca sobre Mesoamérica.

Gran parte de Tula está sin excavar, sólo los monumentos centrales, el palacio Quemado, la pirámide B, el muro de la Serpiente y un gran juego de pelota han sido exploradas. Estas construcciones quedaron muy dañadas cuando los aztecas destruyeron el asentamiento. A la pirámide B le falta la mayor parte de su estuco y se cortó para construir una rampa por la que se arrojaron las estructuras del templo situado en la parte superior. Alrededor de esta región central y abarcando una distancia considerable hay numerosos túmulos cubiertos de hierba que han quedado sin investigar pero que nos dan una idea del tamaño de la ciudad original.

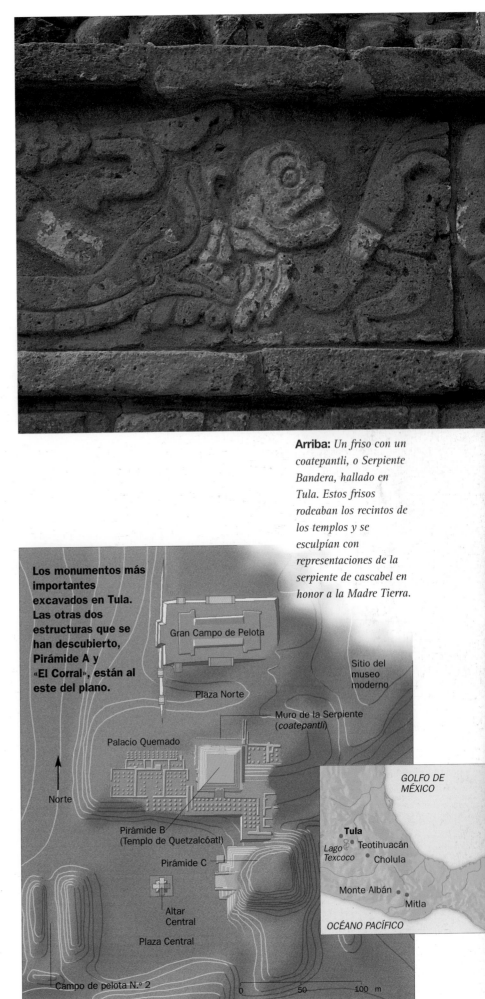

Arriba: *Un friso con un coatepantli, o Serpiente Bandera, hallado en Tula. Estos frisos rodeaban los recintos de los templos y se esculpían con representaciones de la serpiente de cascabel en honor a la Madre Tierra.*

Los monumentos más importantes excavados en Tula. Las otras dos estructuras que se han descubierto, Pirámide A y «El Corral», están al este del plano.

Gran Campo de Pelota

Plaza Norte

Norte

Palacio Quemado

Muro de la Serpiente (*coatepantli*)

Sitio del museo moderno

Pirámide B (Templo de Quetzalcóatl)

Pirámide C

Altar Central

Plaza Central

Campo de pelota N.º 2

0   50   100 m

GOLFO DE MÉXICO

Tula
Lago Texcoco   Teotihuacán
Cholula
Monte Albán
Mitla

OCÉANO PACÍFICO

QUETZALCÓATL ABANDONA LA GUERRA
Leyendas de valor mercantil contra valor militar

Abajo: *Representación en bajorrelieve de dos guerreros toltecas. Sus tocados de pájaro indican que pertenecían a una elite de guerreros de rango superior. La forma ovalada que aparece entre ambos es un escudo corporal.*

En uno de los mitos que describen el momento en el que Quetzalcóatl tuvo que abandonar Teotihuacán y fundar la ciudad de Tula, se va enojado y es responsable de la destrucción de Teotihuacán. Aunque resultó derrotado en la encarnizada batalla que libró con Tezcatlipoca, Quetzalcóatl y sus seguidores quemaron la ciudad y juraron volver algún día para vengarse. Su séquito de seguidores se describe utilizando términos fantásticos y se dice que estaba formada

por gigantes, enanos y criaturas extrañas y deformes.

Pero además de su valor guerrero, Quetzalcóatl había recibido una rigurosa formación como sacerdote y este aspecto más amable de su carácter parece que tuvo prioridad cuando llegó al futuro asentamiento de Tula. Las leyendas nos cuentan que también fue un gran reformista y cuando fundó Tula abandonó sus hábitos guerreros y empezó a establecer un régimen pacífico. Entre las más famosas de sus reformas está la interrupción de los sacrificios humanos. Se dice que las ofrendas realizadas a Quetzalcóatl en Tula consistían en fruta, flores y mariposas.

Como parte de su nuevo programa pacífico de reformas, Quetzalcóatl estableció vínculos comerciales con los grupos vecinos. Los comerciantes toltecas viajaron mucho, dejando sus influencias en los pueblos con los que entraban en contacto y dejándose influenciar por ellos para crear una cultura híbrida que mezclaba elementos de las culturas cercanas. Las características arquitectónicas de Tula y de otros asentamientos toltecas muestran una curiosa mezcla de estilos. Una perspectiva cosmopolita impregnaba sus creencias religiosas e influenciaba sus edificios, lo que sugiere que los toltecas estaban abiertos a nuevas ideas y dispuestos a adoptar nuevas ideologías de sus compañeros comerciales.

Una ciudad jactanciosa

De acuerdo con este escenario, Tula se construyó sobre las bases de un gran imperio comercial que incorporaba todos los logros de las culturas mesoamericanas anteriores. Sus edificios incrustados con joyas representaban el asentamiento de todo el aprendizaje y los conocimientos y fue precisamente en Tula donde se compusieron los poemas que celebraban las alegrías de la belleza y la naturaleza y supuestamente se inventaron los sistemas de escritura y el calendario ritual.

Pero todo esto se corresponde, en gran parte, a la especulación de los aztecas. Aunque los toltecas controlaban sin lugar a dudas las relaciones mercantiles en Mesoamérica durante el periodo postclásico, el culto a Quetzalcóatl no fue invención suya. Ellos lo recrearon sobre creencias previamente existentes y, por supuesto, los

Arriba: *Aunque el
equipamiento y los
vestidos variaban muy
poco de una sociedad a
otra, en la época tolteca
los guerreros llevaban
un escudo a la espalda
para proteger los
riñones. Éste está hecho
de mosaicos que
representan a las
serpientes de Xiuhcoatl.*

sistemas de escritura y de calendario se establecieron mucho tiempo antes de que los toltecas llegasen al poder. También es evidente que gran parte de su comercio se realizaba con tributos e impuestos, un sistema que los aztecas llevarían a la perfección, y no se basaba en términos de cooperación mutua, como sugieren las leyendas. La mayor parte de Tula se dedicaba a cultos de guerreros.

Los aztecas también tenían leyendas para explicar esto. Decían que Tezcatlipoca, temeroso de la promesa de venganza de Quetzalcóatl de destruir Teotihuacán, decidió conquistar y matar a su rival antes de que pudiese poner en práctica sus amenazas. Atacó y destruyó Tula, obligando a Quetzalcóatl a huir de nuevo.

Quetzalcóatl caminó hacia el mar, una vez más acompañado de su extraño séquito de seguidores; pero esta vez no iba a contener su ira. Juró que recuperaría su fuerza y volvería durante los días aciagos del final de un *katún*, el período de cierre del ciclo de 52 años, cuando todo era incierto y el mundo se podía destruir o renovar. Entonces Quetzalcóatl traería todos los poderes que tenía como dios creador y dios de la luz para hacer frente a las fuerzas oscuras y destructoras de Tezcatlipoca y traería la destrucción final y completa de los usurpadores de su trono.

GLORIFICACIÓN DE UNA CASTA DE GUERREROS
Fundada y destruida por los dioses

A pesar de que las leyendas reivindiquen que Quetzalcóatl fundó Tula como un pacífico imperio mercantil, las investigaciones realizadas tanto en Tula como en los asentamientos mayas indican que la realidad ha sido muy diferente y que, desde sus inicios, Tula fue un Estado guerrero.

Ce Acatl Topilzin (Quetzalcóatl) era el hijo de Mixcoatl (Nube Serpiente) y su mujer Chimalman (Escudo Prostrado) y es probable que Mixcoatl fundase la ciudad. El carácter de Mixcoatl y su posterior adopción como patrón por los guerreros chichimecas (precursores de los aztecas) y después su incorporación como dios al panteón azteca señalan la naturaleza bélica de la expansión de Tula.

Bajo el liderazgo de Mixcoatl, los guerreros toltecas y sus mercenarios conquistaron todo México central y prácticamente despoblaron la zona rural de Yucatán, concentrando a la nobleza maya como rehenes en la ciudad de Chichén Iztá. Aunque una parte de Chichén Itzá, conocida como la Vieja Chichén es del período clásico, la mayor parte de la ciudad se reconstruyó con mano de obra maya bajo el dominio toltecas de Mixcoatl. De hecho, el otro único asentamiento maya importante de ese período es Balankanché, situado en una cueva cercana a Chichén Itzá, donde hay una cámara ritual subterránea dedicada a Tlaloc, el dios de la lluvia tolteca.

Vigilando la caza

Las representaciones existente de Mixcoatl no lo muestran como a una caritativa figura paternal. Su cuerpo normalmente está pintado con rayas rojas y blancas relacionadas con los guerreros prisioneros destinados al sacrificio. Con este aspecto representa a la muerte y las almas de los guerreros que flotan en el cielo, donde se convierten en estrellas de la Vía Láctea.

Mixcoatl obtuvo la categoría de dios en el calendario azteca y presidía el equivalente azteca para los meses de octubre y noviembre, lo que resulta muy significativo. Esta época se conocía como «Honores a los muertos», cuando los aztecas realizaban grandes cazas comunales y se celebraba el triunfo de los cazadores más afortunados como si fuesen los «captores» de los animales que habían matado. La caza iba seguida de sacrificios humanos.

Los edificios de Tula también sugieren la presencia de poderosos cultos de guerra. Hay representaciones de guerreros coyote y jaguar que formaban las tropas de elite de los toltecas y estaban relacionados con las águilas que devoraban corazones humanos. Si Quetzalcóatl

prohibió los sacrificios humanos en Tula, estas imágenes indican lo contrario. Sabemos que la función principal de los guerreros coyote, jaguar y águila era obtener víctimas humanas para el sacrificio y estaban entrenados para anular a sus enemigos sin matarlos. Durante el sacrificio, el corazón aún latiente de la víctima se extirpaba y ofrecía a los dioses.

Incluso el templo de Quetzalcóatl está adornado con símbolos de los guerreros. Los más impresionantes son unas enormes columnas de basalto de cuatro metros y medio de alto que sujetan el tejado del templo. Cada una de estas columnas representa a un guerrero tolteca portando armas y vistiendo su atuendo militar y cada uno de ellos tiene un símbolo del pájaro de fuego, el emblema de la elite gobernante de Tula, sobre su pecho. Pero aunque los guerreros no eran gobernantes, es obvio que su estatus como ejército altamente profesional era equivalente al de la nobleza de la ciudad.

Su asociación con Quetzalcóatl sirviendo de sustento para su templo también nos sugiere que éste distaba mucho de ser el dios pacífico que proclaman algunas leyendas aztecas. El apoyo a Quetzalcóatl se muestra en el suministro de corazones humanos para el sacrificio, en lugar de realizar ofrendas de fruta, flores y mariposas y las figuras son el centro del régimen militar que parece haber florecido en Tula.

Arriba: *Friso con un jaguar esculpido del templo de Quetzalcóatl. El jaguar, como patrón de los guerreros, enfatiza el hecho de que Tula fuese fundada como Estado guerrero.*

Enfrente:
Monumentales columnas de guerreros del templo de Quetzalcóatl. Estas figuras llevan todas las vestiduras de batalla de la elite guerrera tolteca. Nótese el símbolo del pájaro de fuego que lleva cada uno en su pecho y que identifican a los guerreros con la nobleza gobernante de Tula.

LA EXPANSIÓN TOLTECA
Dominio de Mesoamérica por el comercio y la guerra

Abajo: *Una escultura del templo de los Guerreros, en Chichén Itzá. El guerrero lleva un tocado de pájaro y un traje de plumas, así como un escudo trasero similar al que aparece en la página 127.*

Enfrente: *Una parte del templo de los Guerreros con sus columnas de serpientes esculpidas. La figura reclinada enfrente del templo es un Chac Mool. Aunque a menudo se describen como «altares de sacrificio», se desconoce*

En los cien años que duró su invasión del altiplano central de México en el siglo IX d.C., los toltecas extendieron su influencia hacia el sur de Mesoamérica. No existe prácticamente ninguna ciudad mesoamericana de este período que no presente algún grado de influencia tolteca.

Algunos de los edificios del centro maya de Chichén Iztá son casi idénticos a los de la capital tolteca de Tula, aunque teorías recientes sugieren que, como las edificaciones de Chichén Itzá están mejor construidas que las de Tula, esto podría significar que los toltecas asimilaban ideas de los mayas y no al revés. La presencia tolteca es evidente en el valle de Oaxaca y en las tierras altas de Guatemala y es posible que incluso se hubiese extendido hasta el sur y entrase en contacto con las culturas andinas no pertenecientes a la región mesoamericana.

Esta rápida expansión de la influencia tolteca se debió en parte a las acciones militares. Parece ser que se sustituyó el papel de los sacerdotes (al menos en parte) por una burocracia formada en gran parte por líderes militares. De hecho, en algunas ciudades parece que hubo casi un derrocamiento de los linajes reales existentes, reemplazados por capitanes de guerra toltecas. Pero las acciones bélicas son probablemente insuficientes para explicar el dominio tolteca sobre prácticamente toda la zona mesoamericana.

Otro factor importe fue, sin lugar a dudas, el comercio. Desde los tiempos de Teotihuacán, el sur siempre había sentido una fascinación por el norte y los toltecas abrieron y expansionaron las rutas comerciales previamente utilizadas por los habitantes de Teotihuacán. Las plumas, el algodón y, lo más importante, el cacao sólo podían obtenerse en el sur, y todos eran artículos comerciales muy valorados.

Un festín monetario

El cacao se utilizaba para hacer chocolate, una bebida cara y lujosa en el México central, pero sus vainas también servían como moneda, utilizada por las familias nobles para comprar los artículos de los banquetes que tenían que celebrar para mantener su posición de prestigio. Las plumas de pájaros tropicales de las tierras bajas de Guatemala estaban muy valoradas, mientras que las de pájaro quetzal se convirtieron en un símbolo de rango real y vinculaban a su portador con Quetzacóatl, la Serpiente Emplumada. El algodón llegó procedente de la península de Yucatán y era importante para utilizarlo en la ropa y en las armaduras de los guerreros.

Pero la fortaleza del guerrero era fundamenta para mantener el control sobre los diversos estados establecidos por los toltecas. Además de México central, dominado desde Tula, había estados toltecas en Yucatán, Tabasco y Guatemala. Las insignias de los guerreros son muy llamativas y podemos deducir que los toltecas consideraron necesario mantener guarniciones armadas en lo territorios que controlaban.

Seguramente hubo resistencia, activa y pasiva por parte de los sacerdotes cuya autonomía trataron de suprimir los toltecas y, indudablemente estos sacerdotes recurrieron a ejércitos de campesinos que podían ofrecer una considerable resistencia si se les provocaba. De hecho, la mayor parte de los estados toltecas presentan ajustes a las condiciones locales y, al menos, un reconocimiento de los dioses locales.

Existe muy poca información acerca de la expansión tolteca. Esto no se debe a la falta de registros, sino básicamente a la gran cantidad de leyendas existentes creadas por los aztecas para legitimar sus posteriores reclamaciones de las zonas que anteriormente estuvieron bajo el control tolteca. Los toltecas aparecen en estas leyendas como personajes ejemplares, cuya sabiduría fue tal que inventaron las matemáticas y la escritura. Pero todas estas historias son, indudablemente, aztecas y son tan ciertas como los cuentos que narran cómo los toltecas cultivaban algodón de colores de forma que los tejedores no tenían que teñirlo o las historias de una tierra qu

CHICHÉN ITZÁ
Las fuerzas invasoras influyeron en la arquitectura de la ciudad maya

En el lenguaje maya, *chi* significa «boca» y *chen* «pozo», mientras que Itzá es una designación tribal. Por lo tanto, podríamos traducir el nombre de Chichén Itzá por «Boca del Pozo de Itzá», una referencia al cenote sagrado (pozo natural) que tanto caracteriza a este asentamiento (véase páginas 136-137).

Chichén Itzá está situado aproximadamente a 120 km al este de Mérida, la capital de Yucatán. Según el Chilam Balam (uno de los libros sagrados de los mayas, escrito en maya en tiempos de la conquista española) se fundó en el año 450. Esta fecha se aproxima bastante a las derivadas de los estudios arqueológicos.

Todas las edificaciones de la primera época de Chicén Itzá están en estilo maya y se encuentran situadas en la parte sur del asentamiento. Entre ellas se incluyen la casa Roja, el Convento, la casa del Ciervo y la Akab-Dzib y se distinguen por las numerosas esculturas del dios de la lluvia de larga nariz: Chac.

El Chilam Balam nos dice que Yucatán sufría continuas invasiones de tribus extranjeras desde los inicios del siglo X, tribus que utilizaban Chichén Itzá como base para sus incursiones en la zona, pero que finalmente fueron derrotadas cuando Itzá volvió a reclamar sus tierras. Aunque las investigaciones arqueológicas no pueden verificar el regreso de Itzá, está claro que desde el siglo X en adelante, Chichén Itzá sufrió invasiones y sus características arquitectónicas quedaron modificadas.

Durante este último período, el antiguo dios de la lluvia maya, Chac, se relacionaba con Tlaloc, el dios de la lluvia del valle de México. Del mismo modo, la Serpiente Emplumada maya, Kukulcán, ahora se representaba como Quetzalcóatl. Las construcciones de este período están esculpidas con serpientes entrelazadas y jaguares y águilas devorando corazones humanos.

Paisaje inexplorado

Hay columnas adornadas con guerreros no mayas y altares de cráneos (tzompantli, véase páginas 156-157), así como con otros detalles arquitectónicos que vinculan a Chichén Itzá con la capital tolteca de Tula. Si los toltecas arrasaron por completo Chichén Itzá o si formaron algún tipo de alianza maya-tolteca no está muy claro, pero los edificios de la parte norte de la ciudad contienen elementos derivados de ambas culturas.

Las últimas construcciones se erigieron en su gran mayoría entre los siglos XI y XIII, el período durante el cual Chichén Itzá era la ciudad más importante de Yucatán. Las columnas de Serpiente Emplumada tolteca sujetan los dinteles de los templos del Guerrero y del Jaguar, y los elementos toltecas también son evidentes en la sala de las Mil Columnas, en El Castillo (también conocido como la pirámide de Kukulcán o la pirámide de la Ser-

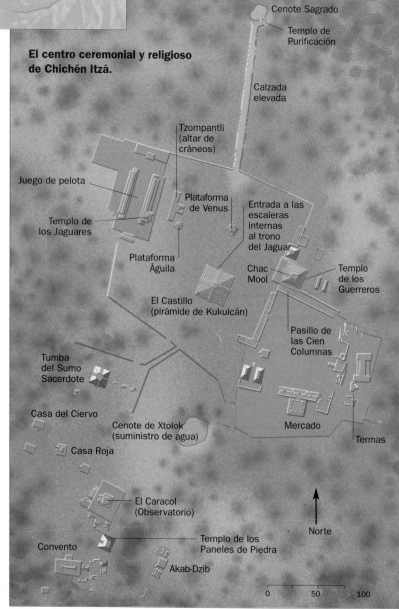

El centro ceremonial y religioso de Chichén Itzá.

piente) y el juego de pelota, donde aparecen al lado de representaciones del dios de la lluvia maya de larga nariz.

Aunque se han investigado cientos de edificios, desde poderosas pirámides como el Castillo hasta los restos de agujeros para postes que sujetaban pequeñas cabañas, sólo se pueden visitar aproximadamente 20 edificaciones. Desde la parte de arriba del Castillo, la zona circundante aparece llena de numerosas «colinas» cubiertas con una densa vegetación y la mayor parte de estos montículos son,

sin lugar a dudas, pirámides sin explorar que en su día formaron parte de Chichén Iztá.

Chichén Itzá cayó a mediados del siglo XIII y su poder desistió frente al de una ciudad rival, Mayapán. No se construyeron nuevos edificios ni se hicieron nuevas esculturas desde entonces. Sólo una pequeña y dispersa población continuó viviendo permanentemente en su vecindad. Pero perduró como un sitio de peregrinaje y se seguían dejando ofrendas en el cenote sagrado incluso tras el inicio de la conquista española.

OBSERVACIONES ASTRONÓMICAS
¿Alineaciones imposibles para una cultura antigua?

Abajo: *Esta edificación redonda, conocida como «El Caracol», era usado como observatorio por los astrónomos mayas de Chichén Itzá. Una escalera en espiral en el interior conduce a una plataforma de observación donde pequeños edificios hechos en el muro están orientados a los cuatro puntos cardinales y a otros puntos astronómicos importantes.*

Las observaciones mayas del sol y de la luna, así como de los movimientos de los planetas se utilizaban con fines adivinatorios y, en este sentido, los mayas eran astrólogos más que astrónomos. El sol, la luna, los planetas y las estrellas eran divinidades cuyos movimientos y conjunciones tenían consecuencias directas en las vidas de las personas. Aunque esto no significa que sus observaciones fuesen incorrectas (de hecho se acercaron bastante al cálculo moderno y se adelantaron a la astronomía del Viejo Mundo del mismo período), concedía a los cuerpos celestiales una importancia estrechamente vinculada a las actividades rituales y sacerdotales.

Debido a que las divinidades celestiales controlaban los acontecimientos de la tierra, era importante que los sacerdotes inventasen medios mediante los cuales poder observar sus movimientos con precisión y adivinar sus intenciones. Parte de esto estaba representado dentro de los centros ceremoniales, en las alineaciones de los edificios principales y en su localización con respecto los unos a los otros.

Las características arquitectónicas de la pirámide del Castillo en Chichén Itzá representan elementos importantes en el calendario maya. En cada uno de sus cuatro lados tiene 91 escalones que, con la plataforma del templo, suman 365: el número de días de un año solar. Cada lado de la pirámide tiene 52 paneles insertados en nueve peldaños escalonados, cifra que equivale al número de años del ciclo mayor del calendario maya-tolteca, el *katún*. Cada uno de estos nueve peldaños de la pirámide está dividido en dos tramos por medio de una escalera, de forma que cada lado cuenta con 18 secciones que se corresponderían con los 18 meses del año maya.

Forma de gastrópodos

Es poco probable que los detalles arquitectónicos, como los que acabamos de dar acerca del Castillo, sean casuales o accidentales, pero en Chichén Itzá, en un edificio conocido como el Caracol, encontramos pruebas más directas. El Caracol es una torre redonda asentada sobre una plataforma rectangular y, en el interior, una escalera espiral conduce desde el segundo piso hasta un observatorio. Ésta es la escalera que da su nombre al edificio ya que en español utilizamos la palabra «caracol» para describir a este tipo de escaleras que reproducen la forma de una concha de caracol. Conocemos la existencia de edificios posteriores de forma similar dedicados al dios tolteca Quetzalcóatl en su manifestación como Ehecatl, el dios de los vientos y probablemente esto también sea aplicable para el Caracol.

La parte este del Caracol está en ruinas, pero disponemos de restos suficientes para entender parte del significado que esta construcción tenía para los sacerdotes mayas. Unas aberturas parecidas a ventanas realizadas en las gruesas paredes proporcionan puntos de visión para las observaciones astronómicas. Entre las que perduran, una mira directamente al oeste, hacia la dirección donde el sol se pone en el equinoccio de invierno, otra está orientada hacia la posición de la luna en su inclinación más al sur y la otra hacia su inclinación al norte. Otra sitúa al Caracol en un eje sur-norte.

La duda que surge es cómo los mayas, sin el uso de aparatos modernos de astronomía podían realizar observaciones tan precisas. Esto ha hecho que muchos estudiosos sugiriesen que estas observaciones y alineaciones sean casuales en vez de premeditadas. Pero su frecuencia y precisión sugieren lo contrario y los dibujos incluidos en los códices del México central proporcionan algunas pistas en ausencia de una prueba directa de la zona maya.

En estos dibujos, los observadores aparecen representados ante dos palos cruzados utilizados como aparato para observar puntos distantes en el horizonte. Comparando el descenso o la elevación de un cuerpo celeste con la posición de un objeto natural es posible establecer su ciclo sinódico (solamente es necesario esperar a que se eleve o descienda exactamente en el mismo punto de nuevo). Estos factores conocidos pueden equipararse con otros movimientos celestes para llegar a complejos cálculos y, tras un período de tiempo, perfeccionarlos hasta alcanzar un nivel alto de exactitud.

Arriba: *Las multitudes visitan Chichén Itzá durante los equinoccios de invierno y de verano. Vienen a ver las sombras creadas por el borde escalonado de la pirámide en el lado de la escalera norte del Castillo. La última onda de sombra alcanza el suelo para coincidir con la cabeza de serpiente con la mandíbula abierta que se puede observar hacia la izquierda en el centro de la fotografía.*

EL CENOTE SAGRADO
Sacrificios en el pozo vivificante de Chichén Itzá

Abajo: *Esta panorámica del Cenote Sagrado muestra la calzada elevada que conduce al exterior desde la parte de arriba a la izquierda hacia El Castillo. El Cenote Sagrado no se empleaba pero el suministro de agua (un segundo cenote en Chichén Itzá se usaba para labores domésticas) sino para sacrificios a las divinidades del agua.*

El agua, como elemento fundamental para la supervivencia humana, era el centro de una gran cantidad de rituales de los antiguos mayas. La mayor parte de los asentamientos ceremoniales están situados en los cursos de los ríos o en sus proximidades y en algunos casos, como en Palenque, el río es una característica arquitectónica incorporada dentro del centro ceremonial. En toda Mesoamérica, aparecen numerosas figuras del dios de la lluvia y de sus ayudantes y a menudo se hablaba de la sangre de los sacrificios humanos como de «agua de vida» pagada en homenaje a los dioses.

Para los mayas de Yucatán, el agua adoptó un significado muy especial. Durante la mayor parte del año, apenas hay agua en la superficie y la mayor parte necesaria para las cosechas se reco-gía en embalses y depósitos construidos en las proximidades de los complejos ceremoniales.

Pero la gran llanura de piedra caliza que forma Yucatán tiene una característica única: la existencia de pozos naturales redondos y profundos o cenotes, que eran usados durante todo el año. En Chichén Itzá, el cenote Xtoloc, situado en el centro, suministraba agua suficiente para satisfacer las necesidades de toda la población local y contribuyó en gran medida a la importancia del asentamiento durante el período clásico.

Un segundo cenote de Chichén Itzá, el cenote del Sacrificio, tenía una función diferente. Estaba conectado al Castillo (la gran pirámide situada en el centro de Chichén Itzá) mediante una calzada de 300 metros de largo y atraía a peregrinos procedentes de regiones situadas tan al sur

como Panamá o tan al norte como el valle de México, que viajaban para arrojar sus ofrendas a las profundidades del cenote. Durante las investigaciones arqueológicas realizadas por el Museo Peabody entre 1905 y 1908 se recuperaron cientos de bloques de *pom* (resina de copal) partida en trozos pequeños pintados de color turquesa claro del fondo del cenote.

El *pom*, al quemarse, desprende un agradable olor y se colocaba en pequeños quemadores de incienso de cerámica decorados con imágenes de los dioses. Gracias a esto sabemos que muchas de las ofrendas realizadas en el cenote del Sacrificio estaban dedicadas a Chac, el dios de la lluvia o de la tormenta.

Ofrendas jóvenes y preciosas

La leyenda dice que el cenote del Sacrificio era el lugar a donde los sacerdotes mayas arrojaban a las muchachas vírgenes junto con sus joyas y otras ofrendas de valor. Aunque no hay pruebas arqueológicas claras de que las vírgenes se escogiesen especialmente como víctimas de sacrificio, cuando se dragó el cenote se descubrieron huesos humanos y cráneos, la mayoría pertenecientes a niños.

Fray Diego de Landa, uno de los cronistas españoles, escribió que en ocasiones se arrojaba a niños al cenote al amanecer. Si sobrevivían hasta el mediodía se les tiraba una cuerda para ayudarlos a salir. Se creía que durante el tiempo que duraba esta experiencia entraban en contacto con los dioses y, por lo tanto, podían predecir acontecimientos del año venidero. También escribió que si se ahogaban, los señores mayas huían del cenote alarmados y temerosos. Landa cuenta que los mayas «tenían la costumbre de arrojar a hombres vivos al pozo durante la estación seca como sacrificio y aunque no se volvía a ver de nuevo a esos hombres, no se consideraba que hubiesen muerto».

Muchos de los objetos recuperados del cenote eran artículos que los mayas consideraban de valor, ya fuese por su exquisita artesanía o porque estuviesen hechos de materiales que hubiese que importar. Entre estos artículos hay máscaras, joyas de oro, placas de oro y cobre, esculturas de piedra y de madera, ornamentos y abalorios pulidos, puntas de hachas ceremoniales de jade y cuchillos de sacrificio realizados con conchas y huesos esculpidos. Algunos, como una serie de *atlatls* (puntas de lanza), están relacionados con la caza y la guerra, al igual que los largos huesos humanos esculpidos que es de suponer que eran trofeos de guerra.

Arriba: *En el punto en el que la calzada alcanza el cenote, encontramos un pequeño templo, aquí parcialmente reconstruido, que se utilizaba durante los rituales de purificación que precedían a los sacrificios. El cenote sagrado tenía como media 12 metros de profundidad y debajo hay una capa de tres metros de barro. El dragado parcial descubrió la existencia de huesos humanos y de numerosos objetos.*

QUETZALCÓATL COMO KUKULCÁN

El líder maya se convierte en el dios Serpiente Emplumada

Arriba: *La mandíbula abierta de la serpiente y el manto de plumas de Quetzalcóatl de una escultura de Teotihuacán.*

En náhuatl, la lengua hablada por los toltecas y los aztecas, Quetzalcóatl es el nombre que recibe la Serpiente Emplumada que tantas veces aparece en las creencias y en los rituales del período postclásico. Los mayas de Yucatán lo conocían como Kukulcán, mientras que para lo mayas de las tierras altas de Quiché y Cakchiquel, en Guatemala era Gucumatz. Aunque fue bastante impor-

tante en este período posterior en las zonas mayas de México, la Serpiente Emplumada está curiosamente ausente durante la mayor parte del período clásico, a pesar de que los otros dioses principales tienen claros antecedentes en ésta era anterior.

Aun así, los mayas del período colonial hablaban de Kukulcán como uno de los dioses geme- los Creadores, considerándolo de un modo muy

parecido a como los toltecas y los aztecas consideraban a Quetzalcóatl. Estas leyendas también denominan al lugar de origen Zuyua, un nombre vinculado a la capital tolteca de Tula. La deducción es, por supuesto, que Quetzalcóatl/Kukulcán era un invento de los toltecas.

Pero, al mismo tiempo, sabemos que los toltecas adoptaban como propios los nombres de los dioses existentes para sus dioses más importantes y que eran, básicamente, una sociedad guerrera, en vez de estar dominada por los sacerdotes. Es poco probable que hubiese un intento teocrático de inventar dioses nuevos entre los toltecas, tal y como sucedió con los aztecas.

Las fuentes históricas mayas proporcionan una historia detallada acerca de un hombre que se hacía llamar Kukulcán y que llegó a Yucatán procedente del oeste en el año 987. Según estas historias, Kukulcán se hizo con el control de la península de Yucatán y estableció la capital en Chichén Itzá, cuyas últimas fases contienen construcciones mayas-toltecas. Se dice que introdujo la idolatría, pero era bueno y justo.

Las leyendas dicen que Kukulcán regresó más tarde a México, donde fue venerado como el dios Quetzalcóatl. Probablemente se refieren a la invasión tolteca de Yucatán bajo el liderazgo de Mixcoatl (Nube Serpiente) cuyo hijo, Topiltzin, adoptó más adelante el nombre de Quetzalcóatl como título real.

Topiltzin-Quetzalcóatl expulsado

Se cree que Quetzalcóatl-Topiltzin era un miembro de la realeza, más tarde elevado a la categoría de dios. Existen precedentes al respecto en la historia mesoamericana, donde los linajes gobernantes solían auto-proclamarse como descendientes de los dioses. La identificación de Kukulcán como bueno y justo puede reflejar el hecho de que Yucatán se encontraba bajo el yugo mexicano en ese momento. Los toltecas ejercieron un control considerable en Yucatán, de donde desalojaron a los antiguos linajes mayas. En los murales de Chichén Itzá, Kukulcán aparece flotando en

el cielo, donde espera el regalo de los corazones sacrificados arrancados de los pechos de los regidores mayas.

Otros relatos, aunque difieren en los detalles, también indican que fueron los toltecas los que introdujeron el culto a Quetzalcóatl. En este caso surge una división entre los seguidores de Topiltzin-Quetzalcóatl y las órdenes militares toltecas que homenajeaban a Tezcatlipoca (Espejo Humeante). A través del engaño, Tezcatlipoca forzó a Quetzalcóatl a abandonar Tula. Él y sus seguidores huyeron a la costa del golfo, donde se echaron a la mar en una balsa de serpientes para viajar hasta Tlapallán (Tierra Roja). Puede resultar significativo que la fecha que se da para la expulsión de Topiltzin-Quetzalcóatl sea, una vez más, el año 987, que se corresponde con la supuesta fecha de las migraciones toltecas a Yucatán.

Por lo tanto, se puede llegar a la concusión de que el culto a Quetzalcóatl se originó con las insignias de un linaje gobernante tolteca. Topiltzin-Quetzalcóatl, forzado al exilio tras un golpe militar en Tula, podría haber fundado un Estado tolteca independiente en Yucatán, de donde desalojó a los gobernantes existentes, autoproclamándose rey. Para legitimar su posición siguió una costumbre muy antigua de identificar a las familias gobernantes con los dioses y Quetzalcóatl-Kukulcán se convirtió en dios. La posición de Quetzalcóatl como dios principal se confirmó años más tarde con los aztecas, que decían descender de los linajes reinantes en Tula.

Arriba: *Hay pocos indicios de que el culto a Quetzalcóatl se originase entre los mayas, aunque las leyendas mayas afirman que una serpiente emplumada a la que denominaban Kukulcán era uno de los dioses gemelos creadores. El Castillo de Chichén Itzá estaba dedicado a Kukulcán, pero es una construcción de influencia tolteca tardía. Este fragmento de escultura del siglo X procede del asentamiento de Chichén Itzá.*

LAS LEYENDAS DE LOS HEREDEROS
Versiones mitológicas de la historia tolteca

Abajo: *Detalle de la Pirámide de Quetalcóatl en la capital tolteca de Tula. La capa exterior de la pirámide se desgastó, revelando algunos detalles de su construcción. Aunque muchas construcciones mayas de Yucatán imitaban a las de Tula, los edificios de Yucatán eran normalmente de mayor calidad.*

La historia de los toltecas es casi en su totalidad legendaria. No dejaron monumentos fechados y, durante años, el registro arqueológico era incompleto y contradictorio. Primero se pensó que su capital, Tollan, estaba situada en Teotihuacán, una teoría que posteriormente se demostró que era falsa, así que entonces se identificó con hasta doce asentamientos diferentes. Ahora sabemos que se encontraba en Tula, en el estado mexicano de Hidalgo. Gran parte de la confusión surge de los mitos que los aztecas iniciaron sobre los toltecas.

Según estos relatos, los toltecas llegaron del norte y crearon una ciudad en un laberinto de cavernas en Culhuacán. Ce Acatl Topiltzin Quetzalcóatl construyó Tula con «casas de plata, algunas construidas con conchas marinas blancas y teñidas, casas de turquesa y de ricas plumas». Su reino era realmente extraordinario y tenía algodón, maíz y cacao que crecían formando una miríada de colores y la comida era tan abundante que los toltecas quemaban gran parte de sus mazorcas de maíz para calentar los baños.

Durante el reinado de Topiltzin Quetzalcóatl, los toltecas sacrificaban sólo serpientes, pájaros y mariposas. Sus ofrendas consistían en flores y vivían en armonía pacífica con todos sus vecinos. Esto enfureció a los dioses, que demandaban corazones humanos, así que enviaron a un mago que tentó a Topiltzin Quetzalcóatl con una bebida que se decía que devolvía la juventud y el vigor. Mientras se encontraba bajo los efectos de la bebida del mago, mantuvo relaciones sexuales con una joven enviada por la diosa de las flores o con ella misma, según otras vesiones, rompiendo así sus votos como sacerdote y abriendo un camino a través del cual el dios de la fatalidad, Tezcatlipoca, podía hacerse con el control. También se ha utilizado una versión diferente para explicar la destrucción de Tula (véase páginas 124-125).

Condenado por el deseo

Tras Topiltzin Quetzalcóatl llegó una sucesión de reyes, cada uno de los cuales gobernó durante 52 años exactamente (la duración del ciclo mayor del calendario mesoamericano). Durante sus reinados, Tula empezó su declive. Hubo sequías, los gusanos se comían el maíz y llovió fuego desde los cielos. El último soberano, Huemac, también fue víctima de las maquinaciones de Tezcatlipoca. Huemac, que ya no tenía los votos de abstinencia que habían regido el mandato de Topiltzin Quetzalcóatl, tenía una hija que había rechazado a todos sus

pretendientes. Tezcatlipoca envió a un mago, Toueyo, al mercado de Tula con la intención de terminar con el reinado de Huemac.

Toueyo se hizo pasar por vendedor de chiles verdes y, al igual que otros vendedores ambulantes de los distritos rurales, no llevaba ropa. La hija de Huemac, bajo el hechizo del mago, vio su pene y no pudo controlar el deseo. Se retiró a sus habitaciones en palacio, donde permaneció apática, sin ganas de comer y su cuerpo empezó a hincharse. Las doncellas suplicaron a Huemac que la librase de su miseria y una vez que descubrió la causa, mandó llamar a Toueyo al palacio y le entregó a su hija como esposa.

Los aztecas utilizaban la historia de Huemac para explicar la caída de Tula. Huemac había casado a su única hija con un extranjero y, lo que es peor, con un simple vendedor ambulante de

chiles verdes. Al contraer matrimonio con un miembro de las clases bajas, rompió la herencia aristocrática de los reyes toltecas. Este relato también servía para justificar la invasión azteca de Tula, ciudad que destruyeron en un intento de resucitar el culto de Quetzalcóatl, del que los soberanos aztecas se proclamaban descendientes. Aunque gran parte del contenido de estas historias es producto de la cosmovisión azteca y, en parte, una justificación de su propio dominio, los restos arqueológicos tienden a confirmar las disputas internas que terminaron con Tula. Los conflictos entre los cultos de los sacerdotes, representados por Quetzalcóatl, y los de los líderes militares, por Tezcatlipoca, fueron la base de los conflictos ideológicos que más tarde surgieron en la capital azteca de Tenochtitlán.

Arriba: *La invasión tolteca de Yucatán en el siglo X enfrentó a los guerreros toltecas con las doctrinas más conservadoras de los sacerdotes mayas. La figura de basalto (izquierda) representa a un guerrero tolteca llevando un traje de armadura acolchada. La oposición a la invasión tolteca estuvo liderada básicamente por los sacerdotes, como el que se muestra a la derecha en una imagen extraída de un jarrón de porcelana maya.*

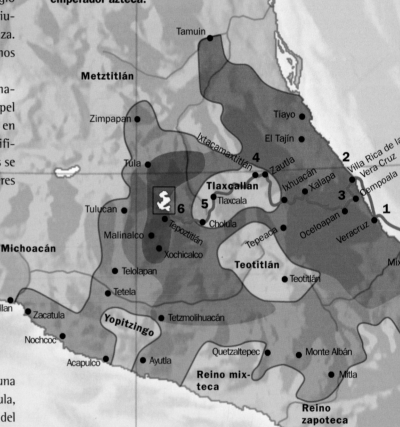

CAPÍTULO SIETE

LOS AZTECAS

La alianza mexica y chichimeca con las ciudades del valle de México

La etapa final de la historia mesoamericana comenzó cuando un grupo tribal al que actualmente conocemos con el nombre de aztecas fundó Tenochtitlán en el valle de México en el año 1325. Los aztecas fueron el grupo dominante en Mesoamérica durante el siglo que llevó hacia la conquista española entre los años 1519-1521 y en pleno auge de su poder gobernaron la mayor parte del actual México.

Pero, de todos modos, el suyo fue un apogeo tardío de la cultura mesoamericana: cuando se creó Tenochtitlán, la gran ciudad de Teotihuacán llevaba en ruinas más de 600 años, la influencia maya llevaba 400 años menguando y la capital tolteca de Tula había quedado arrasada hacía 100 años.

Los aztecas se autodenominaban mexica o tenochca y en compañía de otro grupo tribal llamado chichimeca, penetraron en el valle de México durante los primeros años del siglo XIII. Aquí, los recién llegados formaron una alianza con las ciudades de Texcoco y Tlacopan, conocida como la Triple Alianza. Normalmente, cuando utilizamos la palabra «azteca» estamos haciendo referencia a esta alianza.

La historia azteca es una historia de conquista y dominación y la mayor parte de los relatos se explayan en el papel de los guerreros águila y jaguar, en el sacrificio humano y en la práctica del canibalismo ritual. Tenemos datos de sacrificios de 15.000 personas o más cada año, cuyos corazones se arrancaban de los cuerpos todavía con vida y los cadáveres se arrojaban por los escalones de la pirámide hacia las multitudes que esperaban abajo. Algunas estimaciones sitúan el número de sacrificios anuales en 50.000.

Aunque el sacrificio era un elemento importante en la cultura azteca (no sólo servía para propiciar a los dioses, sino también para controlar al imperio a través de la amenaza de destrucción ritual de los nobles y guerreros más destacados de los estados sometidos), esto es sólo una parte de la historia. Lejos de ser bestias salvajes, los aztecas habían desarrollado una rica mitología basada en las creencias de Teotihuacán y Tula, perfeccionaron las artes de la construcción monumental y del cultivo de la tierra y sentían un profundo amor por la poesía y la retórica (véase páginas 160-161). Resulta muy significativo que el principal oficial en la sociedad azteca se denominase el Gran Orador.

Significado de los números de este mapa:
(1) Cortés toca tierra en abril de 1519. Mientras sus barcos continúan viajando hacia el norte al punto acordado de antemano que más tarde se convertiría en la Villa Rica de la Vera Cruz (2), Cortés puede haber viajado por tierra a través de Oceloapan (3) antes de unirse a la fuerza principal.

En Ixtacamactitlán (4) Cortés encuentra una difícil resistencia de los indios que impresiona a los españoles con la fuerza y el poder de Moctezuma y la capital azteca. Los habitantes de Tlaxcala (5) totalmente independientes de Tenochtitlán, se convirtieron finalmente en aliados de Cortés.

En noviembre de 1519, Cortés llegó a Ayotzingo, donde el sobrino de Moctezuma le dio la bienvenida, y conduce a los triunfantes españoles a Tenochtitlán para conocer al emperador azteca.

900 d.C. Fin de la civilización clásica maya.	**1200** Los mexica (aztecas) y los chichimecas entran en el valle de México.	**1250** En África se funda el reino de Benin.	**1325** Los aztecas fundan Tenochtitlán.	**1345** Tenochtitlán se convierte en la capital del imperio azteca.	**1428-1430** Los aztecas vencen a los primeros colonos tepanecas del valle de México.	**1434** Triple Alianza formada por Tenochtitlán, Texcoco y Tlacopan.	**1440-68** El imperio azteca se expande hacia el sur de Tenochtitlán.

Guerra, religión, agricultura y artesanía

La sociedad azteca era sumamente compleja. El tlatoani era el jefe del Estado y sumo sacerdote y se consideraba que ostentaba esa posición por derecho divino. Por debajo de él había un capitán de guerra entre cuyas funciones estaba ocuparse de los asuntos seculares de los aztecas, así como una serie de sacerdotes que dedicaban sus vidas a homenajear a una o a otra de las divinidades aztecas. Este grupo de elite estaba apoyado por la nobleza, entre cuyos miembros se elegían a los guerreros jaguar y águila. No había un ejército azteca regular sino que, en lugar de esto, cada muchacho azteca recibía un entrenamiento sobre guerra defensiva y acerca de la utilización del *atlatl* y de la espada de obsidiana *(véase páginas 162-163)*.

A pesar del énfasis concedido a la guerra, la economía azteca se basaba en la agricultura y estaba sostenida por cultivos sobre islas flotantes o *chinampas (véase páginas 164-165)* que estaban bajo el control de unidades sociales locales o *calpulli*. Cada *calpulli* tenía su propio líder y su propio templo. Además había muchos barrios en el interior de Tenochtitlán dedicados a la fabricación de artesanía o a otras ocupaciones como la albañilería o la orfebrería. Las mujeres, aunque estaban excluidas de los oficios de mayor importancia, eran muy respetadas y disfrutaban de prácticamente las mismas libertades que los hombres y algunos roles femeninos, como el de comadrona, tenían un estatus equivalente al de los sacerdotes de los templos en una elite gobernante.

La vida azteca era profundamente religiosa. No se hacía nada que fuese en contra de la voluntad de los dioses y cada familia tenía su propio santuario en el que oraban y realizaban ofrendas a diario. Cada día del año y cada actividad tenía su propio patrón y los asuntos de más importancia sólo se resolvían después de que los sacerdotes del templo hubiesen consultado sus calendarios y determinado una fecha propicia.

Pero los aztecas nunca fueron dogmáticos. Aunque solicitaban tributos en forma de impuestos a los pueblos conquistados, nunca trataron de imponer sus creencias.

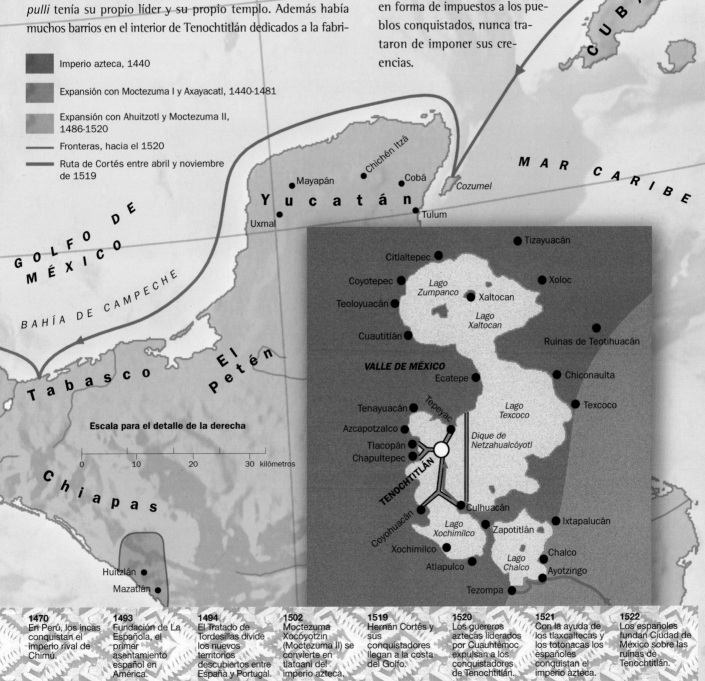

FLORIDA

CUBA

MAR CARIBE

GOLFO DE MÉXICO

BAHÍA DE CAMPECHE

Yucatán
- Mayapán
- Chichén Itzá
- Cobá
- Uxmal
- Tulum
- *Cozumel*

Tabasco

El Petén

Chiapas
- Huitzlán
- Mazatlán

Imperio azteca, 1440

Expansión con Moctezuma I y Axayacatl, 1440-1481

Expansión con Ahuitzotl y Moctezuma II, 1486-1520

Fronteras, hacia el 1520

Ruta de Cortés entre abril y noviembre de 1519

Escala para el detalle de la derecha

0   10   20   30   kilómetros

VALLE DE MÉXICO
- Tizayuacán
- Citlaltepec
- Coyotepec
- Xoloc
- Teoloyuacán
- *Lago Zumpanco*
- Xaltocan
- *Lago Xaltocan*
- Cuautitlán
- Ruinas de Teotihuacán
- Ecatepe
- Chiconaulta
- *Lago Texcoco*
- Texcoco
- Tenayuacán
- Tepeyac
- Azcapotzalco
- Tlacopán
- *Dique de Netzahualcóyotl*
- Chapultepec
- **TENOCHTITLÁN**
- Culhuacán
- Coyohuacán
- *Lago Xochimilco*
- Ixtapalucán
- Zapotitlán
- Xochimilco
- Chalco
- Atlapulco
- *Lago Chalco*
- Ayotzingo
- Tezompa

1470
En Perú, los incas conquistan el imperio rival de Chimú.

1493
Fundación de La Española, el primer asentamiento español en América.

1494
El Tratado de Tordesillas divide los nuevos territorios descubiertos entre España y Portugal.

1502
Moctezuma Xocóyotzin (Moctezuma II) se convierte en tlatoani del imperio azteca.

1519
Hernán Cortés y sus conquistadores llegan a la costa del Golfo.

1520
Los guerreros aztecas liderados por Cuauhtémoc expulsan a los conquistadores de Tenochtitlán.

1521
Con la ayuda de los tlaxcaltecas y los totonacas los españoles conquistan el imperio azteca.

1522
Los españoles fundan Ciudad de México sobre las ruinas de Tenochtitlán.

LOS ORÍGENES DE MEXICA-CHICHIMECAS

La accidentada historia de una tribu mercenaria

La historia azteca no comienza hasta principios del siglo XIII, cuando una pequeña tribu autodenominada mexica, entró en el valle de México. La leyenda sólo nos dice que este pueblo procedía de Aztlán («tierra blanca») en el norte, en ocasiones asociado al Mictlán, el inframundo.

Es posible que éste fuese un pueblo de cazadores-recolectores nómadas o de campesinos a pequeña escala a los que las condiciones adversas obligaron a desplazarse la sur. Cuando entraron en el valle de México, éste estaba dominado por tres poderes rivales: el tepaneca de Atzcapotzalco, la ciudad de Texcoco, inspirada en la cultura tolteca, y la ciudad de Culhuacán, cuyos líderes afirmaban ser descendientes de los toltecas-chichimecas de Tula.

Los propios chichimecas, a pesar de reclamar que su ascendencia procedía de Tula, también eran forasteros procedentes del norte. Parece que los tepanecas y los habitantes de Texcoco despreciaban a los recién llegados, ya que el nombre chichimeca deriva de «chi-chi-chi», onomatopeya del supuesto gorgojeo ininteligible utilizado en lugar del lenguaje apropiado y que designa a los chichimecas como «bárbaros».

Los mexica formaron un pequeño asentamiento llamado Chapultepec, situado en la orilla oeste del lago Texcoco. Eran pocos en número e incapaces de establecerse como una potencia en la zona, como habían hecho los chichimecas, así que actuaban como guerreros mercenarios empleados por una de las facciones rivales del valle. Finalmente, formaron una alianza más permanente con la poderosa ciudad chichimeca de Culhuacán, con cuyos habitantes tenían una afinidad resultante de su condición de extranjeros en la región.

La leyenda cuenta que los mexica, en un intento por impresionar a sus aliados de Culhuacán, organizaron un gran festival en el que se iba a honrar a la hija del señor de Culhua. Éste en seguida accedió, anticipando que el honor sería casarla con una familia noble mexica, lo que fortalecería la alianza política existente entre Culhuacán y Chapultepec. Pero los mexica sacrificaron a la joven en honor a su dios, Huitzilopochtli.

Exiliado a la leyenda

Como venganza, los guerreros de Culhuacán echaron a los mexica de Chapultepec y los obligaron a exiliarse en unas pequeñas islas situadas en una región pantanosa del lago Texcoco. El señor Culhua esperaba que los mexica pereciesen en este entorno hostil y decidió exiliarlos en lugar de destruirlos para prolongar su agonía. Pero los mexica eran tenaces y sobrevivieron convirtiéndose en mercenarios para Texcoco y Azcapotzalco, capital de los tepanecas. Por casualidad, su exilio hizo que se cumpliese la primera parte de una leyenda que decía que fundarían una gran ciudad («el centro del mundo») en una isla pantanosa.

Tras muchos años de grandes dificultades, se cumplió la segunda parte de su leyenda. Se trataba de que los cimientos de la ciudad se asentarían sobre una isla donde encontrasen un águila (el símbolo de su dios particula Huitzilopochtli) posada sobre un nopal y devorando una serpiente. Esta profecía se hizo realidad en el año 1325, cuando los mexica empezaron a construir Tenochtitlán «lugar donde abundan los nopales».

Con la creación de esta base permanente, la experiencia militar que habían adquirido los mexica gracias a sus servicios como mercenarios les resultó muy útil. Estaban familiarizados con las tácticas de todos los capitanes de guerra de los alrededores y recurrieron a esta ventaja para vencer a los teponecas y forzar una nueva alianza con Texcoco.

También se aliaron con otra ciudad, Tlacopan, para formar la Triple Alianza de los aztecas y subyugaron a una ciudad cercana situada más al norte para crear la ciudad gemela de Tenochtitlán-Tlatelolco. La potencia dominante dentro de la triple alianza era la mexica-chichimeca, que legitimaron su poder autoproclamándose descendientes de los toltecas y de Teotihuacán.

Arriba: *El asentamiento azteca original estaba situado en Chapultec, en la orilla oeste del lago Texcoco. Actualmente, esa zona está cubierta por un parque en Ciudad de México.*

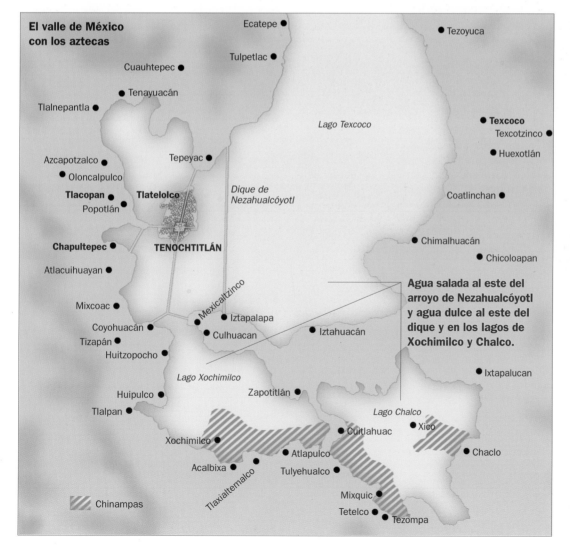

El valle de México con los aztecas

Ecatepe
Tezoyuca
Tulpetlac
Cuauhtepec
Tenayuacán
Tlalnepantla
Lago Texcoco
Texcoco
Texcotzinco
Huexotlán
Azcapotzalco
Tepeyac
Oloncalpulco
Tlacopan   Tlatelolco   Dique de Nezahualcóyotl
Popotlán
Coatlinchan
Chapultepec   TENOCHTITLÁN
Chimalhuacán
Atlacuihuayan
Chicoloapan
Mexicaltzinco
Agua salada al este del arroyo de Nezahualcóyotl y agua dulce al este del dique y en los lagos de Xochimilco y Chalco.
Mixcoac
Iztapalapa
Iztahuacán
Coyohuacán
Culhuacan
Tizapán
Huitzopocho
Ixtapalucan
Lago Xochimilco
Huipulco
Zapotitlán
Lago Chalco
Tlalpan
Xico
Cuitlahuac
Xochimilco
Chaclo
Atlapulco
Acalbixa
Tulyehualco
Tlaxialtemalco
Mixquic
Tetelco
Tezompa
Chinampas

Enfrente: *Según los mitos aztecas, su capital, Tenochtitlán, debía fundarse en un pantano donde encontraron a un águila sobre un nopal devorando a una serpiente con el pico. Este plano azteca representa la fundación de la ciudad, con el águila y el nopal en el centro. Nótense las líneas azules que dividen Tenochtitlán en cuatro partes y representan los canales sobre los que se construyó la ciudad.*

LA ESTÉTICA AZTECA
Esculpiendo el aspecto de objetos reales

Derecha: *Una escultura azteca de una cabeza de águila. Nótese el pico y los ojos anatómicamente correctos.*

Abajo: *Esta figura pintada de una mujer nos sirve para imaginarnos cómo sería la vestimenta diaria de las mujeres aztecas.*

Para los aztecas, el mundo estaba lleno de belleza. Observaban cuidadosamente hasta el más mínimo detalle que la naturaleza ponía ante sus ojos. Un escultor azteca trabajando la piedra o el jade podía reproducir estos detalles con tanta exactitud que un botánico bien formado, observando la escultura de una fruta, pude decir con exactitud a qué especie específica pertenece.

Pero es importante recordar que en el mundo azteca todo se consideraba un regalo de los dioses. En algunas ocasiones el objeto «real», lo que podríamos llamar su esencia, no pertenece al reino humano sino a los otros mundos habitados por los dioses. Esto se reconoce en las crónicas espa-

ñolas, donde se hace referencia a las esculturas aztecas afirmando que todo lo que crean es el «aspecto» de algo: es un emblema, o símbolo o algo mayor.

Así, el artista azteca está siempre trabajando dentro del ámbito de la representación sagrada y, por lo tanto, se le concedía un estatus casi igual al de los escribas reales y de los miembros dirigentes de la nobleza. Aunque este deber sagrado del artista es, probablemente, corriente en la escultura monumental, donde el dios o los glifos del dios se incorporaban, este pensamiento se extendió a otras formas del arte azteca.

En cierto sentido, se pensaba que cada escultura o pintura contenía cualidades «elementales» que la vinculaban con los primero, con el origen de las especies y cada uno de estos elementos lo vinculaban a los dioses creadores, proporcionándole un significado mitológico y ritual. Una escultura o una pintura de una mariposa no se consideraba una representación de un individuo de esa especie, sino que encarnaba todas las asociaciones míticas y simbologías de la mariposa original.

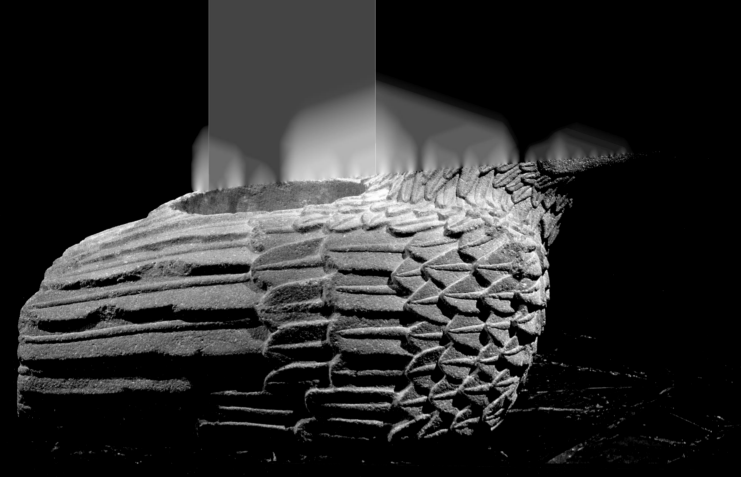

También era representativa del guerrero cuya alma «flotaba como una mariposa» en el otro mundo tras su muerte y que estaba asociada con las «guerras floridas» en las que tenía que demostrarse la habilidad del guerrero.

Discurso alucinógeno con los dioses

De forma similar, las esculturas realistas de setas o cactus invocaban imágenes de, respectivamente, «la carne de los dioses» y de «la leche de los dioses». Las setas tenían cualidades alucinógenas y los sacerdotes las consumían durante sus ritos adivinatorios y a través de ellos los dioses ponían palabras en la boca de los sacerdotes. Los cactus se utilizaban para preparar una bebida ritual fermentada que era ligeramente tóxica y se decía que cualquier persona que probase un poco de esta pócima sería transportada al borde de lo sagrado.

En sus esculturas monumentales, los artistas aztecas tenían menos recurso al realismo en nuestro sentido del mundo, aunque había fórmulas estrictas que había que seguir y que para los aztecas eran tan reales como cualquier otra cosa que pudiese observarse en la naturaleza. Los dioses tenían sus símbolos inamovibles y aunque cada uno de ellos podía adoptar varias formas diferentes, cada uno tenía atributos específicos que los escultores reproducían fielmente en su trabajo. Un mirada azteca a una de estas esculturas no ve una representación del dios, sino que ve el camino a través del cual la presencia del dios se ha hechos realidad.

Las esculturas aztecas, al igual que las del resto de Mesoamérica, se pueden admirar desde la distancia por sus cualidades estéticas. De hecho, se coleccionan como «obras de arte». Pero ésta no era la forma en la que las veían los aztecas.

Arriba: *Un recipiente azteca con forma de águila utilizada como receptáculo para los corazones de las víctimas sacrificadas.*

Izquierda: *Esta pequeña estatua representa a Quetzalcóatl como Ehecatl, el dios del viento. Ehecatl estaba asociado al saber sacerdotal y se identificaba con el planeta Venus en condición de maligna como estrella del anochecer y en la benigna de estrella de la mañana.*

TLATELOLCO
Las actividades y las opiniones se desarrollan en el centro de mercado

Abajo: *Luces nocturnas sobre Tlatelolco (actualmente la plaza de la Tres Culturas) dejan ver las ruinas aztecas en un primer plano, una iglesia colonial y, al fondo, modernos edificios de apartamentos.*

Los expertos han discutido mucho acerca de la relación existente entre Tlatelolco y Tenochtitlán. Mientras algunos afirman que se trataba de una ciudad rival conquistada por Tenochtitlán, otros creen que Tlatelolco era simplemente un suburbio con una función especializada. Otra alternativa es que se tratase de un pequeño pueblo de las afueras de Tenochtitlán que se fue absorbiendo gradualmente a medida que la capital fue creciendo.

Pero lo que está claro es que los aztecas consideraban que Tlatelolco estaba separada o era de algún modo diferente de la gran ciudad, aunque estuviese dentro de los límites de Tenochtitlán cuando llegaron los españoles. La última denominación de la capital azteca como una ciudad gemela, Tenochtitlán-Tlatelolco, confirma la división.

Tlatelolco funcionaba como centro comercial de Tenochtitlán. Allí era donde del gremio de los *pochteca* realizaban su función de obtener productos y materiales de lujo reclamados entre la nobleza azteca y es posible que esto causase la escisión. Los *pochteca* se hicieron inmensamente ricos gracias a este comercio, hasta el punto que sus fortunas personales superaron a las de muchos nobles, pues los nobles no tenían las conexiones necesarias para conseguir por otros medios las mercancías que requerían. De este modo, muchos de los nobles eran apenas marionetas políticas de los *pochteca* y las opiniones de los comerciantes tenían una importancia desproporcionada en muchas de las juntas del consejo.

Los *pochteca* consideraban que se encontraban bajo el dominio del consejo regente sólo nominalmente. Su patrón, Yacatecuhtli, el dios de la nariz larga, era la deidad más importante de Tlatelolco y la riqueza de de los *pochteca* garantizaba que los festivales celebrados en su honor rivalizarían con cualquier otro acto celebrado en Tenochtitlán.

Además del poder de los *pochteca*, Tlatelolco tenía todos los mercados públicos más importantes de los aztecas. Según los relatos españoles, su mercado principal podía abastecer a unas 80.000 personas. Aparte del control de Tlatelolco del comercio que esto implica, los mercados también eran el foro de los comentarios públicos (y de las crí-

ticas) sobre las decisiones del consejo azteca y el comportamiento de la elite gobernante.

Esquivando la ley

Aunque criticar en público al tlatoani podía castigarse con la muerte y esta ejecución se realizaba en la propia plaza del mercado a modo de «lección», era imposible que el gobernante ignorase por completo los murmullos de descontento de los corrillos del mercado que llegaban a sus oídos. De hecho, los capitanes de guerra patrullaban los mercados regularmente para comprobar cuáles eran los pensamientos políticos y recibían respuestas discretas pero, sin embargo, irrespetuosas, de los habituales del mercado.

Al parecer, Tlatelolco se resistió de las restricciones de libertad impuestas por el consejo de Tenochtitlán y, por lo tanto, su indisciplina se hizo conocida y surgió el resentimiento hacia el poder ostentado por los pochtecas. Los españoles nos cuentan que los mercados también eran el refugio de prostitutas y borrachos. Aunque la prostitución no tenía connotaciones tan negativas para los aztecas como para los españoles, es probable

que esto fuese más allá del sentido de la propiedad dentro de los mercados de Tlatelolco.

La bebida era un problema totalmente diferente, ya que la embriaguez sólo estaba permitida durante la celebración de actividades ceremoniales específicas; de lo contrario se incumplirían las leyes rituales. Aunque en este caso, la pena de muerte impuesta a los nobles de Tenochtitlán quedó moderada entre los plebeyos de los mercados de Tlatelolco y normalmente se reducían a una amonestación y deshonra pública; un claro signo de que los juzgados de Tenochtitlán eran muy cautos en sus relaciones con Tlatelolco y ponían especial cuidado en no emitir juicios que pudiesen alterar los ánimos locales.

Pero esta hostilidad mutua entre Tenochtitlán y Tlatelolco llegó a su punto más crítico cuando un grupo de jóvenes nobles de Tenochtitlán visitaron el mercado principal «para divertirse». Furiosos por las historias que habían escuchado sobre el abandono que encontrarían en Tlatelolco, raptaron a las hijas del señor de Tlatelolco. La consiguiente batalla entre las dos facciones rivales está significativamente repleta de referencias al mercado.

Arriba: *Además de sus esculturas de dioses, los aztecas se deleitaban creando pequeños modelos de arcilla pintada recogiendo los acontecimientos diarios. En ésta se representa el ajetreo del mercado de un pueblo.*

TENOCHTITLÁN
Un espectáculo onírico para los conquistadores

Arriba: *La disposición y extensión exactas de Tenochtitlán son difíciles de determinar, ya que gran parte del asentamiento anterior está actualmente enterrado debajo de la Ciudad de México. Se pueden encontrar algunos indicios del plan general de la ciudad en mapas antiguos, como éste preparado por Cortés en tiempos de la conquista española.*

«Cuando vimos todos esos pueblos y ciudades construidos en el agua y otras grandes ciudades sobre tierra firme y esa carretera recta y llana que conducía hasta México, nos quedamos pasmados... Aquellas grandes ciudades y pirámides y edificios elevándose entre el agua, todos hechos de piedra, parecían una visión encantada sacada de un cuento de Amadis. De hecho, algunos de nuestros soldados preguntaron si no se trataba de un sueño».

Bernal Díaz, soldado de infantería de las tropas de Hernán Cortés, escribió estas palabras recordando el momento en que los españoles divisaron por primera vez la capital azteca de Tenochtitlán, el lugar donde se asienta la actual Ciudad de México.

Tenochtitlán ocupaba varias islas pequeñas en el lago Texcoco, todas conectadas por un complejo de canales y unidas a tierra firme por cinco grandes calzadas. Cubría una zona de más de 7 km², con un centro ceremonial central rodeado de una zona residencial que, a su vez, estaba rodeada de chinampas, o campos cultivados en islas flotantes.

El corazón de la ciudad era un recinto rectangular amurallado que contenía los templos principales y juegos de pelota, así como hileras de cráneos que servían como macabros recordatorios de las prácticas aztecas del sacrificio humano. Este recinto estaba dominado por el grandioso Templo Mayor, dos pirámides gemelas dedicada a los dioses Tlaloc y Huitzilopochtli y que, para los aztecas, representaban el túmulo (o montaña) de la Serpiente, el centro espiritual y temporal del mundo azteca.

El área residencial que rodeaba este recinto estaba dividida en barrios por medio de las calzadas principales y la vieja ciudad de Tlatelolco formaba un quinto sector. Dentro de las zonas residenciales había numerosos templos secundarios y palacios, patios y grandes plazas abiertas donde se celebraban reuniones públicas y mercados. Había huertos y jardines cuidadosamente atendidos llenos de flores y estanques y con gran variedad de pájaros y animales domésticos.

Limpieza en nombre de una diosa
Todas las zonas públicas se limpiaban y barrían regularmente; los españoles comentan su limpieza. Incluso había una diosa, Tlazoltéotl (diosa de la

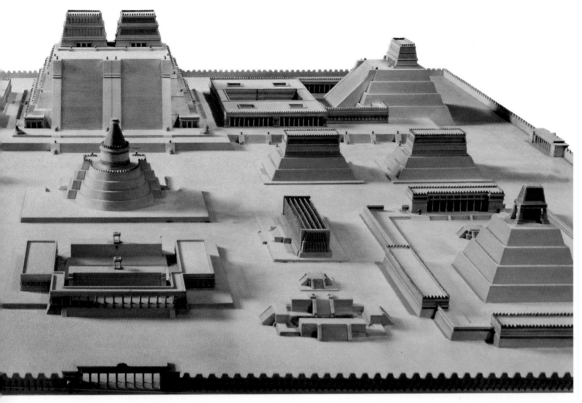

Izquierda: *Un modelo del centro ceremonial de Tenochtitlán. El recinto amurallado aísla a los edificios como un recinto sagrado. En la parte central posterior, se encuentra la Gran Pirámide o el templo Mayor, coronado por dos templos gemelos.*

suciedad) cuya función era asegurarse de que las calles se conservaran limpias y que presidía un festival anual donde se limpiaba y fregaba toda la ciudad y se barrían todas las casas.

El número de canales que conectaban las diferentes partes de la ciudad era tal que los conquistadores describieron Tenochtitlán como «otra Venecia» y la mayor parte del transporte realizado dentro de la ciudad se efectuaba por vía acuática. Fue el acceso al transporte marítimo lo que hizo que el comercio fuese tan importante para la economía de Tenochtitlán y asegurase su supervivencia. Los primeros mexicas habían transformado lo que anteriormente se consideraba un entorno inhóspito para adaptarlo a sus necesidades y mediante este territorio controlaron finalmente un imperio en el que residían quizá 10 millones de personas.

Es muy difícil determinar el número de habitantes de Tenochtitlán, principalmente porque una gran parte del asentamiento se encuentra bajo la actual Ciudad de México y, por lo tanto, se desconoce su extensión total. Se sabe que en ella residían al menos 150.000 personas, aunque su población podía ser mucho mayor (sólo el mercado principal de Tenochtitlán podía acoger fácilmente a 60.000 personas). No es difícil suponer que los españoles se quedaron realmente impresionados, ya que pocas ciudades del Viejo Mundo de esa época podían igualar la extensión y el esplendor que encontraron en ese asentamiento.

A pesar del sobrecogimiento que los españoles observaron en la ciudad en un primer momento, tras su conquista en 1521, empezaron a destruirla. Se desmanteló el gran templo Mayor para conse-

guir materiales de construcción para la catedral metropolitana. Sus templos y palacios se transformaron en residencias para los españoles y se rellenaron sus canales. Actualmente, el asentamiento está enterrado bajo la Ciudad de México por lo que la realización de excavaciones arqueológicas es imposible. Sólo gracias a obras casuales, como la construcción del metro de la ciudad, se empieza a descubrir su alcance total.

Abajo: *En febrero de 1970, se descubrieron reliquias aztecas mientras se construía una estación de metro bajo la pirámide de Pino Suarez.*

LA GUERRA FLORIDA
Las víctimas de los sacrificios, llevadas a la gloria

Uno de los aspectos de la vida azteca que más horrorizó a los cronistas españoles fue la extendida práctica del sacrificio humano. Prácticamente todos los dioses exigían sacrificios, normalmente de guerreros cautivos, pero en algunos casos también de mujeres y niños y los españoles recogieron la celebración de rituales en los que cientos de personas estaban destinadas a morir arrancándoles el corazón de sus cuerpos, que posteriormente se arrojaban por las escaleras de la pirámide. La importancia de conseguir prisioneros para sus sacrificios era tan importante para los aztecas que sus guerreros estaban entrenados para inmovilizar y capturar al enemigo en vez de matarlo y los más laureados eran los que conseguían un mayor número de prisioneros.

En pleno auge del poder azteca, los sacrificios humanos habían alcanzado proporciones sin precedentes. Los cálculos más conservadores estiman que la cifra anual de sacrificios podía ser de aproximadamente 15.000 personas; la inauguración del templo Mayor de Tenochtitlán en 1487 requirió el sacrificio de más de 20.000 prisioneros. Algunos estudios incluso sitúan la cifra de estos sacrificios en 80.000, aunque este número es probablemente exagerado. Pero en esta ocasión, el sacerdote principal de los aztecas, Ahuitzotl, se dice que estuvo desgarrando los corazones de sus víctimas durante tantas horas que acabó cayendo desmayado.

Es posible que los aztecas obtuviesen a muchas de sus víctimas «guerras floridas». «Flores» era un eufemismo azteca para sangre, especialmente para la sangre que sale de un corazón que todavía esté latiendo. Las guerras floridas eran un acuerdo único al que habían llegado con los estados vecinos que los aztecas no habían sido capaces de conquistar. Había dos estados en concreto, Tlaxcala y Huejotzingo, que participaban en estos tratados, según los cuales se libraban batallas organizadas en determinados momentos del año con el fin específico de obtener prisioneros para el sacrificio.

Eludiendo el horror de Mictlán

Es importante destacar que las gentes de Tlaxcala y Huejotzingo tenían puntos de vista similares a los aztecas y ninguno de estos estados veía los sacrificios con el mismo horror que los españoles. Para ellos, el sacrificio era un acto de honor y valoraban a los prisioneros que

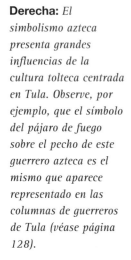

Derecha: *El simbolismo azteca presenta grandes influencias de la cultura tolteca centrada en Tula. Observe, por ejemplo, que el símbolo del pájaro de fuego sobre el pecho de este guerrero azteca es el mismo que aparece representado en las columnas de guerreros de Tula (véase página 128).*

Izquierda: *En este bajorrelieve se muestra a los guerreros aztecas con sus armas. En la batalla, los aztecas dependían básicamente de espadas de poco alcance con incrustaciones de obsidiana que se podían utilizar para acuchillar las piernas de sus enemigos y reducirlos.*

morían valientemente. De hecho, era relativamente común que la gente se ofreciese voluntaria para el cuchillo del sacrificio.

Para los aztecas, el Mictlán, la tierra de los muertos, era un lugar de un terror indescriptible, un reino de perpetua miseria donde dominan los espíritus de la pestilencia, el hambre y la pobreza. Pero las víctimas sacrificadas no iban Mictlán, sino que se convertían en estrellas y pasaban su otra vida en la gloria acompañando al sol. Bajo estas circunstancias, la muerte por sacrificio podía parecer infinitamente preferible a otras y es evidente que los aztecas compartían este punto de vista con sus contrincantes los guerras floridas.

Por lo tanto, estos peculiares enfrentamientos proporcionaban oportunidades perfectas para los guerreros aztecas y los de Tlaxcala y Huejotzingo: la oportunidad de convertirse en víctima de sacrificio y llevar una vida exaltada en el otro mundo, así como de alcanzar la fama por la captura de prisioneros y así poder llevar una buena vida en la tierra. Gracias a las guerras floridas, los guerreros aztecas tenían la oportunidad de alcanzar el éxito celestial o terrenal, independientemente de que derrotasen a sus enemigos o de que fuesen ellos los vencidos.

Aunque este concepto resultaba bastante extraño para los conquistadores, debemos recordar que el concepto español de morir honrosamente en la batalla resultaba igualmente extraño para los aztecas y, además, esto no suponía ninguna ventaja para los guerreros. Aunque los conquistadores estaban horrorizados con la magnitud de los sacrificios, el número de personas muertas de esta forma fue inferior al número de combatientes que murieron en el campo de batalla a manos de los españoles durante sus campañas mesoamericanas contra los aztecas y contra otros pueblos.

LA SANGRÍA Y EL SACRIFICIO HUMANO

Apaciguando a los dioses a cambio de una abundante cosecha

Abajo: *Detalle del códice Magliabecchiano, en el que se muestra un sacrificio ceremonial azteca. Las víctimas eran colocadas sobre altares situados en lo más alto de las pirámides, donde el sacerdote les arrancaba el corazón con un cuchillo de pedernal. Después, el cuerpo sin vida era arrojado escalones abajo.*

No cabe duda de que los aztecas concedían un gran valor a las sangrías personales y a los sacrificios humanos como medios para apaciguar a sus dioses. La escala a la que se hacía (al menos en los últimos años del imperio azteca) no tiene precedentes. La mayor parte de sus dioses, incluidos aquellos considerados bondadosos, requerían sangre humana.

Para entender este fenómeno es necesario aceptar los conceptos mesoamericanos de la relación existente entre los humanos y los dioses. Muchos de los nacimientos de los dioses se describen como violentos y antinaturales y es frecuentemente a través de sus sacrificios como las personas pueden sobrevivir y las plantas y los animales desarrollarse. La entrega de esta sangre sagrada suponía una obligación para las personas que se denominaba *tequictl,* o devolución de la deuda. En cierto sentido, los alimentos que consumían las personas se habían nutrido con la sangre de los dioses. Teniendo en cuenta que para los aztecas la sangre era un recurso no renovable, se esperaba que la gente ofreciese su propia sangre para que los dioses pudiesen, a su vez, alimentarse.

Aparentemente, el nivel de sangría personal en el *tequictl* dependía del rango de la persona: en el caso de los plebeyos normalmente era suficiente con que se pinchasen las orejas y dejasen caer las gotas de sangre al suelo, mientras que los principales sacerdotes que vivían en celibato tenían que lacerarse el prepucio del pene.

Además de estas ofrendas de sangre personal, existían dos formas de sacrificio humano institucionalizado. Una de ellas era la ejecución del *ixiptla:* hombres o mujeres que imitaban a los dioses. La otra era el sacrificio masivo de víctimas en las celebraciones de los cuatro festivales más importantes del año (Tlacaxipeualiztli, Etzalqualitztli, Ochpaniztli y Panquetzaliztli) o durante la inauguración de las principales obras públicas.

Dioses entre las personas

Se creía que los *ixiptla* representaban a los dioses en su forma terrenal y, por lo tanto, se vestían suntuosamente a donde quiera que fuesen. Se atendían todos sus deseos, vivían en los palacios más majestuosos y aunque los vigilaban cuidadosamente, gozaban de una libertad prácticamente ilimitada. Podían continuar así un año entero, durante el cual se sentía que el dios era una presencia palpable. Al introducir al dios entre las personas, los aztecas estaban expresando un sentido de continuación, un revivir del pasado mítico durante el cual se explicaban las acciones y los propósitos de los dioses.

Según la lógica mesoamericana, los *ixiptla* tenían que regresar al reino de los espíritus al finalizar su puesto (algo que solamente podía conseguirse a través del sacrificio). Los relatos de los españoles afirman que muchos *ixiptla* acudían

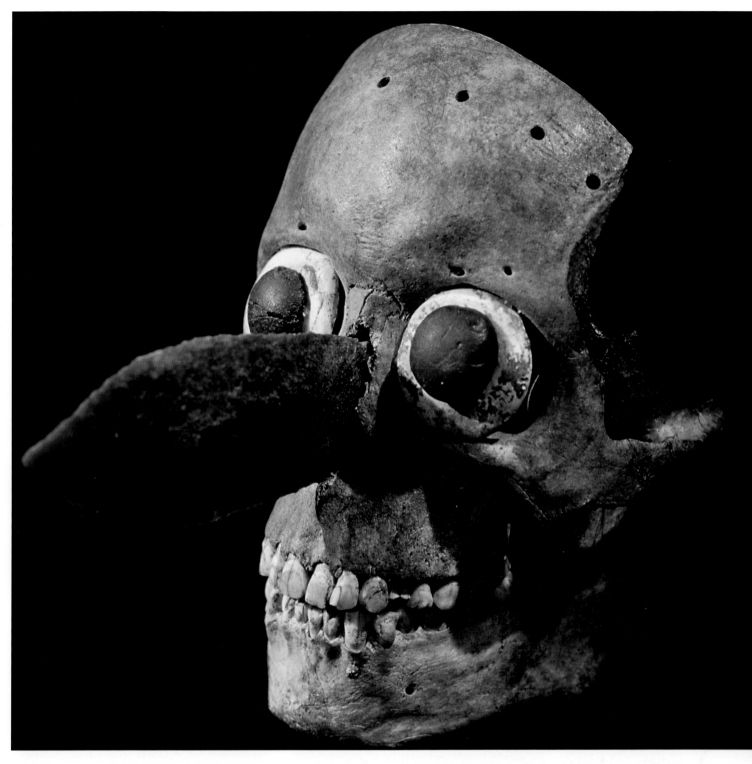

voluntariamente a sus sacrificios, convencidos de que renacerían con la imagen del dios al que habían representado.

Los sacrificios masivos son más difíciles de aceptar desde el punto de vista del pensamiento occidental, ya que parecen mostrar una descarada indiferencia por la vida humana. Pero debemos aplicar la lógica azteca. Cuanto más se hubiesen sacrificado los dioses, mayor sería la deuda contraída por las personas y los cuatro festivales principales del año se correspondían con momentos importantes en el ciclo agrícola del que dependían los aztecas. Por lo tanto, el número de ofrendas debía ser lo suficientemente grande para reflejar la beneficencia original de los dioses.

También debemos tener en cuenta otro aspecto importante de los sacrificios masivos. Las víctimas no solían ser mexicas (la estirpe sanguínea de los aztecas) sino esclavos y prisioneros capturados de otras tribus a modo de tributo o durante las guerras floridas disputada entre Tenochtitlán y Tlaxcala. Durante estos sacrificios rituales, además de la necesidad de apaciguar a los dioses, había un elemento de dominio político y de demostraciones del poder azteca. A través de los sacrificios masivos, los aztecas conservaban el control que tenían sobre las tribus que pagaban tributos y por medio de los procedimientos de guerras rituales con Txacala, daban pruebas tangibles de la habilidad de los guerreros de Tenochtitlán.

Arriba: *Una máscara azteca realizada con un cráneo y que se utilizaba como empuñadura para este cuchillo de sacrificio. No es extraño encontrar en las obras aztecas asociaciones similares entre la forma y la función.*

TZOMPANTLI
Cráneos, reales y representados, utilizados como tributo y como tótem

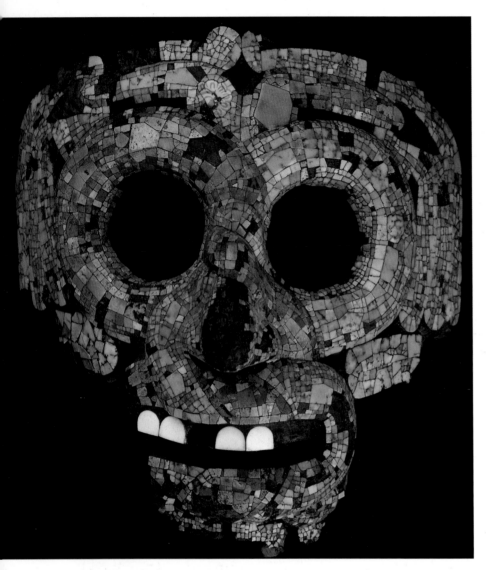

Arriba: *Máscara de mosaico de turquesa. Se han colocado conchas a modo de dientes. Se arrancó la base original hecha de madera de cedro.*

Enfrente, arriba: *Un* tzompantli *completo.*

Enfrente, abajo: *Parte de una plataforma en el complejo del templo Mayor, en Tenochtitlán. La parte superior estaba originalmente cubierta de cráneos reales colocados en postes cortos.*

Los conquistadores españoles de Tenochtitlán se quedaron horrorizados con los *tzompantli:* plataformas bajas con murallas de piedra y recubiertas con cráneos humanos. Durante el período azteca, muchos de estos cráneos pertenecían a los prisioneros de guerra y a las víctimas de sacrificios y se situaban en estacas de madera verticales que cubrían la parte superior de las plataformas. Pero la afirmación de los españoles de que algunos de los *tzompantli* (la traducción de esta palabra azteca sería «altar de cráneos») contenían miles de calaveras es una exageración utilizada por los conquistadores para enfatizar las barbaridades cometidas por los aztecas y así justificar sus propios excesos y su fervor religioso.

Los *tzompantli* no son originarios de los aztecas, sino que ya hay signos de su existencia en algunos asentamientos de las tierras bajas mayas, aunque parece ser que no se adoptaron en esta región hasta que las influencias toltecas alcanzaron la zona desde Tula y es probable que originalmente llegasen hasta ésta a través de las migraciones toltecas desde Teotihuacán.

Hay pruebas no concluyentes que sugieren que los *tzompantli* podían haber tenido una función simbólica en Teotihuacán y en los asentamientos influenciados directamente por las ideas toltecas. Se han encontrado pocos restos de agujeros para postes en la parte superior de estas plataformas, algo que esperaríamos encontrarnos si tuviesen una función de exhibición, como la de las estructuras aztecas, y los cráneos son esculturas realizadas en bajorrelieve y meramente representativas situadas sobre las superficies de los muros.

Es bastante probable que los *tzompantli* estuviesen asociados originalmente con los cultos a los guerreros jaguar y águila. Por ejemplo, en los *tzompantli* de Chichén Itzá, situado en la parte norte maya-tolteca de la ciudad, los cráneos esculpidos están acompañados por tallas que representan a guerreros, a serpientes emplumadas y a águilas devorando corazones. Todos estos símbolos se utilizaban como insignias guerreras entre los toltecas y es probable que estos las importasen a Chichén Itzá.

La importancia de la cabeza
Algunas interpretaciones de estas esculturas sugieren que las cabezas esculpidas se muestran en postes de madera, lo que podría indicar que los mayas-toltecas ya conocían la práctica de la exhibición. De todos modos, esta interpretación es sólo impresionista. Otras interpretaciones podrían hacerse igual de fácilmente.

No cabe duda de que los aztecas llevaron la idea de la exhibición de las cabezas a modo de trofeo a los extremos, y aunque hay muy pocas referencias a los *tzompantli* en la literatura, podemos hacer suposiciones razonables acerca de su posible función. Los aztecas creían que las representaciones de los dioses les otorgaban una presencia tangible en el mundo de los humanos. Por lo tanto, de esto podríamos deducir que la exhibición de los cráneos pertenecientes a aquellos que habían entregado su sangre y sus corazones para alimentar a los dioses también crearía una presencia permanente para ellos.

También sabemos que la cabeza tenía un significado muy especial para ellos. Tras la decapitación de una víctima de sacrificio, su cabeza pasaba a ser propiedad de los sacerdotes que habían llevado a cabo el sacrificio. La cabeza se presentaba directamente ante los dioses en la plataforma situada en la parte superior de la pirámide, mientras que el cuerpo se arrojaba por las escaleras a las multitudes que esperaban abajo. Por lo tanto, es probable que los *tzompantli* sirviesen de depósito de este poder sagrado.

Desde el punto de vista psicológico, los *tzompantli* servían de recordatorio para los aztecas de que habían cumplido sus deberes rituales a través del sacrificio y cuanto mayor fuese el número de cabezas exhibidas, se consideraba que éstos se habían cumplido más meticulosamente. También servían de recordatorio para los pueblos extranjeros del poder de los aztecas y del éxito de los guerreros aztecas. De este modo, el poder concedido a los *tzompantli* tenía cierto carácter sagrado en su afirmación de la efectividad del sacrificio y como un medio de concentrarlo dentro de Tenochtitlán y tenía, asimismo, una función secular que reafirmaba el papel de los guerreros jaguar y águila que ostentaban la supremacía política sobre los estados sometidos.

ROLES DE GÉNERO
El sexo y la sexualidad en las comunidades aztecas

Abajo: *Estatua de la diosa del agua, Chalchihuitlicue, o Falda de Jade. Era la regidora del Cuarto Sol, la era en la que vivían los aztecas y hermana y esposa del dios de la lluvia, Tlaloc.*

Los aztecas formaban una sociedad guerrera y sacerdotal, y los encargados de registrar sus costumbres fueron también conquistadores y sacerdotes españoles de sexo masculino. Por lo tanto, no resulta sorprendente que los primeros cronistas de la vida azteca enfatizasen sus aspectos masculinos o que los sacerdotes españoles dedicasen muchas líneas a hablar sobre el celibato de sus homólogos aztecas (también de sexo masculino). Se presta muy poca atención al papel de las mujeres. Del mismo modo, el sexo y la sexualidad están totalmente ausentes de las crónicas españolas.

Pero algunos relatos y leyendas aztecas reproducen una historia diferente. Se reflejan explícitamente los derechos de las mujeres y se enfatizan las alegrías de la interacción sexual y del amor erótico. Se acompañaba a las muchachas jóvenes y de ellas se esperaba que fuesen vírgenes al matrimonio; pero los relatos dejan claro que el acceso a las mujeres estaba prohibido para los hombres jóvenes antes de obtener la condición de guerrero.

Al casarse, el cuidado del hombre joven se transfería de la madre a su esposa y no hay ningún indicio de que la mujer se convirtiese en «propiedad» de su marido. Durante los discursos matrimoniales, se animaba a la novia a que explorase su propia sexualidad, mientras que se instaba al marido a satisfacer las necesidades de su esposa. Ella era económicamente independiente y aunque tenía prohibidas las formas supremas del oficio público, su voz era poderosa e influyente en todos los aspectos de interés público.

Los españoles recogieron que el mercado de la capital azteca de Tenochtitlán estaba frecuentado por prostitutas que merodeaban descaradamente entre los puestos, solicitando los favores de los hombres y las mujeres de los burdeles estatales formaban parte de la «recompensa» que se entregaba a los guerreros victoriosos. Aunque está claro que la prostitución y los burdeles existían, la visión que tenían los aztecas sobre estos aspectos era totalmente diferente y mucho más positiva. Ellos representaban a las prostitutas como las «hijas de la alegría», símbolos del deleite sexual, en cierto modo de la misma forma en la que ensalzaban las virtudes del guerrero viril.

La castidad del sacerdocio

Según los españoles, aquellos que seguían las enseñanzas de Xochiquetzal, la diosa de las flores, el amor erótico, padecían furúnculos y pústulas, aunque una lectura más detallada de los textos deja claro que los aztecas creían que esta diosa castigaba a los que excedían sus órdenes. Al igual que en otros muchos aspectos de la vida azteca, los excesos estaban mal vistos, ya que un comportamiento inadecuado podía ofender a los dioses y, por lo tanto, era peligroso, pero no se trata de una negación o del placer sexual.

Incluso la dedicación de las chicas jóvenes al servicio permanente del templo se veía como un acto de piedad y no como prostitución forzada para satisfacer las necesidades de los sacerdotes en período de noviciado, como afirmaban los españoles. Mientras que se dice que los conquistadores violaron a chicas que se encontraban al servicio del templo, es probable que tanto los sacerdotes aztecas como las muchachas del templo hiciesen votos de castidad como sacrificios personales en honor a los dioses.

Muchos de los dioses aztecas más poderosos eran mujeres o combinaban atributos masculinos y femeninos, o bien aparecían en parejas comple-

mentarias de hombre-mujer. No todas estas parejas eran sexuales, ya que a menudo eran hermano y hermana (aunque en ocasiones, los dioses aztecas se casaban entre hermanos).

El énfasis está en la igualdad de sexos y se fomentan los roles femeninos que aunque en ocasiones eran diferentes a los de los hombres, no eran menos importantes. Incluso el temible dios Tezcatlipoca adoptaba en ocasiones otro aspecto como Señor del Aquí y Ahora y se convertía en el patrón de los niños y de los partos, mientras que las diosas como Coatlicue o Coyolxauhqui actuaban regularmente como divinidades de la guerra.

Arriba: *Bajorrelieve circular mostrando el cuerpo desmembrado de Coyolxauhqui. La hermana mayor de Huitzilopochtli murió asesinada por él después de que ella incitase a las centzonuitznaua, o estrellas, a matar a su madre, Coatlicue. Huitzilopochtli saltó del útero de su madre totalmente armado y derrumbó a Coyolxauhqui con un simple golpe de su antorcha de serpiente.*

EL PODER DE LA RETÓRICA
El lirismo de los *tlatoque* comparable al fuego divino de los sacrificios

Los estudios realizados sobre los aztecas muchas veces se concentran en las guerras y en los sacrificios y olvidan el lado más amable de su carácter. Esto se debe en parte a la naturaleza de los materiales a partir de los cuales los expertos tienen que deducir los hechos y sacar sus propias conclusiones. La mayor parte son informes de los conquistadores, que enfatizan el significado de la guerra y de la violencia, o notas redactadas por sacerdotes españoles que obvian la importancia espiritual de las costumbres aztecas cuando éstas difieren de las de su propia educación religiosa.

En cambio, según los archivos aztecas, no hay ningún indicio que pueda hacernos pensar que se regocijaban con la sangre derramada o con los sacrificios de víctimas humanas. Creían

eran capaces de motivarse y entenderse por medio de la palabra hablada.

Además de los sacerdotes que realizaban los sacrificios, el grupo dirigente era conocido como *tlatoque*, y recibía una formación especial en el uso del lenguaje plural de *tlatoani*. Crearon acertijos que hacían preguntas fundamentales, construían metáforas y proverbios, organizaban discursos retóricos y escribían poesía. Al frente de ellos estaba el soberano azteca, lieralmente jefe de estado y sumo sacerdote, cuyo título oficial era *huey tlatoani*, «gran orador».

Flor y canción, poesía y verdad
Oculto bajo este énfasis en el idioma se encontraba el concepto de *teyolia* (fuego divino), que también poseían los guerreros. La *teyolia* es una especie de energía o fuerza espiritual que sostenía el poder. Se liberaba cuando el corazón de un prisionero se entregaba a los dioses a modo de ofrenda, pero también podía surgir de

Derecha: *El tambor alargado de madera* (teponatzli) *se vaciaba y esculpía partiendo de una pieza de madera dura. La escultura tenía una finalidad decorativa y musical. En la parte superior había dos lenguas talladas y la forma en la que estaban esculpidas alteraba el tono del tambor.*

que eran los dioses los que dictaban estos actos y que no seguir sus órdenes podría resultar desastroso y provocar una rápida venganza, ya que la ofrenda de sangre y corazones devolvía la vida a los dioses que la protegían para las personas.

Aunque el entrenamiento para la guerra y el entendimiento del ciclo ritual eran muy importantes, la educación azteca ensalzaba las cualidades esenciales de la obediencia, la diligencia, la humildad, la autodisciplina y la retórica, e incluía asignaturas como la aritmética, la historia, la astronomía y la agricultura. Entendían que las cosas podían conseguirse por medio de un acto violento de sacrificio, pero también se daban cuenta de que

una composición poética. La conexión con la guerra se realiza en las guerras floridas *(véase páginas 152-153)*, en la que las flores simbolizan los corazones humanos, ya que la frase azteca «flor y canción» también se puede traducir como «poesía y verdad».

El uso de la danza y de la canción estaba estrechamente relacionado con el concepto de poesía e idioma. Muchos de los poemas compuestos por los aztecas se recitaban con el acom-

pañamiento de un ritmo de tambor y todos los grandes señores contaban con su propio séquito de poetas, compositores y bailarines que escribían y representaban nuevas composiciones con ocasión de las principales ceremonias y fiestas públicas.

En esta época, los aztecas creían que se podía liberar la *teyolia* de muchas formas diferentes, a través de los poemas y sacrificios, como una fuerza nebulosa que lo impregnase todo e inspirase a aquellos que habían entrado en contacto con ella. Se suponía que emanaban energías semejantes de las montañas sagradas y de los templos situados en las cumbres de las pirámides y que reproducían las formas de las montañas, y por esta vía, la *teyolia* de los poetas y de los sacerdotes se combinaba con la de los dioses.

Es lógico que los españoles no pudiesen identificar estas ideas tan opuestas a las suyas culturalmente, de igual forma que para los pueblos amerindios resultaran tan incomprensibles los conceptos católicos mediterráneos y la teología cristiana. A pesar de la ingente tarea de registro de las tradiciones mesoamericanas que algunos europeos iniciarían tras la conquista –ejemplarizada en la obra de fray Bernardino de Sahagún, y sus informantes del colegio de la Santa Cruz de Tlatelolco–, ambas culturas eran tan radicalmente opuestas que estaban condenadas a la mutua incomprensión.

Arriba: *Aunque la madera era le medio favorito para la fabricación de* teponatzli, *existen unos pocos ejemplos de piedra. Se fabricaba en piedra de diferentes densidades para lograr la variación de tonos.*

Izquierda: *Xochipilli, dios de las flores, también lo era de los festejos, de la música y de la danza. Su homóloga femenina era también la diosa de las flores y su emblema era la mariposa. Era también patrona de las relaciones sexuales y de las mujeres de poca moral.*

LOS GUERREROS ÁGUILA Y JAGUAR

Vidas nobles de los soldados más importantes y cualificados

El águila se ganó la reputación de cazador audaz e incomparable, capaz de mirar fijamente al sol. En cambio, el jaguar se convirtió en una criatura de la noche y en un cazador solitario, cauto y sabio. Es por lo tanto un tributo adecuado que los guerreros de elite aztecas estuviesen asociados a estas criaturas.

En muchos aspectos, los guerreros jaguar y águila ocupaban una posición análoga a la de los caballeros europeos. Era necesario ser noble de nacimiento, pero también demostrar un gran valor y la habilidad en el combate mano a mano y en la captura de prisioneros enemigos en la batalla. En cambio, adquirían un estatus poco inferior que el de las propias divinidades, y estaban autorizados a llevar la vestimenta adecuada a su rango, que se les concedía en ceremonias especiales celebradas exclusivamente con ese fin.

Conocemos el aspecto de los guerreros águila y jaguar gracias a las pinturas, a las esculturas y a las tallas. Por ejemplo, en la gran capital azteca de Tenochtitlán el recinto de los guerreros águila tenía un pequeño templo custodiado por esculturas de tamaño natural de guerreros que llevaban capas con plumas y alas, cascos de águila y garras de pájaro y estaban cubiertos con pintura corporal blanca que imitaba a las plumas.

Además de sus deberes militares, los guerreros aguila y jaguar formaban guardia real del rey azteca y eran responsables de formar a los jóvenes varones en las artes militares. A pesar de su carácter mercenario, los aztecas no mantenían un ejército permanente, pero todos los hombres jóvenes pasaban una parte de sus vidas en las plazas reservadas para la elite de guerreros, donde recibían preparación militar y acerca de la utilización de las armas.

Arriba: *Una estatua de tamaño natural de un guerrero águila. Lleva un traje que imita las alas de un águila y mira a través de una máscara que representa el pico abierto del pájaro.*

Para los aztecas, el águila y el jaguar eran, respectivamente, el más noble de los pájaros y el rey de los animales. Habían conseguido esta reputación en el pasado lejano, en Teotihuacán, cuando siguieron a Nanahuatzin hasta el fuego sagrado cuando se sacrificó a sí mismo para convertirse en el quinto sol. Se dice que desde entonces el águila y el jaguar llevaban los signos del coraje en su piel y en sus plumas.

Diferentes pero unidos

Los guerreros águila y jaguar enseñaban el uso de la espada de obsidiana, de la lanza y del *atlatl* (punta de lanzas), así como la utilización defensiva del escudo. En tiempos de guerra, estos jóvenes hombres se alistaban de sus respectivos *calpullis* (barrios o distritos) como parte del tributo pagado a Tenoctitlán.

Los guerreros águila como «soldados del sol» y los guerreros jaguar como «sirvientes del inframundo» formaban una oposición simbólica entre el cielo y la tierra y entre la vida y la muerte y el día y la noche que los aztecas habían heredado de culturas mesoamericanas anteriores. De hecho, las pinturas y esculturas de las figuras aztecas muestran claramente características asociadas con los primeros toltecas, de los que los dignatarios nobles aztecas se proclamaban descendientes.

El concepto de estos guerreros y la oposición entre ellos es incluso anterior. En Cacaxtla, un asentamiento maya primitivo, un *talud* (pared baja y en pendiente que soporta un panel vertical) pintado de forma muy realista representa una batalla entre guerreros que llevan trajes de jaguar y otros con capas de plumas.

En la batalla, los guerreros águila y jaguar formaban las tropas avanzadas de los aztecas, pero sus tácticas de lucha eran diferentes. Los primeros atacaban al amanecer, deshacían sus filas antes de buscar a enemigos individuales para atacarlos y capturarlos. Los segundos se acercaban de manera más sigilosa. Esperaban a que los enemigos rompiesen filas antes de asaltar repentinamente a las víctimas que habían elegido.

Su coraje estaba fuera de toda duda, ya que ambos llevaban trajes y tocados muy elaborados con plumas resplandecientes mientras luchaban, lo que los convertía en blancos fáciles para sus oponentes. La captura de un guerreo águila o jaguar y la exhibición de sus insignias de guerra era un gran honor y pocos enemigos podían resistir la tentación de intentarlo.

Arriba: *Aunque está vestido con ropas militares, la máscara que el guerrero jaguar debía llevar en la batalla se encuentra a sus pies. Sostiene su escudo trasero con la mano izquierda.*

EL SUSTENTO DE LA CIUDAD

La agricultura, los comerciantes *pochteca* y los recaudadores de impuestos *calpixque* fundaron Tenochtitlán

Abajo: *Campesinos aztecas construyendo chinampas en el lago Texcoco. Las chinampas se hacían con el lodo arrastrado de las partes poco profundas del lago, que se extendía sobre marcos de madera para mantenerlas flotando sobre el agua. Los canales situados entre los jardines vegetales elevados se mantenían despejados para que pudiesen acceder las canoas.*

Cuando Culhúa desterró a los mexica de Culhuacán a las ciénagas, poco sospechaba que esa tierra inhóspita podía llegar a convertirse, gracias al ingenio azteca, en una de las zonas más productivas de Mesoamérica.

Sin una base económica fuerte es poco probable que los aztecas hubiesen podido hacer de Tenochtitlán algo más que un pueblo en un lago y nunca habrían sido capaces de mantener un imperio tan grande.

La economía azteca estaba establecida sobre tres pilares: un sistema agrícola basado en las chinampas (islas flotantes cultivadas), el comercio de mercancías mediante el sistema *pochteca* y la recaudación de impuestos a los estados tributarios.

Las chinampas, en ocasiones denominados «jardines flotantes», eran parcelas rectangulares de sedimentos arrastrados y de abonos colocados sobre balsas de ramas y maleza que flotaban sobre las aguas poco profundas del perímetro del lago Texcoco y de los lagos del sur de Chalco y Xochimilco. Un complejo sistema de acequias, acueductos y canales mantenía el agua de las chinampas a un nivel constante.

La combinación de la humedad de los lagos de agua dulce con la riqueza de los suelos y su continua regeneración con el dragado anual de los canales que dividían las chinampas, junto con la mano de obra de los agricultores aztecas, hicieron que estas parcelas de terreno resultasen increíblemente pro-

ductivas. Se ha calculado que las técnicas de roza y quema en las tierras bajas requerían 1.200 hectáreas de tierra para poder alimentar a cientos de familias, mientras que el mismo número se podía alimentar sólo con 86 hectáreas de chinampas.

Aunque su extensión no era lo suficientemente grande como para alimentar a toda la población de Tenochtitlán, y era necesario importar algunos alimentos, las chinampas proporcionaban los pilares agrícolas para los habitantes de la ciudad. El lago Texcoco se ha ido desaguando para hacer frente a la expansión de la Ciudad de México, pero en Xochimilco todavía se pueden apreciar restos de las otrora extensas chinampas.

La riqueza de los comerciantes y de los recaudadores de impuestos

El segundo aspecto de la economía azteca era el gremio hereditario de los mercaderes a larga distancia que comerciaban con los productos agrícolas de Tenochtitlán que cambiaban por artículos de lujo que no estaban disponibles en la ciudad. El gremio de los *pochteca* comerciaba principalmente desde el barrio del Tlatelelco y eran los principales responsables de la importación de los materiales preciosos que las familias gobernantes solicitaban como símbolos de su estatus. A consecuencia de esto, los *pochteca* amasaron grandes fortunas y tenían una considerable influencia política sobre sus clientes nobles.

La tercera parte de la economía azteca llegaba en forma de tributos o impuestos pagados por las ciudades subyugadas. Aunque no existía un sistema uniforme, las ciudades que se encontraban más pró-

ximas a Tenochtitlán solían pagar sus tributos con comestibles, mientras que las poblaciones más alejadas solían hacerlo con productos textiles.

También se suponía que debían abastecer de provisiones a los ejércitos aztecas y, en el caso de grandes campañas, proporcionar guerreros armados para complementar a los de Tenochtitlán. Enviaban a trabajadores para la construcción de embalses y otras obras públicas y muchas de las sirvientas de los nobles y de las prostitutas habían llegado en un principio a Tenochtitlán para cumplir las cuotas de los tributos.

Pero el sistema de tributos era una espada de doble filo. Los *calpixques* (recaudadores de impuestos) tenían plena autoridad y eran muy temidos. Si consideraban que el pago de un tributo no era suficiente, podían llamar a los guerreros águila y jaguar para hacer cumplir sus requisitos. Igualmente, si se les molestaba de cualquier forma, la elite de guerreros aztecas exigiría la venganza. La mayor parte de los *calpixques* eran extremadamente ricos y tenían como concubinas a algunas de las muchachas más hermosas de las regiones que controlaban.

Existía un sistema mediante el cual un señor local podía exponer sus quejas contra los *calpixques* antes el consejo gobernante en Tenochtitlán, pero no hay constancia de que se hubiese celebrado satisfactoriamente alguno de estos actos. Los excesos de los *calpixques* y el temor que despertaban crearon un resentimiento que en parte motivó el rencor que permitió que Hernán Cortés pudiese alistar a los guerreros locales como mercenarios en su ataque contra Tenochtitlán.

Arriba: *Las chinampas originales no han sobrevivido hasta nuestros días, ya que la mayoría se destruyeron cuando la mayor parte del lago Texcoco se drenó para proporcionar una mayor extensión a la moderna Ciudad de México. En Xochimilco, donde pertenece esta fotografía aérea, pueden verse «jardines flotantes» modernos.*

Xipe Totec: El dios desollado

Elaborados sacrificios y combates reflejan el ciclo de la vida del maíz

La mayoría de los rituales aztecas estaban estrechamente vinculados a los acontecimientos del año agrícola, aunque también estaban relacionados con los sacrificios y la actividad bélica. Entre los más importantes de estos rituales estaba Tlacaxipehualiztli, el festival del inicio de la primavera que se celebraba durante el período comprendido entre el 5 y el 24 de marzo. Este mes, el segundo del calendario azteca, estaba dedicado a Xipe Totec, «nuestro señor desollado», una divinidad que apareció por primera vez en las tierras bajas tropicales y que se veneraba en Teotihuacán.

En muchos sentidos, Tlacaxipehualiztli era una celebración de la nueva piel que adquiría la tierra en primavera y del renacer de las plantas. Según los aztecas, la nueva vida requería muertes y enterramientos, igual que es necesario plantar y cultivar la semilla para que pueda regenerarse.

Este simbolismo se llevaba al extremo en los rituales relacionados con Xipe Totec. Se arrancaba la piel del cuerpo de una víctima de sacrificio y el *ixiptla* (representación del dios) humano de Xipe Totec se cubría con ella. La parte ensangrentada de la piel se dejaba hacia fuera, ya que Xipe Totec, como todos los dioses del maíz, era un dios rojo. Cuando la piel se secaba, se iba apretando alrededor del hombre que estaba en el interior, cuyo cuerpo vivo pasaba a albergar el espíritu del hombre sacrificado.

La asociación simbólica con el maíz es muy específica. El *ixiptla* está envuelto en la piel de la víctima, al igual que el maíz está recubierto por las hojas. A medida que el maíz va germinando, la cáscara se va abriendo lentamente, al igual que la piel arrancada se va descomponiendo gradualmente y se vuelve más débil. Finalmente, el maíz se libera de sus ataduras, acto reproducido por los lazos debilitados de la piel que se va apartando. Para finalizar el ritual, se enterraba la piel arrancada, al igual que se planta el maíz, para que pudiera empezar la nueva vida.

La porra de plumas contra las espadas de obsidiana

La santidad del *ixiptla* de Xipe Totec quedaba enfatizada por el traje: una falda de plumas de quetzal para resaltar su estatus regio y divino, un tocado de plumas de espátula rojas y adornos para la orejas y la nariz de oro. Llevaba un escudo también de oro y sus sandalias rojas adornadas con plumas de codorniz, símbolos del nuevo sol.

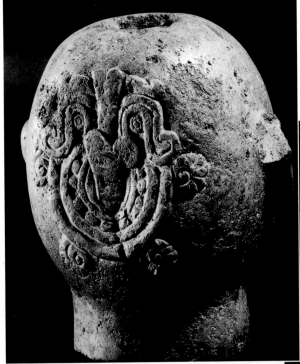

Una serie de rituales asociados explican las funciones sagradas del Tlacaxipehualiztli y de Xipe Totec y su vinculación con el sistema de valores de los guerreros aztecas. La víctima a la que se le arrancaba la piel no era un mortal cualquiera, sino que se seleccionaba entre los prisioneros por el valor y el coraje que hubiese mostrado durante su captura. Antes del sacrificio debía combatir armado con una porra de madera y plumas, con la que tenía que luchar contra las espadas con hoja de obsidiana de cuatro guerreros águila y jaguar. En el poco probable caso de que ganase, se convertiría en capitán del ejército azteca, pero no tendría que luchar contra su pueblo.

El combate fingido celebraba el papel del guerrero y lo relacionaba estrechamente con las fuerzas nutritivas de la vida y con este fin el captor y su familia comían bocados de carne de la víctima. De esta forma, el azteca ingería sus fuerzas vitales que le proporcionarían coraje, al igual que se come el maíz para tener fuerza.

El poder político de la Triple Alianza era evidente durante la celebración del Tlacaxipehualiztli. Ésta era la primera ceremonia pública importante del año y los líderes de los grupos aliados aparecían ante sus pueblos para ofrecer sus bendiciones y bailar todos juntos en un acto de solidaridad. De este modo, el Tlacaxipehualiztli aunaba todos los elementos importantes de la cultura azteca: se celebraba la llegada de la primavera y el inicio del año agrícola, se honraba a los guerreros y se enfatizaba el importante vínculo entre la actividad sagrada y secular y se ponía de manifiesto la unidad política de la Triple Alianza, renovándola para el año venidero.

Arriba derecha: *Parte trasera de la cabeza de una figura azteca de Xipe Totec. El símbolo pertenece a Tezcaltlipoca, de quien Xipe Totec era una emanación.*

Izquierda: *Los aztecas adoptaron el simbolismo de Xipe Totec de otro lugar. La estatua que mostramos aquí pertenece a Teotihuacán.*

Enfrente: *Figurilla de Xipe Totec, nuestro señor desollado, llevando la piel de una víctima de sacrificio.*

LOS ESTADOS TRIBUTARIOS
Las amenazas físicas y psicológicas aseguran la lealtad

Abajo: *Tlaxcala conservaba su independencia de Tenochtitlán, aunque las crónicas aztecas afirman que esto se debía simplemente a que era una fuente de víctimas para las guerras floridas. Tlaxcala, resentida por la intromisión de Tenochtitlán en sus asuntos, proporcionó ayuda a Cortés en su conquista. En esta fotografía se muestran las ruinas de la pirámide de Tlaxcala.*

En pleno auge de su poder, el imperio azteca controlaba todo el valle de México y exigía tributos a los estados que tenía bajo su dominio. La autoridad administrativa para la recaudación de los impuestos era el *calíxque* (recaudador de impuestos) que, aunque se encontraba bajo el control nominal del consejo de Tenochtitlán, podía hacer lo que gustase dentro de las provincias que administraba.

Normalmente se pone mucho énfasis en el hecho de que Tenochtitlán nunca fue autosuficiente, de modo que los productos importados eran fundamentales para la supervivencia de la ciudad. Aunque esto era así para los productos comestibles, ya que las chinampas no eran lo suficientemente grandes para abastecer a una población en aumento, muchos de los tributos se pagaban en forma de bienes no básicos y tenían una función totalmente diferente.

La elite gobernante de los aztecas era relativamente excasa y nunca podría haber ejercido su autoridad sobre una zona tan extensa. Su derecho a hacerlo sólo se justificaba gracias a los mitos que reivindicaban a su ascendencia divina (véase páginas 180-181) y su habilidad para sostener militarmente dichas reivindicaciones se consiguió por medio de alianzas matrimoniales con las familias más influyentes de las ciudades vecinas. En caso de emergencia, estas familias proporcionaban guerreros para luchar junto con los guerreros águila y jaguar de los mexica.

Los pueblos más alejados no aceptaban con agrado el dominio y la ascendencia azteca y es posible que dudasen de sus supuestos antepasados. En estos casos, el sistema tributario se utilizaba para ejercer presión psicológica y forzar a los estados más recalcitrantes a adaptarse a las ideas aztecas.

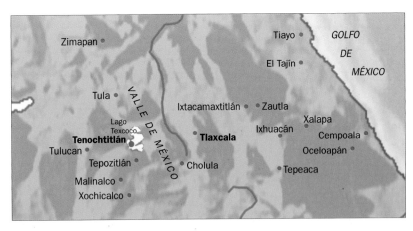

Con este sistema, los *calpixques* eran las figuras dominantes. Residían en los territorios que administraban, de forma que aseguraban la presencia azteca permanente incluso en las zonas más remotas del imperio y cada uno de ellos contaba con una pequeña guarnición de guerreros suficiente para acabar con cualquier pequeña disputa que pudiese surgir. Los temas más graves se consideraban una amenaza a la hegemonía azteca y un insulto al *huey tlatoani*, y en esos casos, los *calpixques* podían solicitar al consejo de Tenochtitlán el envío de apoyo militar.

Tributos en forma de insectos y reptiles

Estos insultos se zanjaban de forma expeditiva y tras el castigo militar se doblaban los tributos

requeridos. Teniendo en cuenta que los impuestos ya eran bastante altos, muy pocas provincias se atrevían a correr el riesgo de incurrir en una carga adicional por atreverse a desafiar a los aztecas, a no ser que estuviesen seguros del apoyo de otros pueblos descontentos. Los aztecas solían mantener el equilibrio de su imperio utilizando cuidadosas amenazas de castigos y la concesión del estatus de «pueblo favorecido» a los estados más sumisos (con la correspondiente bajada de los tributos).

Cuando esto fallaba, como pasó cuando Cuetlaxtlán se alzó contra los aztecas después de que le hubiesen prometido ayuda de Tlaxcala, las posteriores demandas de tributos de bienes no básicos tenían como objetivo desmoralizar a los ofensores. La rebelión de Cuetlaxtlán contra Moctezuma el Viejo se abortó rápidamente cuando Tlaxcala renegó de su promesa de ayuda y entre las exigencias tributarias aumentadas se demandaba un número considerable de serpientes vivas que debían entregarse dos veces al año en Tenochtitlán. Para cumplir con este requisito, la mayoría de los hombres sanos tenían que pasar una gran parte del año en cuevas llenas de serpientes. Otros ejemplos incluyen tribus obligadas a enviar cestas llenas de ciempiés, arañas o escorpiones, además de las valiosas mercancías tributarias que ya suministraban anteriormente.

A través del sistema de tributos, los aztecas demostraban su control físico y psicológico, siendo este último elemento probablemente el más significativo. Es cierto que una gran parte de las mercancías pagadas en concepto de tributos suponían una parte muy pequeña de la economía azteca. Los españoles contaban que los aztecas estaban siempre construyendo grandes almacenes para guardar los excedentes y las excavaciones realizadas en el templo Mayor de Tenochtitlán, revelaron la existencia de numerosos alijos de mercancías tributarias colocadas en esos lugares para simbolizar el poder imperial azteca.

COATLICUE, LA DE LA FALDA DE SERPIENTES

Múltiples identidades de la diosa madre alimentada de sangre

Coatlicue («la de la falda de serpientes») era la madre de Huitzilopochtli, el dios tutelar azteca. Las leyendas que la rodean tratan de explicar la insistencia azteca en los sacrificios y en la violencia constantemente presente en sus rituales.

Huitzilopochtli nació de una forma violenta después de que Coatlicue se quedase embarazada al tragar una bola de plumas (la insignia de un guerrero). La hija de Coatlicue, Coyolxauhqui «la de los cascabeles en la cara», trató de matarla al enterarse de que estaba encinta. Pero Huitzilopochtli salió del vientre de su madre completamente armado, llevando a la Serpiente de Fuego y las derrotó. Desmembró el cuerpo de Coyolxauhqui y la arrojó a la tierra *(véase fotografía en página 159)*. En la batalla también murió Coatlicue: le habían cortado la cabeza y del cuello le salían grandes chorros de sangre.

Éste es el origen de los sacrificios realizados en el templo Mayor de Tenochtitlán. La gran pirámide era una representación de Coatepec (túmulo o Montaña Serpiente), un aspecto de Coatlicue, y estaba dedicada a Huitzilopochtli. La decapitación y el desmembramiento de las víctimas del sacrificio, seguidos del acto de arrojar los cuerpos por las escaleras de la pirámide es la representación del destino de Coyolxauhqui.

Pero Coatlicue es un personaje más complejo. Cerca del templo de Huitzilopochtli, en el templo Mayor, se encuentra el sepulcro de Coatlicue. Este sepulcro representa el útero de la tierra y aparece la figura de Coatlicue coronada con símbolos de fertilidad y de la abundancia agrícola.

Aunque está lejos de ser una diosa madre benigna. Dos chorros idénticos de sangre le brotan del cuello seccionado, su collar está formado por manos y corazones humanos y en las rodillas y en los codos tiene caras con largos colmillos y garras. Sus pechos son ya viejos y están marchitos y es obvio que la fertilidad y la abundancia

que ofrece no se nutren de la leche materna. Cabe señalar que su sepulcro se encuentra situado en el centro del sitio reservado para la elite de los guerreros águila y jaguar.

Dios/diosa de la dualidad

El simbolismo del sepulcro hace referencia a la sangre y al sacrificio. La boca excesivamente abierta de Coatlicue, tan característica de las esculturas que la representan, revela su apetito voraz de sangre y corazones de víctimas humanas.

En otra leyenda, los dioses gemelos Quetzalcóatl y Tezcatlipoca secuestraban a Coatlicue mientras se encontraba tomando el sol en las aguas primaverales, antes de la creación del mundo. Partieron su cuerpo en dos: con una parte se formó el cielo y con la otra la tierra. A causa de esta historia, ella es también el dios/diosa andrógino de la dualidad y en ocasiones aparece representada con forma masculina como Tlacatecuhtli (el señor de la tierra).

Con su pelo hicieron hierbas y árboles, hierba y flores con su piel, pozos y arroyos con sus ojos y montañas con sus hombros. Pero todos estos elementos estaban muertos y Coatlicue se negó a darles vida hasta que la alimentasen (y sólo se saciaba con sangre y corazones humanos).

A través de las leyendas de Coatlicue se da a la tierra forma humana y se deja claro que esta forma sólo puede mantenerse por medio de las ofrendas del sacrificio. Si se le niegan, ella los paralizará golpeando los tobillos, las rodillas y los codos de las personas, técnicas utilizadas por los guerreros águila y jaguar para bloquear a sus víctimas sin matarlos y de esta forma poder ofrecerlos en sacrificio.

Las temibles Ilhuícatl Cihuapipitlin (princesas celestiales) estaban a su disposición y se trataba de espíritus de mujeres que regresaban a la tierra con sus melenas flotando salvajes y sus pechos desnudos, llevando consigo el enfado, la agresión y la muerte.

Arriba: *Coyolxauhqui, «la de los cascabeles en la cara», es la hija de Coatlicue y hermana de Huitzilopochtli. Vivía con su madre en Coatepec, la montaña serpiente.*

Enfrente: *Coatlicue, madre de Huitzilopochtli, asesinada durante la lucha instigada por Coyolxauhqui. Era diosa de la tierra y tenía un gran apetito de corazones humanos para expiar el sufrimiento que había padecido.*

EL CALENDARIO AZTECA
Finalidades y dedicatorias de sus 18 meses

Abajo: *Una escultura de granito de una serpiente con 13 segmentos en la cola, uno por cada año de vida, ya que cada año se forma un nuevo anillo cuando la serpiente muda su piel. El número 13 tiene un significado simbólico en el orden del tiempo, ya que recuerda a los 13 niveles del cielo azteca.*

El año azteca, *xiuitl*, estaba dividido en 18 meses de 20 días cada uno, seguido de un período de cinco días denominado *nemontemi*. Durante estos «días aciagos» se extinguían los fuegos antiguos y se encendían otros nuevos.

Nemontemi era un período en el que las fuerzas del mal se desbocaban por medio de rituales y, por lo tanto, era una época de ansiedad y temor.

El año comenzaba con *atl Cahualo* (el cese del agua), dedicado a Tlaloc y a Chalchihuitlicue (el dios de la lluvia y su consorte). Éste iba seguido de *tlacaxipeualiztli* (el Vuelo de los Hombres), dedicado al temible Xipe Totec (véase páginas 166-167),

durante el cual se realizaban sacrificios en las pirámides y banquetes con la carne de las víctimas. Durante *tozoztontli* (pequeñas vigilia), se realizaban rituales de plantación, una vez más dedicados a Tlaloc y en el mes siguiente los tallos crecientes de maíz se llevaban a las ciudades durante la *uey tozoztli* (gran vigilia) para que los bendijesen las doncellas aztecas.

Las cosechas que estaban creciendo estaban amenazadas durante el mes siguiente, que se correspondía aproximadamente con el período comprendido entre el 4 y el 23 de mayo, cuando las lluvias eran poco frecuentes. Este mes era cono-

cido como dedicado a *tóxcatl* (sequedad) y estaba marcado por las danzas de las mujeres aztecas. Después de *tóxcatl* se invocaba de nuevo a Tlaloc y Chalchihui-tlicue durante el *etzalqualiztli* (comida de gachas de habas y maíz), durante el cual se compartían libremente las ya reducidas reservas de comida.

Los dos meses siguientes eran *tecuilhuitontli* (pequeño día festivo de los señores) y *uey tecuil-huitl* (gran día festivo de los señores). Durante estos meses se celebraba el crecimiento de los brotes de maíz y los placeres terrenales. Durante *tecuilhuitontli*, los campesinos debían beber grandes cantidades de pulque (maíz fermentado), aunque la embriaguez durante cualquier otro festival estaba castigada con la muerte. Durante el *uey tecuihuitl*, las «chicas del placer» realizaban danzas eróticas y seducían a los jóvenes guerreros. Pero esto era una prueba para los guerreros, ya que eran castigados si la seducción llegaba a las «bromas» (un eufemismo azteca para hacer referencia a las relaciones sexuales).

Los aztecas honraban a sus antepasados en los dos meses siguientes: *tlaxochimaco* (pequeño día festivo de los muertos) y *xócotl huetzi*: (gran día festivo de los muertos). Durante estos días hacían ofrendas florales a las imágenes ancestrales sagradas y en el *xócotl huetzi*, se levantaba un palo engrasado y se colocaba una *xócotl* (una variedad de fruta) en la parte superior. Se retaba a los hombres jóvenes a que demostrasen sus habilidades trepando por el palo hasta «capturar» la fruta, que garantizaba una buena cosecha.

Acoso ritual a las mujeres

La recolección del maíz tenía lugar en *ochpaniztli* (barrida de los caminos), que estaba dedicado a Centeotl, el joven señor de la mazorca de maíz. Éste también era el período en el que se inauguraba la temporada de guerra azteca y los jóvenes recibían sus insignias y sus trajes de guerra.

Hasta ahora, los dioses se habían invocado *in absentia*, pero en *pachtoutl*: (la llegada de los dioses) se creía que estaban presentes en las ciuda-des en grandes números. Por lo tanto, estaba dedicado a todos los dioses y se celebraba con banquetes y festividades.

El hombre y la mujer se honraban durante los dos meses posteriores. *Huey pachtl*: (fiesta de las montañas) estaba dedicada a Xochiquetzal, Pluma de Preciosa Flor, la diosa de la danza y del placer y patrona de los tejedores y los artesanos; *quecholli* (espátula rosada) estaba dedicado a Mixcoatl, el dios de la caza y se realizaba una cacería comunal.

Panquetzaliztli (la elevación de las banderas) presenciaba la culminación de la caza, que era sinónimo de guerra, y el sacrificio a gran escala de los guerreros capturados. Este mes estaba dedicado a Tezcatlipoca, el dios patrón de los aztecas, en su representación de Huitzilopochtli o Colibrí Zurdo, el dios de la guerra. Los rituales honraban a los guerreros establecidos, aquellos que se habían puesto a prueba y habían traído a prisioneros para ofrecerlos durante los ritos de sacrificio. Los guerreros no examinados, hombres jóvenes que aún estaban en formación, se honraban durante *atemoztli* (descenso del agua).

El año azteca empezaba a llegar a su fin con el *tititl* (el ensanchamiento). Había un sacrificio de la llama Tecutli Ixiptla, la imagen «inversa» del principal sacerdote azteca, así como un acoso a las mujeres durante la «elección de las bolsas». El papel desempeñado por las mujeres, hasta ahora meramente honorífico, también se modelaban de modo inverso. El último mes del año era *izcalli* (crecimiento), y en él los niños recientemente destetados se presentaban en los templos para recibir las bendiciones de los sacerdotes.

Arriba: *Esta ilustración de una escultura en relieve azteca representa a Quetzalcóatl, la Serpiente Emplumada descendiendo entre dos glifos de años. La fecha de la izquierda hace referencia al año de la reconstrucción del gran templo de Tenochtitlán.*

EL PANTEÓN AZTECA
Formas y funciones de los diversos dioses

Esta página: *La cumbre cubierta de nieve del volcán, Popocatepetl. Se creía que éste era el hogar de muchos de los dioses más importantes y, por lo tanto, se decía que la forma de las pirámides de los centros más importantes reproducía esta forma.*

El panteón azteca está poblado por un increíble número de dioses. Cada actividad tenía su propio dios o diosa patrón, cada día tenía su dios y cada mes estaba presidido por otro. Todas las fuerzas del mundo estaban controladas por las actividades de los dioses y cada uno de ellos podía adoptar formas muy diferentes.

El dios más importante era, sin lugar a dudas, Tezcatlipoca (Espejo Humeante). Era el patrón de los hechiceros, controlaba el destino humano y estaba asociado con Tepeyollotl (Corazón de la Montaña) y con el dios jaguar del interior de la tierra. En su forma de Huitzilopochtli era el dios de la guerra y del sol y, por lo tanto, el patrón de la nación azteca.

Frente a Tezcatlipoca estaba Quetzalcóatl (la Serpiente Emplumada), un antiguo dios mesoamericano. Los sacerdotes y los nobles aztecas legi-

timaban su poder mediante linajes que los vinculaban con los sacerdotes de Quetzcalcóatl en los primeros asentamientos de Tula y Teotihuacán. La oposición de Quetzalcóatl frente a Tezcatlipoca refleja un dualismo básico de opuestos complementarios que domina el pensamiento azteca. Así, Quetzalcóatl aparece representando canto a la estrella del anochecer o como la benigna estrella de la mañana. También puede aparecer como el dios de los vientos en la forma de Ehecatl.

Por debajo de estos dioses había otros importantes, como Tlaloc, dios de la lluvia y señor de la fertilidad agrícola. En ocasiones se hace referencia a esta divinidad como «el que vive sobre la tierra» y lo ayudaban las tlaloque. Estas criaturas vivían en las montañas, donde creaban la lluvia y las nubes bajo la dirección de Tlaloc. Tlaloc estaba casado con Chalchihuitlicue (Falda de Jade), que también era su hermana y estaba reconocida como la diosa de las aguas dulces.

Dioses enfrentados y aliados

Aunque muchos de los principales dioses aztecas estaban asociados con la agricultura, nunca demandaban sacrificios humanos. Los aztecas creían que todo se regía por ciclos basados en la oposición y que la vida sólo podía mantenerse a través de la muerte. Coatlicue encarna este principio y era la madre de los dioses. Era la madre de la tierra y del sol, de la luna y de las estrellas y en su condición de Cihuacoatl (Mujer Serpiente) exigía guerras y víctimas de sacrificio. En ocasiones se identifica a esta diosa con Teteo Innan Tosí, «Nuestra Abuela».

También es evidente una identificación con la guerra en su forma de Coyolxauhqui, la malévola hermana guerrera de Huitzilpochtli y que levantó a sus hermanos estrellas contra él cuando era sólo un niño. Huitzilpochtli consiguió vencerla y cortó su cuerpo en trozos, pero su sangre manchó la montaña sagrada denominada Coatepec (Montaña Serpiente), situada en Tula, y sólo podía vengarse arrojando a víctimas de sacrificio por las escaleras de las pirámides aztecas.

Centeotl (el joven señor de la mazorca de maíz) y Xilonen (diosa del maíz tierno) también eran dioses emparejados. Regían el crecimiento de las cosechas aztecas y la maduración del maíz y, por lo tanto, a menudo formaban una alianza con Tlaloc y Chalchihuitlicue. Pero también estaba asociados con Xipe Totec, que exigía sacrificios y cuyos sacerdotes llevaba las pieles arrancadas de sus víctimas.

Otros dioses importantes son: Mayahuel (la que tiene cuatrocientos pechos), la personificación femenina del maguey y su pareja Ometochtli (Conejo), el dios de maguey; Cihuateto (Princesa Celestial) y sus ayudantes las Ilhuícatl Cihuapipitlin (princesas celestiales), que eran los espíritus de las mujeres que habían muerto al dar a luz; Yacatecuhtli (el de la nariz larga), patrón de los comerciantes; y Mictlantecuhtli, el señor del Mictlán, que en la cultura azteca equivale al Xibalbá maya, la tierra de los muertos.

El más viejo de los dioses es Xiuhtecuhtli (Señor de la turquesa o dios del fuego), identificado con Huehueteotl (dios viejo), que conecta los hogares con los cielos, a través de las estrellas de fuego, y las capas más profundas de la tierra.

Arriba:
Mictlantecihuatl era el consorte de Mictlantecuhtli, el señor de la muerte. Entre ambos gobernaban el Mictlán, la tierra de la muerte, donde decidían el destino de las almas humanas. Al igual que otros dioses aztecas, es probable que Mictlantecihuatl y Mictlantecuhtli se adorasen originalmente en Teotihuacán y que después los aztecas los hubiesen «tomado prestados».

Quetzalcóatl contra Huitzilopochtli

Los nuevos y los antiguos dioses simbolizan la innovación y la tradición azteca

En el inicio de los tiempos, los dioses creadores dieron a luz a cuatro hijos: Tezcatlipoca Rojo, Tezcatlipoca Negro, Quetzalcóatl y Huitzi-

Arriba: *Una escultura de Quetzalcóatl en la ciudad de Xochicalco, puesto de avanzada en la región de Teotihuacán vinculado a Tula.*

lopochtli. Entre, los cuatro hermanos crearon el cielo y la tierra, hicieron el fuego, el mar y el inframundo y dieron vida a la primera pareja humana y al calendario sagrado.

Desde un principio surgieron tensiones entre Tezcatlipoca Negro y Quetzalcóatl: el primer

mundo, creado por Tezcatlipoca, quedó destruido cuando Quetzalcóatl tiró a su hermano al mar; el segundo, el mundo de Quetzalcóatl, fue destruido por Tezcatlipoca. Cuando Tezcatlipoca y Quetzalcóatl se aliaron para crear el quinto mundo, Huitzilopochtli, el dios tutelar de los aztecas, se convirtió en el principal enemigo de Quetzalcóatl.

Aunque Huitzilopochtli tenía atributos de Tezcatlipoca, así como de Mixcoatl (el dios del cerro de la Estrella) y de Xiuhtecuhtli (dios del fuego), es un dios puramente azteca que no se veneraba más allá del valle de México. En este aspecto era diferente de Quetzalcóatl, cuyos vínculos originales se remontaban a los tiempos más remotos de la antigüedad mesoamericana. La oposición entre Quetzalcóatl y Huitzilopochtli es la oposición entre lo viejo y lo nuevo y esto es fundamental para entender la cultura y las creencias aztecas.

Para los sacerdotes aztecas, un pasado ilustre, aunque fuese inventado, era un aspecto de gran importancia. Utilizaban el pasado para legitimar sus propias posiciones y, de este modo, recurrían a Quetzalcóatl para probar los antiguos vínculos de sus antepasados. En este sentido, los aztecas se situaban firmemente dentro del continuo de las culturas mesoamericanas y afirmaban estar relacionados con los grandes imperios del pasado.

Pero para establecerse como una nueva potencia dentro de la región y ejercer su supremacía sobre las viejas familias gobernantes de los toltecas, que seguían teniendo gran influencia, los aztecas también tenían que proclamar su independencia, y lo hicieron a través de Huitzilopochtli.

La realización de Huitzilopochtli

Huitzilopochtli era la personalidad de guerrero de Tezcatlipoca, y su función era terminar con el orden establecido y sustituirlo por la hegemonía azteca. Por lo tanto, este dios, o al menos este aspecto de un dios reconocido, debía de tratarse de un invento de los aztecas. La ciudad de Tenochtitlán y todas sus maravillas eran, ante todo, pruebas tangibles del poder de Huitzilopochtli. Así, Tenochtitlán celebraba el poder presente que los aztecas habían conseguido gracias a las guerras, mientras que Tula y Teotihuacán (ambas ya en ruinas) representaba el poder sagrado y ancestral de Quetzalcóatl.

La oposición entre Huitzilopochtli y Quetzalcóatl se fue enfatizando, dándole una forma cada vez más convincente a través de los festivales que se dedicaban a ellos. El festival en honor de Huitzilopochtli de Panquetzaliztli (alzamiento de los estandartes) se caracterizaba por su actividad frenética. No se trataba de una glorificación tranquila del dios, sino de una precipitada avalancha entre las multitudes por parte de los sacerdotes y relevos de los guerreros, a menudo hasta llegar a la extenuación, quedándose sin respiración en los escalones de la pirámide. Así, las personas eran conscientes de la existencia del fiero e implacable Huitzilopochtli, que descendería y acabaría con sus enemigos del mismo modo.

En cambio, los festivales dedicados a Quetzalcóatl se caracterizaban por su sutileza. En ellos, en la imagen de una serpiente iba apareciendo gradualmente un plumaje y luego se transformaba en el rostro y en la lengua partida de Quetzalcóatl.

Lentamente, el cuerpo va adoptando una posición erguida, mientras se observa cómo la masa giratoria de plumas de colores brillantes envolvía un rostro con rasgos humanos. El acercamiento de Quetzalcóatl es metódico y estudiado, mientras que el de Huitzilopochtli es inconsciente y precipitado.

Por lo tanto, la oposición entre Huitzilopochtli y Quetzalcóatl expresa cierto sentido de dualidad que era fundamental para el punto de vista azteca, un punto de vista que aceptaba lo antiguo pero que también estaba abierto al cambio. Para los aztecas, estas oposiciones estaban siempre en un estado de tensión más que de reposo.

Arriba: *El cráneo de Espejo Humeante, Tezcatlipoca. La base de la máscara es un cráneo humano cubierto con un mosaico de turquesas y lignito. La parte trasera del cráneo está cortada y se ha forrado con cuero y las tiras de cuero sirven para unir la mandíbula. La turquesa se enviaba a la capital azteca, Tenochtitlán, a modo de tributo desde varios estados, como Veracruz y Oaxaca.*

EL FESTIVAL DE TÓXCATL

Un guerrero de trayectoria impecable se convierte en Tezcatlipoca durante un año maravilloso

Una de las ceremonias aztecas más importantes era el festival de Tóxcatl, dedicado a su patrón, Tezcatlipoca, el primer mes del año ritual, de nombre homónimo. Los españoles consideraban que se trataba del principal festival del año.

Los preparativos para cada festival de Tóxcatl se iniciaban un año antes, al terminar el Tóxcatl anterior, cuando se escogía un joven guerrero cautivo para representar a Tezcatlipoca en el año siguiente. Los relatos españoles cuentan que el joven elegido destacaba por su porte y por su belleza, se consideraba que su cuerpo y sus formas eran impecables, no era «ni demasiado alto ni demasiado bajo; de carnes firmes y piel suave». El honor de ser elegido se indi-

caba presentando al prisionero vestido con las joyas y las vestimentas más lujosas que el imperio podía ofrecer al rey azteca, en tiempos de la llegada de los españoles, Moctezuma.

Durante todo el año se agasajaba al guerrero como si se tratase de Tezcatlipoca. Fuese a donde fuese, la gente salía de sus casas para cantar sus alabanzas y ofrecerle flores. Él llevaba flores en su largo cabello, tenía anillos de oro alrededor de los tobillos y llevaba sandalias de piel de ocelote. Tocaba las «melodías más hermosas» con las flautas que llevaba consigo, mientras que su séquito desfilaba por las calles de Tenochtitlán. La adoración mostrada por la gente y, especialmente, las miradas nostálgi-

Derecha: *El festival de Tóxcatl terminaba con el sacrificio voluntario de Tezcatlipoca. Este dibujo azteca recoge los momentos finales de su reinado de un año de duración, cuando lo sacrificaban en un pequeño templo en una isla normalmente desierta. Observe que las flautas rotas se han arrojado por los escalones del templo.*

cas y los comentarios cariñosos de las chicas jóvenes y los homenajes que le rendían los guerreros experimentados seguramente tenían un gran impacto sobre un hombre joven e impresionable.

Veinte días antes del Tóxcatl, le cortaban la melena, el símbolo de un guerrero experimentado y se presentaba acompañado de cuatro jovencitas (probablemente esclavas entrenadas pagadas como tributos) que representaban a las diosas del maíz joven, de las flores y del amor erótico, de la sal y del agua dulce.

Una vida tras la muerte mucho mejor

Durante este período, el rey azteca salía de la ciudad y sus palacios se abrían para el representante de Tezcatlipoca. De hecho, él reinaba durante esta época. Se le concedían todos sus deseos excepto, por supuesto, la libertad. Entonces, al quinto día, él y su séquito abandonaban la ciudad y se desplazaban hasta una isla, donde había un pequeño templo dedicado a Tezcatlipoca.

En un momento que él mismo podía elegir, «Tezcatlipoca» subía los escalones del templo hasta llegar a la plataforma, donde le esperaban los sacerdotes con los cuchillos de sacrificio. En el momento en el que los sacerdotes le arrancaban el corazón, se podía escuchar cómo sonaban las flautas del nuevo Tezcatlipoca en las calles de Tenochtitlán.

Según estos relatos, el joven imitador de Tezcatlipoca se dirigía voluntariamente hacia su propia muerte, algo que durante mucho tiempo ha sido un misterio para los estudiosos de la cultura azteca. ¿Por qué un hombre joven, en la flor de la vida, se ofrecería voluntario al sacrificio?

Psicológicamente había pasado un año entero preparándose ritualmente para el momento de su muerte. Durante ese tiempo había recibido todo tipo de lisonjas que afirmaban que era el guerrero ideal, primero como un joven y luego al alcanzar la madurez con la ofrenda de cuatro muchachas que hacían el papel de diosas. Se suponía que los guerreros debían hacer frente a la muerte con valentía y sin temor, así que es probable que pensase en su destino de guerrero mientras subía los escalones de la pirámide. Su muerte era inevitable y el orgullo de guerrero probablemente era suficiente para que eligiese pasar por esa experiencia con honor, en lugar de pasar al otro mundo como un cobarde.

Como Tezcatlipoca le habían asegurado que disfrutaría de la más placentera de las existencias en el otro mundo, un mundo que los aztecas creían que estaba lleno de placeres, donde las almas de los guerreros revoloteaban «como mariposas». Esto nos recuerda a los maravillosos murales de Teotihuacán en los que aparecía el otro mundo lleno de hermosos pastos y frutos en flor, que los aztecas utilizaban como su modelo; un ideal que probablemente aspiraban a igualar.

REESCRIBIENDO LA HISTORIA
Creando vínculos con Teotihuacán y Quetzalcóatl

Ambas páginas: *Esta larga tira de 4,5 metros de papel hecho con corteza amate se conoce como códice Boturini y registra los inicios míticos del pueblo azteca. La página de arriba representa las vidas sencillas de los antepasados aztecas en una isla situada en un lago (probablemente Aztlán). La migración empieza cruzando el lago para visitar a Huitzilopchtli, sentado sobre su frondoso cenador en Culhuácán («montaña curvada»).*

Los aztecas entraron por primera vez en el valle de México como un pequeño grupo de cazadores-recolectores nómadas. No compartían el pasado glorioso de los otros ocupantes del valle, que procedían de Teotihuacán y Tula y que consideraban a los aztecas un pueblo bárbaro llegado del norte.

La llegada de los aztecas coincidió con una época problemática en el valle. Todos los antiguos imperios se habían marchado y Teotihuacán estaba en ruinas. Existía una amarga rivalidad entre las ciudades que seguían estando en pie. Gracias a inteligentes intrigas y alianzas políticas, los aztecas lograron establecerse como la fuerza dominante de la zona, pero para hacer esto necesitaban una historia que pudiese justificar su posición.

Empezaron a inventarse este pasado por medio de una alianza con los chichimecas, que a su vez eran prácticamente recién llegados al valle. Los chichimecas habían casado a sus hijas con miembros de las familias nobles toltecas, que por aquel entonces residían en Tula, y que a su vez afirmaban que eran originarios de Teotihuacán. La conexión chichimeca-tolteca-teotihuacana fue suficiente para que los aztecas afirmasen que también ellos procedían de Teotihuacán, al que consideraban como «el lugar de donde procedían los dioses».

A medida que fue aumentando la presión para consolidar su posición, los aztecas buscaron razones más ilustres para reivindicar su supremacía y empezaron a explotar el vínculo existente entre Teotihuacan y los antiguos dioses. Su propio dios tutelar, Huitzilopochtli, era un dios de la guerra y de la conquista que hasta entonces se había adecuado al carácter azteca y sustentaba sus planes expansionistas. Pero era necesario otro poder para que los aztecas pudiesen reclamar su inspiración divina, además del propio poder militar. Y Tenochtitlán lo encontró en la forma de Serpiente Emplumada, Quetzalcóatl.

Tensión dinámica

Quetzalcóatl se estableció en todo el territorio mesoamericano desde los tiempos de los primeros mayas y era venerado en Tula y en Teotihuacán, donde había leyendas que le otorgaban un extraordinario poder creativo. Al reinventar a Quetzalcóatl como el hermano gemelo de Huitzilopochtli, los aztecas combinaron las fuerzas creativas con las destructoras. En estas nuevas leyendas, la tierra comenzaba a existir cuando Quetzalcóatl y Huitzilopochtli atacaron y desmembraron a la Madre Tierra y fertilizaron el suelo con su sangre.

Quetzalcóatl presidía las funciones sacerdotales, mientras que Huitzilopochtli continuaba ejerciendo su antiguo rol de patrón de los guerreros y se introdujo una tensión dinámica en forma de rivalidad entre hermanos entre ambos dioses, así como entre lo secular y lo sagrado. Esta dualidad, y la posibilidad de intercambios de roles, empezaron a dominar el pensamiento azteca: cuando las mujeres

morían iban al cielo como estrellas y se convertían en doncellas de los guerreros; los guerreros, en cambio, venían a la tierra tras su muerte en forma de mariposas inofensivas. En cierto modo, Quetzalcóatl y Huitzilopochtli dependían de esta dualidad y no se puede considerar que ninguno de ellos estuviese completo en sí mismo; ambos necesitaban el poder equilibrante de su contrario para ser eficaces.

Pero las nuevas funciones de estos dioses dependían, obviamente, de las encarnaciones anteriores de los dioses, especialmente de los de Tula, y los aztecas utilizaban esto para explicar sus andanzas antes de convertirse en la fuerza dominante del Valle de México. De este modo, su ignominioşo pasado se convirtió en una ventaja, como una especie de emigración espiritual, en lugar de un exilio forzado de Culhuacán. En los años posteriores se basaron cada vez más en estas migraciones como medio para justificar su repentina llegada a la zona y su posterior ascenso al poder.

*Los emigrantes, tras recibir instrucciones de Huitzilopochtli de que continuasen con su camino, iniciaron la marcha en compañía de otras ocho tribus (en una sección entre las dos páginas pintadas). Cuatro guías los dirigen, **arriba**, los cuales portan efigies de los dioses a sus espaldas. El códice sigue durante todo su viaje hasta la orilla del lago Texcoco, donde los aztecas se asentaron en Chapultepec.*

LA PIEDRA DEL SOL

La leyenda de la creación azteca inscrita en un descubrimiento del siglo XVIII

Aunque la mayor parte de la información que tenemos acerca de la vida de los aztecas procede de los relatos escritos por los cronistas españoles y, por lo tanto, llega hasta nosotros de una forma un poco parcial, los nuevos avances conseguidos para descifrar textos aztecas nos ayudan a

leer la historia desde el punto de vista prehispánico.

Por desgracia, los españoles destruyeron muchos de estos textos en el siglo XVI, ya que los consideraban inscripciones satánicas y un impedimento para la conversión de los aztecas. Juan de Zumárraga, obispo de la Nueva España, declaró con orgullo en 1531 que había destruido 20.000 ídolos paganos. Pero, a pesar de esta destrucción sistemática, se conservaron muchos textos. El dominio español había terminado con el poder material de los aztecas, pero sus creencias continuaban inquebrantables y muchas esculturas se transportaban en secreto a las cumbres de las montañas o se escondían en cavernas.

En 1790, cuando bajo los cimientos de la Ciudad de México apareció la Piedra del Sol y una estatua de Coatlicue, hubo un cambio de actitud y las esculturas que se descubrieron a partir de ese momento se trataron como objetos de aprendizaje y estudio, en lugar de como ejemplos idólatras de las creencias aztecas. Hoy en día, sirven como testimonio de la grandeza de los aztecas y como principal atracción del Museo Nacional de Antropología de la Cuidad de México.

La Piedra del Sol es especialmente interesante, ya que refleja explícitamente las ideas aztecas en relación a la creación del mundo y de su lugar dentro de la misma. En el centro de la piedra está escrita la fecha Nahui Ollin, que hace referencia al presente (el momento en el que se escolió la piedra) en relación a la creación del movimiento según lo establecido en Teotihuacán.

Hace referencia específica al movimiento del sol en esa época, de forma que la piedra queda definida como un calendario solar. La leyenda azteca deja claro que los «dioses se reunían y celebraban sus consejos allí en Teotihuacán» y que Nanahuatzin saltó al fuego del sacrificio para emerger como Tonatiuh, el quinto sol.

Destruyendo para crear

En el signo de Nahui Ollin se encuentran los nombres calendáricos de las cuatro creaciones anteriores, los cuatro antiguos «soles». Estos mundos estaban vinculados con los cuatro elementos: tierra, viento, fuego y agua. El simbolismo asociado a ellos habla de la creación y de las cualidades inherentes a estos mundos de su destrucción.

Tezcatlipoca Negro gobernaba el primer mundo, Quetzalcóatl el segundo, Tlaloc el tercero y la mujer de Tlaloc, Chalchihuitlicue, el cuarto mundo. Cada uno de estos mundos se fue destruyendo debido a los conflictos entre los dioses, y aunque las batallas cósmicas libradas entre ellos destruyeron la tierra, éste era un mundo de discordia que no podía albergar vida humana.

Sólo en el quinto sol, el mundo presente de los aztecas, Tezcatlipoca y Quetzalcóatl actuaban conjuntamente como aliados en vez de como adversarios. En otra versión de la leyenda que explica el quinto sol se describe a Tezcatlipoca y Quetzalcóatl como a dos árboles gigantescos que soportaban el peso de los cielos. El árbol de Tezcatlipoca está adornado con brillantes espejos de obsidiana, mientras que el de Quetzalcóatl está decorado con las plumas verdes irisadas del pájaro quetzal.

De este modo, la lectura de la Piedra del Sol refuerza una leyenda que ya era antigua cuando los aztecas llegaron al valle de México, pero que quedó olvidada con las representaciones meramente aztecas, pero que ellos atribuían a Tula. Entre los dioses a los que se hace referencia aquí están Huitzilopochtli, su madre Coatlicue y su hermana Coyolxauhqui. Tanto Coatlicue como Coyolxauhqui murieron asesinadas durante el nacimiento de Huitzilopochtli *(véase el dibujo de la página 158)* y en la estatua de Coatlicue que se descubrió con la Piedra del Sol aparece expulsando sangre por sus heridas.

Arriba: *Gran parte de la historia azteca se perdió debido a la destrucción de las ciudades en la época de la conquista española. Las órdenes religiosas, bajo el liderazgo de hombres como Juan de Zumárraga, consideraban que las esculturas que encontraban eran ídolos paganos y ordenaron su destrucción.*

Enfrente: *La cara que mira fijamente desde el centro de la Piedra del Sol azteca es una representación de Nahui Ollin y hace referencia a la fecha en la que se realizó la escultura. El análisis de las esculturas sugiere que es un calendario solar originalmente derivado de Teotihuacán y que utiliza criterios diferentes de los calendarios empleados por los mayas.*

LAS VISIONES DE MOCTEZUMA

El *huey tlatoani* predice la destrucción del imperio

Abajo: *El artista español desconocido de este cuadro del siglo XVI probablemente utilizó como referencia los obsequios que Moctezuma II presentó a Cortés, ya que no hay constancia de que el soberano azteca posase nunca para un retrato.*

El último *huey tlatoani* del imperio azteca fue Moctezuma Xocoyotzin, o Moctezuma II, que llegó al trono en 1502. Fue el quinto soberano de Tenochtitlán y en 1508 ya había conseguido su objetivo de consolidar la base de poder establecida por sus predecesores. Bajo el reinado de Moctezuma, todo el Anáhuac (el antiguo valle de México) se encontraba bajo el dominio azteca y este control no se ejercía por decreto, sino reclamando los derechos divinos de los antiguos dioses de los toltecas.

Como *huey tlatoani* de los aztecas, el patrón de Moctezuma era Huitzilopochtli, la versión de dios de la guerra de Tezcatlipoca. Bajo la protección de Huitzilopochtli, los guerreros águila y jaguar, a la cabeza de ejércitos que contaban hasta con 16.000 combatientes, habían doblegado todo tipo de resistencias y llevado a los soberanos y capitanes de guerra de las naciones dominadas de vuelta a Tenochtitlán como víctimas de sacrificio.

Aunque la autoridad divina de Moctezuma no procedía de Huitzilopochtli sino del linaje tolteca dedicado a la Serpiente Emplumada, Quetzalcóatl, que era rival de Huitzilopochtli.

La lealtad de Moctezuma hacia la Serpiente Emplumada se reforzaba con el hecho de que había nacido en el año dedicado a Quetzalcóatl.

Moctezuma era totalmente consciente de la aparente contradicción y del conflicto entre sus antepasados reivindicados y el patrón de los aztecas. En su doble función de gobernante y sumo sacerdote había aprendido las leyes esotéricas de los aztecas y el concepto de la dualidad y sabía que era necesario mantener el equilibrio entre estas fuerzas opuestas para asegurar la estabilidad del estado azteca.

También estaba familiarizado con los calendarios adivinatorios utilizados por los sacerdotes y sabía interpretar los signos y las predicciones que contenían. Pero su reencarnación como Quetzalcóatl hacía que su propia posición fuese única y peligrosa. Moctezuma II necesitaría confiar en sus experiencias visionarias para poder predecir, y quizás influir, sobre los acontecimientos futuros.

Arrojando rayos

Moctezuma debía de estar profundamente preocupado en los años que precedieron a la llegada de los españoles. Aunque el imperio azteca parecía seguro, se acercaban al año Ce Acatl (1 Caña) y el final del ciclo ritual de 52 años. En este punto, el mundo azteca se renovaría o sería destruido, y Moctezuma tuvo visiones de que el Ce Acatl sería testigo de una prueba de poderes entre Huitzilopochtli y Quetzalcóatl. Sus visiones estaban acompañadas de las visiones de su tía, la princesa Mari-

posa, que le contó sus sueños en los que unos hombres blancos caminaban a través del agua hasta adentrarse en los dominios aztecas y reclamaban el poder de éstos.

La leyenda azteca afirmaba que cuando Tezcatlipoca derrotó a Quetzalcóatl y lo obligó a salir de Tula, éste se fue navegando por el mar con su séquito de seguidores y juró regresar para vengarse. Las visiones de Moctezuma y las de su tía debieron acudir a su mente cuando los mensajeros aztecas regresaron de partes lejanas, anunciando que habían llegado unos extraños hombres blancos desde el mar y que habían arrojado rayos contra los ocupantes de los pueblos que se encontraban bajo dominio azteca. Esto sucedió en 1519, el mismo año de Ce Acatl y era inevitable que Moctezuma identificase a estos intrusos con las leyendas y llegase a la conclusión de que el regreso de Quetzalcóatl se había consumado.

Poco seguro de su posición, Moctezuma no supo emprender una acción decisiva contra los intrusos. Mandó a emisarios con regalos e inventó ardides tratando de comprender quiénes eran y si se trataba efectivamente del regreso de Quetzalcóatl. Pero sus emisarios regresaron con informes inquietantes y, en ocasiones, contradictorios sobre barbados hombre blancos vestidos con lustrosos abrigos y que eran capaces de matar a distancia y tenían unos terribles animales que eran más altos y más valientes que cualquier mortal. Estaban informando acerca de la llegada de los conquistadores bajo el mando de Hernán Cortés.

LA LLEGADA DE CORTÉS

El líder de los conquistadores se aprovecha de la confusión de Moctezuma

Hernán Cortés y 600 conquistadores españoles llegaron a la costa del golfo de México en abril de 1519, en las proximidades de lo que más tarde se convertiría en la Villa Rica de la Vera Cruz. Moctezuma había visto su llegada en sus visiones y, en unos días, los emisarios del *huey tlatoani* azteca establecieron contacto con las fuerzas de Cortés.

Las crónicas españolas de la conquista de México hablan mucho del valor de los españoles y de la superioridad de sus armas, marcando especial énfasis en la aparente confusión de Moctezuma. Pero es importante considerar esto desde el punto de vista azteca. Moctezuma

sas, los españoles ignoraron las plumas, a pesar de que eran el símbolo del reinado divino. Moctezuma había enviado los presentes como signo de su riqueza y supremacía, pero los españoles se lo tomaron como una especie de soborno (un gesto de sumisión).

Incluso más peculiar resultó el hecho de que Cortés tuviese a una mujer con él, Malintzin (a la que los españoles conocían como doña Marina), que hablaba náhuatl, la lengua de los aztecas y actuaba como portavoz. A los aztecas les parecía impensable que una mujer pudiese desempeñar el papel de un hombre de esa forma.

Arriba: *En sus intentos por entender las intenciones de los españoles, Moctezuma envió a numerosos emisarios a Cortés con gran cantidad de regalos. Entre ellos había espléndidos ornamentos, como este mosaico de turquesa que representa una serpiente de doble cabeza.*

estaba ciertamente preocupado: la llegada de los españoles coincidía con Ce Acatl, el último año del ciclo ritual de 52, y el aspecto de los conquistadores vestidos con armaduras se parecía al que tendría Quetzalcóatl al retornar del exilio para reclamar el poder a Huitzilopochtli.

Los primeros contactos de Moctezuma con los españoles fueron meras tentativas: trataba de averiguar qué tipo de amenaza representaban y si eran dioses o mortales. El comportamiento de los españoles no ayudaba mucho a aliviar estos temores. Cuando Moctezuma envió a Cortés gran cantidad de presentes...

Aliados del águila y del jaguar

Durante los tres meses que duraron las negociaciones en la playa de Veracruz, Moctezuma recibía constantes informes de las peculiaridades de estos extraños barbudos con trajes de guerra. En las batallas con algunas de las tribus locales, habían matado a guerreros desde la distancia, en vez de iniciar honorables ataques cara a cara y de apresarlos con vida. Habían atacado poblados por la noche y matado a mujeres y niños. En lugar de dejar sus cuerpos expuestos en la batalla, los cubrían con sábanas de hierro. Y lo más despre-

(si se les presionaba, abandonaban el campo de batalla sin pudor).

Cortés era consciente de la confusión que reinaba en la mente de Moctezuma, ya que Malintzin se encargó de explicárselo y adoptó una política deliberada de utilizar este hecho como un medio desestabilizador de la autoridad de Moctezuma. Se interpretó la indecisión de Moctezuma como un signo de debilidad y se perfiló como un líder pusilánime que no merecía el estatus concedido a un individuo que se autoproclamaba descendiente de Quetzalcóatl y gobernaba bajo el patronazgo de Huitzilopochtli.

Cortés se fue ganando gradualmente la lealtad de las tribus locales, muchas de las cuales ya se resentían de los impuestos que los aztecas les obligaban a pagar y les agradaba la idea de aceptar a Cortés como su líder de guerra contra sus señores. Cuando Cortés inició finalmente la marcha contra la capital de Tenochtitlán iba acompañado de guerreros pertenecientes a estas tribus y, poco antes de sitiar la ciudad, se le unieron más de mil guerreros de elite águila y jaguar llegados desde Tlaxcala.

Es necesario considerar la llegada de Cortés a México y su posterior conquista de los aztecas dentro del contexto de las políticas mesoamericanas. Era muy consciente del poder que ostentaba Moztezuma, incluso cuando lo estaba denigrando

y se veía a sí mismo como al futuro *tlatoani* de una Mesoamérica bajo el control español. Al mismo tiempo, también era consciente de que las intrigas políticas europeas le habían presentado como un ambicioso aventurero y en sus cartas a Carlos V (1516-56) buscaba tranquilizar al monarca español acerca de su lealtad.

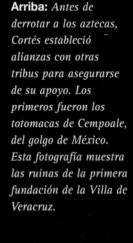

Arriba: *Antes de derrotar a los aztecas, Cortés estableció alianzas con otras tribus para asegurarse de su apoyo. Los primeros fueron los totomacas de Cempoale, del golgo de México. Esta fotografía muestra las ruinas de la primera fundación de la Villa de Veracruz.*

Izquierda: *Hernán Cortés en un retrato del siglo XVI.*

EL DOMINIO ESPAÑOL

Las disensiones internas y la perplejidad ante los extraños recién llegados acabará con el imperio azteca

Cuando Hernán Cortés y sus conquistadores llegaron a la gran ciudad de Tenochtitlán el 8 de noviembre de 1519, Moctezuma II los estaba esperando. En un alarde de diplomacia, los invitó a la ciudad como sus invitados, donde pensaba

Arriba: *Los españoles y los aliados indios de Tlaxcala atacan a los guerreros aztecas en los alrededores de Tenochtitlán. El dibujo pertenece a un códice mexicano del siglo XVI.*

que quedarían impresionados por la gloria de las pirámides, templos y palacios.

Los españoles disfrutaron de unos pocos meses intranquilos de paz, pero en abril de 1520, Cortés recibió noticias de que Diego Velázquez, gobernador de Cuba, había enviado a un ejército para arrestarlo acusado de traición. Cortés dejó Tenochtitlán para hacer frente y derrotar a los hombres de Velázquez en la costa del Salto, pero durante su ausencia, su lugarteniente, Pedro de Alvarado, ordenó la muerte de varios guerreros aztecas. A su vuelta, Cortés encontró Tenochtitlán inmersa en una revuelta y a los conquistadores atrincherados en un palacio real.

En un intento de llegar a una solución pacífica, Cortés pidió a Moctezuma que hablara con sus súbditos, pero los guerreros aztecas apedrearon y mataron a su líder y en una sangrienta revuelta expulsaron a los españoles el 30 de junio de 1520.

Bajo el liderazgo de Cuauhtémoc, los aztecas mataron a más de la mitad de los españoles y destruyeron todas sus canoas.

Cortés reconstruyó su ejército ayudado por sus aliados indios de Cempoala y Tlaxcala, cansados éstos del dominio azteca, y cercó Tenochtitlán en mayo de 1521. Los españoles fueron tomando la ciudad gradualmente hasta que en un último enfrentamiento en el interior del centro ceremonial el 13 de agosto, la gran metrópolis azteca quedó reducida a escombros.

Los aztecas siguieron resistiendo. Para ellos, no había nada en el comportamiento de los españoles que mereciese la descripción de «guerrero», así que la negociación no era posible. Las crónicas aztecas narran que el osado Quetzal Búho, un regidor mexica, se introdujo en el medio de las tropas españolas armado únicamente con dardos con punta de piedra. La batalla se libró con un desequilibrio en las armas y sobre una base ideológica también desequilibrada. Los guerreros águila y jaguar buscaban más la captura que la muerte, mientras que los conquistadores mataban indiscriminadamente. Con todo, la conquista española de Tenochtitlán hubiera sido absolutamente imposible sin la existencia de grandes disensiones internas en el imperio azteca.

Derrotados pero intactos

Mientras los aztecas abandonaban las ruinas de su ciudad destruida, los españoles tomaban como prisioneros a miles de guerreros. Se enviaba de vuelta a los hombres en busca de materiales que pudiesen utilizarse para reconstruir lo que sería futura Ciudad de México sobre las ruinas de Tenochtitlán. Los templos fueron derruidos, al igual que las estatuas de los dioses. Trasladaron a Cuauhtémoc, al que habían prometido indulgencia como una de las condiciones para la rendición, y a los otros líderes de la Triple Alianza —Tetlepanquetzatzin (Tlacopan) y Cohuanacochtzin (Texcoco)– a Honduras, donde los acusaron de conspiración y fueron ajusticiados.

Con la caída de Tenochtitlán, todos los territorios aztecas de México pasaron a estar bajo el control de los españoles pero obviamente las tradiciones mesoamericanas persistieron. Habían llevado símbolos de los dioses antiguos desde Tenochtitlán antes de su destrucción y los habían escondido y no se podía borrar la memoria viva de las personas. Recordaban las viejas historias de los exiliados mexicas y del poderoso imperio que construyeron en los pantanos. La destrucción de Tenochtitlán fue trágica, pero no fue el final de la cultura azteca.

También hubo españoles que contribuyeron a ello. Como fray Bernardino de Sahagún, quién, en base a las informaciones de nobles aztecas, escribió la *Historia general de las cosas de la Nueva España*, además de alentar a sus colaboradores indígenas a reunir una enorme cantidad de información sobre la cultura azteca compilada en lo que hoy conocemos como Códice Florentino.

Tras la conquista, Cortés estaba sometido a las intrigas y a la presión política desde España. Le concedieron el título de gobernador de la Nueva España el 15 de octubre de 1522, otorgándole el control sobre el reino mexicano, pero en 1526 Ponce de León llegó para investigar las quejas que habían surgido en torno a su persona y a Cortés le retiraron su título. En un intento de consolidar su posición, regresó a España y se entrevistó con el emperador Carlos V que le concedió el título honorífico de marqués del Valle de Oaxaca. Sus ambiciones quedaron finalmente frustradas cuando don Antonio de Mendoza fue nombrado virrey en 1535. A partir de ese momento, Cortés no gozó de ninguna posi-

ción oficial en México y murió en la pobreza en España en 1547.

El dominio español sobre México quedó asegurado al mismo tiempo de la muerte de Cortés. A finales del siglo XVI, Mesoamérica tuvo que hacer frente a una nueva realidad basada en las creencias españolas y en las posesiones territoriales.

ÍNDICE ANALÍTICO